滄海叢刊

批判的繼承與創造的發展

傅偉勳 著

東大圖書公司印行

© 批判的繼承與創造的發展

—哲學與宗教二集

著　者　傅偉勳
發行人　劉仲文
出版者　東大圖書股份有限公司
總經銷　三民書局股份有限公司
印刷所　東大圖書股份有限公司
地址／臺北市重慶南路一段
六十一號二樓
郵撥／〇一〇七一七五—
初　版　中華民國七十五年六月
初版一刷　中華民國八十年八月
編號　E 22010
基本定價　伍元壹角壹分
行政院新聞局登記證局版臺業字第〇一九七號

ISBN 957-19-0227-6（平裝）

獻予金恒煒兄

自　序

本書與「從西方哲學到禪佛教—『哲學與宗教』一集」構成姊妹作，現由東大圖書公司（滄海叢刊）同時印行。以後當有三集、四集等等涉及哲學與宗教（乃至文學藝術、政治社會等等層面）的一系列長篇短論陸續出版。目前計劃中的「哲學與宗教」三集，準備包括「中國大乘佛學繼承課題的我見」，「創造的詮釋學—中國哲學方法論建構試論之一」，「儒家倫理學的現代化課題」，「從中國佛教到日本佛教的發展路數分析」，「中國哲學研究改良芻議」，「海德格與中國哲學」，「關於中西哲學交流會通的我見」，「戰後美國倫理學三大研究部門的哲學考察」，「英美解析哲學與歐洲大陸哲學—從分歧對立到交流對談」，「關於科學、哲學與宗教的概念分辨—馬克思主義與非馬克思主義的對立看法」，「中國大陸學者的美學研究評論」，「中日刀劍文學（sword literature）的比觀評價」等篇，其中「中國大乘佛學繼承課題的我見」，約有三萬多字，已交東吳大學哲學年刊「傳習錄」預先出版。

本書分為兩部，所收長短文章全係三年之內寫成的新作，都在報章雜誌出現過。第一部以「中國思想文化重建課題」為標題，共收六篇。首篇「批判的繼承與創造的發展—關於中國學術文化重建的問答」，係應哥倫比亞大學政治系研究所博士候選人周陽山君所提十個問題所作的筆答，算是第一部的總綱。第二篇「儒家思想的時代課題及其解決線索」依照(1)（道德的知行合一論為主的）知識論，(2)（道德的）形上學，(3)（孟子一系的性善論或良知論為主的）心性論，(4)（道德的理想主義意義的）倫理學，以及(5)（德福一致的安身立命論為主的）解脫論這五大部門的次序，一一討論各別的內在難題，以便探現其解決線索。為了探索儒家思想時代課題（亦卽內在難題），我所採取的基本立場共有不可分離的以下三點：(1)經由批判的繼承謀求創造的發展；(2)建立我們的新時代所需求的我所云「中國本位的中西互為體用論」，取代張之洞以來帶有過度華夏優越感的「中學為體，西學為用」這種陳腔濫調；以及(3)形成多元開放的思想文化胸襟，俾能徹底改正我們傳統以來的單元簡易心態惡化而成的單線條自我閉鎖心態。我在「前言」特別强調：「任何一個國家社會要有思想文化的現代化突破與發展，絕對需要一批見識深遠而態度忠誠的知識份子，提供建設性的且有善意的批評；沒有批評，就沒有進步」。

第三篇「中國文化重建課題的哲學省察」，首次公開我在數年前逐步運思而成的一種「生命的十大層面及其價值取向」模型。依照我個人所了解的生命存在的諸般意義高低層次與自下往上的價值取向，我認為做為萬物之靈的人的生命應該具有下列十大層面：(1)身體活動層面；(2)心理活動層面；(3)政治社會層面；(4)歷史文化層面；(5)知性探求層面；(6)美感經驗層面；(7)人倫道德層面；(8)實存主體層面；(9)生死解脫層面；以及(10)終極存在層面。依此模型，我們可以明白指摘任何化約主義的偏失。自五四運動以來，除了有關社會主義的論戰之外，我國曾產生過兩次極其重要的學術文化論戰，卽「科學與玄學」論戰與「全盤西化」論戰。我在文中援用「十大層面」模型到這兩次論戰的深層分析，指出論戰雙方多少犯有化約主義的偏失，且進一步提示，在各大層面如何重建祖國文化的艱巨課題。我在第四篇「科技化資訊社會與價值取向問題」，又根據多年來在美國的生活經驗、教學經驗與實際觀察，討論在十大層面上的價值取向與科技資訊如何並進，如何互相配合或調節，聊供國人參考。

第一部的最後兩篇，關涉中國大陸的馬列主義思想困局與三十年來大陸學者的哲學研究。「馬列主義的思想困局」這一篇在紐約「知識份子」季刊登載之後，據説引起相當熱烈的反應。不久，臺北的「中國論壇」半月刊也選登文中「毛思想與文化大革命」、「民主集中制的兩難」與「傳統思想文化遺產的繼承問題」等三節，並加「編按」，云:「傅教授從美國寄來的原文，長達兩萬五千字，……因為本刊篇幅有限，省略了一大半，其中包括最具理論價值的『辯證法唯物論的獨斷性』與『歷史唯物論的深層結構』兩節，致使文章遜色，特向本刊讀者及傅教授表示歉意」(見第二三一期)。結果讀者反應激烈，欲罷不能，故在第二三三與二三四兩期分別補登這兩節，但仍未能包括其他幾節與附註在內。在紐約刊載的原文這次全部收在本書，甚望讀者格外注意。另一篇關於中國大陸哲學研究的評論，原係「中國論壇」創刊十週年專輯「海峽兩岸的學術研究發展」中的一篇，也受到中國大陸方面的注意，曾在「人民日報」(海外版)與「中報」(一九八五年十月二十二日)同時引用了文中的一句，引用的目的可能是為了否定文革。關於這一點，讀者不妨參看本書第二部的最後一篇「從貧窮到開發，從閉鎖到開放」，原載時報今年二月十七日人間版上的「西東博議」專欄。

本書第二部就是以「西東博議」為標題，共收二十三篇，並加項退結與馬森兩位先生在人間版上登過的短文各一，當做附文，以便旁助讀者了解「弗蘭克爾(又作傅朗克)與意義治療法」與「也談『可憐的』沙特」這兩篇拙文。二十三篇中，評介暢銷書「衆多趨向」(又作「大趨勢」)的四篇以及「死亡文學的極致—托爾斯泰『伊凡、伊里奇之死』的現代意義」等總共五篇，祇在時報美洲版登過，國內讀者多半没有看到。時報美洲版還同時登過「中國論壇」所刊載的幾篇拙文，我在這裡特向曾經負責該版的楊澤兄與劉克襄兄兩位致意。

其他所有短篇，以及「從西方哲學到禪佛教—『哲學與宗教』一集」所收的長篇「胡適、鈴木大拙與禪宗真髓」，都在時報國內版的人間副刊上登過。三年前金恒煒兄擔任副刊主編的第二天，就登了我的頭一篇「天才是生命的試煉—從魯賓斯坦之死談起」。不久，他仿照了南宋呂祖謙的「東萊博議」書名，為我設一專欄，就是「西東博議」，讓我有個自己的「新聞天地」，從哲學宗教到文學藝術談東論西，暢所欲言。我生平寫過登過為數不少的中英文長篇短論，但自己最喜歡的還是專為人間版「西東博議」撰寫的文章。我兼操哲學與宗教的「二刀流」，多半是為了謀生；但是我在文學藝術，尤其音樂的耽迷偏愛，才能發現真正的自我生命。我對詩人、作家、畫家與音樂家永遠抱有一種無法形容的「自卑感」。

四年前夏天在夏威夷大學參加「國際朱子學會議」期間，初遇「中國論壇」召集人韋政通兄與中國時報駐美記者金恒煒兄。經由他們二位的分別敦促與不斷鼓勵，振作起來重新開始停頓了十年以上的中文寫作，點點滴滴積下「哲學與宗教」一集與二集所收錄的長篇短論。第一集已經獻予韋政通兄；第二集包括「西東博議」的專欄文章，故將此集獻予金恒煒兄，以為畢生難忘的留念。

傅偉勳 一九八六年三月二十八日晨七時半於費城郊外

批判的繼承與創造的發展

——「哲學與宗教」二集

目　次

第　一　部

中國思想文化重建課題

批判的繼承與創造的發展
——關於中國學術文化重建的問答

對談者：周陽山（美國哥倫比亞大學博士候選人）
傅偉勳（美國天普大學教授）

周：在當代中國思想發展上，新儒家的影響力在近年來有與日俱增的趨勢。這支對傳統儒家做重新肯定工夫的思潮，對五四以來反傳統主義的偏執有相當深刻的反省作用。但是新儒家學者的傳統主義立場，也使其對傳統的批判出現相當的局限性。舉例來說，在傳統中國政治的架構中，知識份子的獨立地位就受到王權、科學等制度的箝制，使得從內聖到外王的理想，一直缺乏實踐的環境與基礎，因此，在儒家政治思想的格局裡，德治的理想未嘗一日得行於天地之間，知識份子也只能在政權的夾縫中苟安求存了。在這樣的前提下，新儒家學者雖然肯定西方民主自由政治的價值，也了解到儒家政治體制的局限性，但他們仍然强調道德第一義和德治的理想。從您個人的觀點看來，這終究只是對傳統的美化，還是基於對西方文化與制度的反省，而企求在傳統與現代化之間，謀求一種創造性的綜合呢？

傅：當代新儒家學者對於西方文化與制度的研討與反省，並不够徹底，雖肯定了西方民主自由法治的價值與適時性，却從未細查西方民主自由法治所由成立的人性論基礎與倫理道德觀的本質。他們急於打開一條合乎時代需求的儒家外王之道，但是對於傳統的美化綽綽有餘，經由嚴格的自我批評謀求傳統與現代化之間的一種創造性的綜合却大大不足。這就是我所常說的，張之洞以來基於華夏優越感的「中體西用論」始終阻礙著他們眞正摸通西方思想文化與政治制度的眞諦，未能從中學得一些正面資糧，藉以開創中國所亟需的「中西互為體用」之路。

學例來說，唐牟張徐四位當代大儒在一九五八年所共同發表的「中國文化與世界」這篇宣言裡，儘管承認過去儒家思想的缺點，是在「未知如何以法制成就君位之更迭及實現人民之好惡」，但又主張傳統儒家樹立人人道德主體性的基本立場與「天下爲公」、「人格平等」的思想，必與君主制度相矛盾，必當發展爲自由民主的政治制度。如果是這樣，爲甚麼孔子直至明代遺民王船山以前的歷代儒者，沒有一個敢想敢說君王制度乖背儒家的道德精神？再者，我們如果比觀儒家所倡道德的理想主義與近代西方思想，則不難看出，前者無法像後者，能爲民主自由的政治制度舖下理論基礎。

民主自由人權乃至法治觀念在近代歐洲的形成與發展，預設了幾個很重要的因素。第一，西方民主政治的思想，乃是基於負面人性（人人生來由於自私自利而時有利害衝突，甚至爲非作歹）的直接肯認，與依據孟子性善論（人皆可以爲堯舜，人皆應該努力成德成聖）的儒家德治思想迥不相同。第二，如用我自創的倫理學名辭說明，西方民主法治所要求的是「最低限度的倫理道德」(minima moralia)，譬如人人必須遵守法規與公共道德之類，實有別於儒家所標榜的「最高限度的倫理道德」(maxima moralia)，即要求人人日日向上，終至成德成聖。就內聖之道言，當然可以提倡最高限度的倫理道德；講外王之道的民主自由化，則不能老唱道德的理想主義高調，而是應該針對人性與政治的現實，較合理地要求「最低限度的倫理道德」。我們如果了解到，百分之九十九的人類永不會去做聖人，就不難同時了解到，儒家想從內聖之道（個人道德）推出外王之道（政治道德），是絕對行不通的。

第三，西方民主政治思想與儒家德治思想的另一殊異點，是在前者所强調的道德行爲是律法（道德律或法律）中心（rule-centered），而後者所標榜的是（個別處境上）行動中心（act-centered）的。儒家德治思想所講求的是仁人君子在各種處境的個人行爲合乎中庸（時中）之道。這種思想祇有助於人治，却無關乎法治精神。

最後，就歷史背景言，西方民主自由人權等等觀念是在近代歐洲的多元世界或多元社會逐漸發展而有，但在儒家獨尊的傳統中國社會（大一統的單元社會）所產生出來的心態（mentality）是我所說「單元簡易型」的，異乎「多元開放型」的心態。試問：從大一統的單元簡易心態，如何能够形成民主自由的法治觀念呢？新儒家美化傳統之餘，完全忽視了西方民主法治底層之「體」，仍想硬套「中體」到「西用」上面，以便建立儒家本位的民主自由之路，豈非牛頭不對馬嘴？

周：在近代新儒家及各種國學運動的發展上，無論採取疑古、非古或重新肯定的立場，都主要係以儒家爲討論的焦點。但在儒家之外，中國文化中的一些重要質素，如道家和佛家等，却也一直扮演著相當重要的角色。尤其是從宗教層面觀察，佛教與道教對中國文化與民衆的影響，更爲明顯。但在當代中國學術發展史上，大部份學者的主要精力却都擺在儒家這一支思潮與制度之上，對於這種偏重的現象，您的態度是怎樣的？您對佛教、道教及其他宗教精神與制度的重要性，又做如何的評價？

傅：中國學者偏重儒家研究，由來已久，除了歷史文化上長期的儒家獨尊之外，還有幾項因素，其中有兩點特別值得我們反省。第一點是，中國學者（士大夫）一向帶著過份的華夏優越感，排斥外來思想與文化，佛教的命運卽是佳例。其實，我們如果公平客觀地重新比較儒家與佛教，在形上學、宗教哲學、知識論、心性分析、解脫論乃至藝術創造等等層面，儒家並不見得更爲殊勝。中國學者應該多問：爲甚麼祇有發源於古代印度而毫不假借武力的佛教兩千多年來貫通了整個亞洲的思想與文化，而今天在美國已有形成所謂「美國佛教」(American Buddhism)之勢？

偏重儒家的一大半中國學者，由於袪除不了「中國佛教不過是印度佛教的延伸」這種狹隘心理，每每談論中國思想與文化的繼承與發展，總把佛教隔在一邊，視若無睹。他們難道不了解，中國哲學與宗教的歷史如果去掉整個中國佛教，中國典籍如果不包括「大藏經」與「續藏經」在內，是多麼貧乏？

第二點是，偏重儒家本位的「大傳統」的中國知識份子對於構成「小傳統」的中國宗教抱有無謂的成見，認爲先秦儒家到宋明理學，是道地的哲學思想；影響一般老百姓更爲深遠的道教、淨土宗等民間宗教則與迷信無別，不値得一提。其實儒家本身有多少成份是眞正經得起哲學性證立 (philosophical justification) 的思想？由於一方面在儒家本身哲學與宗教的分際從未淸楚，另一方面執守大傳統的中國知識份子又誤以宗教爲迷信，結果是以道教爲首的中國宗教思想與文化方面的學術研究，直至今日幾乎是一片空白。反觀鄰邦日本，早已設有「日本道教學會」，以現代化的學術探討方式廣從宗教心理學、比較宗教學、醫學技術史、民俗學等等角度透視道教（中國唯一的正宗宗教傳統）的本質，在這些研究領域，遙遙領先，影響歐美學者的研究趨向。光是去年，就有窪德治教授的「道教史」，數位權威學者監修完成的「道教」三大册等等學術論著出現，怎不令中國學者自我慚愧？

道教研究這些年來在美國學府日受重視，年輕一代的美國學者接上李約瑟在「中國科學與文明」的研究成果，進一步分就內科醫藥、養生壽老術、道教發展史、宗教解脫等等層面了解中國道教（以及其與道家的內在關聯），也有可觀的成績。中國大陸學者近年來對於道教爲主的中國宗教也不遺餘力地嘗試現代化的分類研究，不容我們忽視。

周：在當代東亞文化圈中，日本的中國學研究一直有值得重視的發展成就，僅以佛學研究爲例，就遠較中國學術界更富成果。您曾就禪學大師鈴木大拙與胡適的對辯公案做過研究，也曾從日本文獻出發，對佛學做過深入的研析，您認爲日本佛學的發展與成就，對中國學者有怎樣的啓迪意義？同時，中國學者若欲從事佛學研究，又應具備那些基本的學術工夫呢？

傅：關於日本佛學的發展與成就對於我們的啓迪意義，我想特別强調下面兩點。第一點是，正如已故著名日本哲學家和辻哲郎所說，日本向來是「文化多層性」的國家，而其固有神道祇反映了古代日本人的樸素生活方式，本身並無所謂哲學或宗教思想可言，因此不必像中國儒家那樣一味排斥外來思想與文化，反而主動吸取並包容儒道佛三教以及西方各種思想，逐漸形成多彩多樣的日本傳統，其中具有哲理深度與宗教廣度的佛教對於日本傳統的形成影響最爲深遠，一千多年來始終構成主流，無形中幫助日本知識份子培養多元開放的文化胸襟出來。我們如要重新認識並認眞研究佛教的本質，則不得不學點日本主動吸納外來思想與文化的開放胸襟，破除過度的自誇心理，否則我們在今日的多元世界就無法與歐美日本等各國爭長競勝了。

其次，日本佛教學者懂得分工合作，有些獻身於佛教的純學術性研究（如辭典編纂、思想史與文化史的探討、文獻學考查等等），有些較有思想創造能力的，則從事於傳統佛教之「批判的繼承與創造的發展」，行行出狀元，在佛教的研究與發展每一部門，都有顯著的成績，因此日文也隨著變成現代化的佛教研究最重要的語言工具了。由於日本學者有純粹思想史家與哲學思想家必須分工合作的基本默契，兩者之間不但沒有文人相輕的毛病，反而相得益彰。基於此故，思想創造型的日本學者可以專心探討如何創造地綜合佛教思想（尤其禪宗思想）與西方哲學與宗教思想的現代課題，這就說明了爲甚麼西田幾多郎所開創的京都學派終有思想創造的突破，奠定了現代日本哲學的根基，開始反向西方哲學與宗教挑戰，而令西方學者刮目相看了。相比之下，中國學者一向缺少分工合作的精神，思想史家與思想家常有彼此排擠的傾向，而有志於思想創造的學者由於突破不了傳統的「經史爲重」的學術框架，不得不花費大半時間先搞（哲學）思想史，到了老年再想嘗試中西思想的創造性綜合，成績極其有限。加上對於佛教思想的無謂偏見，到目前爲止沒有一個中國思想家能够積極地開創包括佛教在內的現代化中國哲學與宗教思想出來，熊十力以「儒家完全取代佛教」的片面性思想創造，便是一個負面的例子。就這一點來說，日本（佛教）學者之間的分工合作對於中國學者實有發人深省的啓迪意義。

新一代的中國學者如想從事於佛學研究，應該具備下列基本學術功夫。第一，一個够格的佛教學者，除了漢文之外，必須通曉至少一門佛教語言（譬如梵文、巴利文、藏文或日文），如果特別關注佛教研究的現代課題，則日文與英文是最起碼的兩門現代語言工具，缺一不可。老一代的中國學者想走捷徑，多半忽略語言工具訓練的重要性，故在佛教研究方面心有餘而力不足，年輕一代不應重蹈舊轍才是。第二，爲了促進中國佛教的現代化，必須有選擇地接受思想文化史、宗教心理學、宗教哲學、比較宗教學、心理分析、心理療法、解釋學、西方哲學（如存在主義或現象學）與神學等學科或方法論訓練。日本學者所以能够完成他們佛教研究的現代化使命，乃是由於他們面對西方的衝擊，能從各種學問的角度重新透視佛教的眞諦及其現代蘊含之故。第三，應該循著蘇格拉底的名訓「認識自己，了解自己」，以便決定自己未來的研究方向。其中最重要的，便是考驗自己究屬那一類型：純粹學者型還是思想家型。兼有這兩種型態的天才絕無僅有，每一學者都應捫心自問自己的眞正潛能究竟何在。如果發現自己基本上屬於學者型，還應進一步問自己所將專注的是那一方面，譬如思想史研究還是文獻學工作之類，然後按部就班訓練自己成爲嚴格的專家學者，否則我們的佛教研究永遠停留在籠籠統統的概論式操作，不會有學術性的突破，遑論思想創造性的突破了。

周：二十世紀下半葉的文化發展，證明了傳統宗教雖然面臨了許多新的挑戰，但宗教精神和宗教制度却不會因現代化的發展而面臨衰頹的趨勢。六〇、七〇年代以來各種新興宗教崛起，同時西方對東方宗教開始了新的熱潮。到了八〇年代，各種「基要派」(fundamentalist) 宗教也盛起於世界上許多地區，面對這種現象，您認爲佛教與佛學研究可能會受到怎樣的影響？而在中國社會裡，宗教的角色及未來的發展又可能面臨怎樣的轉變呢？

傅：關於戰後新興宗教現象對於佛教（研究）的影響，首先應該指出的是，人們會逐漸從廣泛的多元世界宗教現象的角度去重新了解與評估佛教的現代意義，同時也會逐漸擺脫傳統的研究方式，而從宗教心理學、宗教現象學、比較宗教學、心理分析、精神醫學等等嶄新觀點重新探討佛教思想與文化之種種。同時，由於近年來耶教開始主動進行世界各大傳統之間的交流與對談，一向較爲保守的佛教團體也不得不應運參與對談，這對佛教本身的自我革新與現代化很有益處。再者，整個世界宗教的戰後世俗化（secularization）過程當中，偏重出世的傳統佛教也勢必被迫應付政治社會乃至個人現實等現世問題，日本新興宗教（如創價學會）的政治活動與六〇年代越南佛教徒的政治覺醒，都是顯著的例子。我個人格外覺得，佛教已到了不得不脫胎換骨的地步了，其中最大的關鍵是，佛教能否經由中道與眞俗二諦的現代化詮釋建立它本身的社會倫理學，能否挖深「生死卽涅槃」的哲理，以便重新發現生命奮勉的每一時刻卽是涅槃解脫的後現代（post-modern）意義出來。

我十分相信，隨著醫藥科技的後現代化（電子計算化）與物質生活的急速提高，耶教所云「神聖」(the sacred)與「世俗」(the profane)，或佛教所分「出世」與「入世」的二元區別會逐漸解消，人們會從現世生活的日日改善這個角度重新探求宗教的需要與意義。就這一點說，不論是大乘佛學的「生死卽涅槃」，或是道教的養生壽老之說，抑是儒家所倡「極高明而道中庸」，都會被人們重視與關注。我無法預測未來中國的宗教發展動向，但我堅信，中國宗教（包括宗教層面的儒家）會繼續針對(1)個人生活智慧與社會倫理如何銜接，與(2)入世（現實）與出世（理想）如何貫通這兩大課題自我探索與發展。

周：在基督教的歷史中，解經學一直有著持續性的發展成就，近代學者更進一步將其引入哲學與人文學科的領域，使得「解釋學」在當代的重要性與日俱增，但是在中國哲學與宗教思潮裡，却不易找到類似的顯例。你認爲解釋學的發展，對東方宗教與哲學的研究有怎樣的參考意義？

傅：耶教的解釋學在近代由希萊爾馬赫（Schleiermacher）所開拓，繼續發展直至今日。同時在現代哲學界也有伽達瑪（Hans-Georg Gadamer）等依循海德格的存在論理路開創出來的新派解釋學，更加深化了西方哲學與宗教方面的解釋研究。根據個人多年來鑽研海德格哲學的經驗，我深深覺得，西方解釋學的吸納對於中國哲學與宗教思想及其發展史的現代化重解或重建（reinterpretation or reconstruction）很有益處。譬如說，兩千多年來的儒家與佛教這兩大傳統的思想發展，可以分別看成一部解釋學的歷史；換句話說，是分別對於早期儒家的原先觀念（如仁義、性善、天道天命等）與原始佛教的根本理法（如法印、四諦、緣起等）所作「解釋再解釋・建構再建構」的思維理路發展史。我們今天的解釋學課題是在，如何站在「中西互爲體用」的開放立場，吸納西方解釋學的精華，而建立我們中國本位的新解釋學傳統。這並不是很容易的工作，我個人到目前爲止，也不過構想了所謂「創造的解釋學」（creative hermeneutics），藉以試用在中國思想（史）的重解重建，自覺有待繼續深思修訂。我們亟需一批有志於解釋學研究的中國學者共同探討此項極有意義的現代學術課題。

周：在近代中國哲學與西方哲學的對話過程中，西方哲學界對中國哲學的「哲學性」一直抱持著懷疑的態度。在美國的各大學哲學系裡，中國哲學與東方哲學多不受到重視，甚至被排斥在外。您是在西方與中國哲學兩方面都有深入研究經驗的學者，面對這種現象，抱持怎樣的態度？而中國哲學專家又如何尋求改進此一現象呢？

傅：美國各大學哲學系不太重視包括中國哲學在內的東方哲學，一方面暴露了西方學者的長期成見，另一方面也涉及東方哲學的內在問題。專就以儒道佛三家爲主的中國哲學所具有的內在問題而言，不能不說中國哲學的「哲學性」確實不足，有待批判的檢討。中國哲學當然有相當豐富的哲學資料，如果好好挖出其中深意（內在蘊含），則不難看出，中國哲學在形上學、宗教哲學、心性論、倫理學、美學、語言哲學等方面足與西方哲學互相抗衡，且時有較後者殊勝之處。但是，傳統的中國哲學家多半以被動保守的注釋家姿態去作哲學思維，又因急於提出實踐性的結論，動輒忽略哲學思維的程序展現與哲學立場的證立工夫，而以生命體驗與個人直觀的籠統方式表達哲學與宗教分際曖昧的思想，難怪「哲學性」大大減低。其他如中國傳統語言的過份美化，邏輯思考的薄弱，知識論的奇缺，高層次的方法論工夫之不足，德性之知的偏重與見聞之知的貶低等等，都是構成中國哲學缺少高度哲學性的主要因素。

關於中國哲學的哲學性如何提高的現代課題，兩三年來我慣用「批判的繼承與創造的發展」這個辭語表示我的基本態度。我這個態度的形成，深受西方哲學家與日本京都學派哲學家的影響。我十分同意康德「哲學思維（philosophization）重於哲學（philosophy）」的說法，因我認爲哲學思想之所以具有哲學性，並不是在哲學結論的直接提示，而是在乎哲學思維的程序展現。依此規準，一大半的傳統中國思想家根本不能算是（嚴密意義的）哲學家，譬如孔子、老子、董仲舒、周敦頤、程明道等是。如果再就哲學思想的發展史去看，眞正具有「批判的繼承與創造的發展」精神承先啓後，展開獨創性哲學思想的，恐怕祇剩下孟子、荀子、莊子、吉藏、智顗、朱熹、王陽明等寥寥幾位而已，豈不令人慨嘆？

今年三月二十二日晚上，中國哲學會與臺北中國時報人間副刊合辦，請我主講「中國哲學研究改良芻議」。我依「中國本位（專爲中國哲學的繼承與發展著想）的中西互爲體用論」觀點提出幾項建議。⑴中國哲學與哲學史內容必須重新釐定，許多純粹宗教思想，非哲學性的政治社會思想等等，都不應放在哲學（史）範圍。如果這樣嚴格地重新審定中國哲學資料，我們就不難發現，最具有「哲學性」的中國哲學資料，除了先秦諸子與朱、王之外，泰半來自中國大乘佛學。⑵哲學研究與哲學史研究的分際應該劃清，俾便哲學家與哲學史家能够分工合作，分別完成哲學的思想開創與純學術工作的發展與深入這不可分離的兩項哲學任務。(3)從事於思想創造的哲學家也需接受嚴密的哲學史訓練（但不一定要搞通哲學史上的所有資料），逐步培養能够發掘前後哲學學派或理路的內在關聯性的哲學史頭腦，依此再進一步培養「批判的繼承與創造的發展」精神，以便開拓具有嚴密哲學性的中國哲學之路。(4)爲此，中國哲學家必須面對西方哲學的衝擊，設法早日解決中國方法論的建立課題，在解釋學、語言分析、比較哲學、後設理論等等方面應多探討。(5)我們必須重新探討中國哲學語言的得失所在，以便經由傳統哲學語言之批判的繼承設法創造合乎時代需求的哲學語言。(6)我們必須打破「德性之知重於見聞之知」的片面看法，重視客觀的經驗知識，同時奠定知識論的獨立研究與發展的現代基礎。爲此我們必須吸收大量的西方知識論（包括科學方法論與科學的哲學）進來。(7)現代中國哲學工作者必須關注哲學思想（在問題設定上）的齊全性，（在問題解決上的）無瑕性，（在解決程序上的）嚴密性，以及（在語言表現上的）明晰性。西方第一流哲學家，如亞理斯多德或康德，都能注意到此，反觀傳統中國哲學家幾無一人能設想得如此周到。(8)哲學思想要求普遍妥當性或道理强制性，應無任何國界的限制。但是，中國哲學常與華夏優越感或民族興亡混成一團，大大減殺嚴密的哲理普遍性。從今以後，我們應將中國哲學放在整個世界哲學的發展潮流去評衡它的優劣長短，這樣才能提高中國哲學的價值與意義到高一層的世界水平。(9)我已强調了中國大乘佛學爲中國哲學之中份量最重的傳統。我們如要開拓更廣更深的中國哲學之路，則千萬不能忽略佛教思想，否則絕談不上創造性的現代化綜合。(10)最後，中國哲學工作者應該通曉至少兩門外國語文，否則培養不出多元開放的哲學胸襟，這種胸襟與獨創性的哲學思想毫不相違，反而時時能够刺激哲學思想家百尺竿頭更進一步，在哲學思想上的日日創造永不停歇。

周: 在中國近代思潮發展上，中西文化的溝通曾經出現一個特殊的現象，即西方的哲學與文化思潮，往往是以意識型態的方式被引介進來。意識型態化的結果，是學術思想的無法深根，以及對學術思潮產生破碎支離的了解（甚至是誤解）。舉例來說，雖然馬克思的著作已經有相當完整的翻譯，但基本上全是以教條的態度對待，而對於當代西方馬克思主義的發展，中國學界却一直缺乏整體的、平實的理解。另外對於西方一些重要的思潮與學派，如批判理論、解釋學、現象學等，中國學界不是出現一廂情願式、信仰式的引介態度，就是止於蜻蜓點水式的淺介而已。其結果則是，或則不加批判的就「信仰」上一個學派（或學者）的知識觀點，或則未能得其精髓，而無法使學術思潮在中國環境裡生根。在這樣的情況下，中國思想與學術界，就無法在辯證批判與繼承的基礎上，將西方文化發展的成果結合於中國學術思想之中了。當然，上述的現象絕非中國近代學術不振的唯一原因，但無疑却是今天中國思想文化界出現貧困現象的主因之一。您對此一問題有怎樣的看法？您覺得中西學術思想的溝通應該走向怎樣的方向？而當代中國知識分子究應如何面對西方的學術思潮呢？

傅: 一百多年來中國學者所以一直採取意識型態的或是主觀信仰的方式引介西方哲學思想與文化思潮，而在西學研究上始終停留在淺薄的概論化層次，建立不起優良的學術水準，是由種種複雜的因素形成。在這裡，我想特別提醒大家，傳統的中國思維方式或心態對於我們產生過某些負面影響，是妨礙我們摸透西學眞髓的一大絆脚石。第一，傳統的中國思想家多半缺乏批評精神，却善於籠統大體的調和折衷。記得數年前在紐約參加美國哲學會年會時，與一位對於中國哲學極有興趣的美國教授閒談。他忽然說，中國哲學家（不論是傳統的還是現代的）看來都是「調和專家」。我聽了很不服氣，當場反駁他說，「君不見『天下』篇的莊子，『非十二子』篇的荀子，駁告子斥楊墨的孟子，乃至批禪評陸的朱熹與攻朱擁陸的王陽明等等，豈不都是經過哲學批評奠定自己立場的？你怎麼可以說他們是『調和專家』？」這位同行聽了之後仍半信半疑。今天回想起來，我不得不大致同意他的看法。

第二，上述第一流哲學家們雖有批評精神，却從未經由步步分析問題與層層澄清論辯的方式駁倒異說或證立己說。他們幾乎都是以籠籠統統的兩三句就想駡倒對方了事（吉藏、智顗與朱熹算是極少數的例外）。有一件值得我們注意的是，我們在中國哲學古典裡差不多看不到雙方對辯的詳細紀錄，譬如孟子的斥駡楊墨，宋明理學家的評佛斥禪，都沒有給對方（或其繼承者）反駁的機會。

第三，傳統的中國思想家急於獲得實踐性的結論，故對純理論的知性探求無甚興致與耐性，而在建立自己的思想時，也多半抓住大體，却拋落了重要細節。所以我說，中國學者容易變成「籠統先生」。

第四，主體性生命體驗的偏好，與急於應用實踐的思考方式，在中國思想與文化的發展上無形中構成了我所提過的單元式簡易心態。由是，儒家思想終以最簡易直截的陸王心學爲歸結；老莊的道家思想在郭象之後無有發展，終被禪宗融消；至於大乘佛學，也在宋代之後完全簡易化爲禪宗（自力）或淨土宗（他力），而天台、華嚴等宗統統失去了思想再創造的動力。以上提出幾點，不外是想說明傳統以來中國學者的思維方式或心態，如何負面地影響我們並阻礙我們促進現代化而有深度的中西學術研究。

總之，我們必須克服上述困難，逐漸培養多元開放的胸襟，問題探索與分析的能力，以及客觀嚴格的批評精神。多元開放的胸襟，並不意味著漫無目的地或囫圇吞棗地引介西學。現代中國學者的一大通病是，自己的腦袋天天隨著歐美思想學術新派新潮團團轉，始終追求新奇而不深入，且不知所以然。這樣的學習方式容易產生百科全書型的博學先生，但很難產生具有嚴密分析能力與精銳批判眼光的眞才實學。

關於中西學術思想的溝通方向，以及我們面對西學應取的回應方式，由於篇幅所限，我祇能略提個人管見之一二。關於溝通，我想特別强調一個首要步驟。當我們探討兩種中西學術思想能否或如何溝通時，必須設法發現分別隱藏在兩者的表面結構（surface structure）底下的深層結構（deep structure）。如果我們祇注意到兩者在表面結構的相近類似而沾沾自喜，就無法通透深層結構而發現眞正可靠的溝通線索。關於回應，我想再次强調「中國本位的中西互爲體用論」立場。祇要我們發現任何西方（甚至日本）的理論學說有助於我們批判地繼承並創造地發展傳統以來的中國學術思想，我們應該大無畏地消化它、吸納它，變成我們學術思想的一部分。我們不是曾經消化過印度佛敎，創造地轉化而爲我們中國本位的思想文化遺產嗎？我們難道不能揚棄（揚取精華而棄去糟粕）康德、黑格爾、海德格、維根斯坦、瞻因（Quine）、波帕（Popper）等西方第一流哲學家的思想，綜合地創造未來中國的哲學思想嗎？

周：在近代中國影響最爲深遠的一支思潮——社會主義方面，中國經歷了長遠的引介與發展歷程。雖然中國學界對於馬克思思想的研究或批判，至今還處於落後的敎條化階段，但在西方左翼思想盛行的六十、七十年代，東方的「毛澤東思想」却引起過西方知識界相當的矚目。毛思想所引起的革命熱情，也曾在西方極左翼運動中引起深遠的反響。雖然七十年代末期以來，「毛狂熱」已經逐漸冷淡下來，而且在中國大陸也已面臨了重大的批判，但是這股熱潮究竟是什麼因素引起的呢？它的困境與限制又在那裡呢？從您研究近代西方哲學的經驗看來，這股狂熱運動對於當今的知識份子又具有那些反省意義？

傅: 毛思想當年在世界各國的極左派政治運動掀起一種幾近宗教狂熱的革命熱潮，推其原因，十分複雜。我在這裡祇想指出，毛思想有過的最大魔力，是在（以「革命實踐繼續不斷」爲口號的）它那無產階級道德的理想主義「浪漫」情調。我認爲，毛是所有馬列主義者當中透過傳統馬列主義的表面結構（辯證法唯物論與歷史唯物論）而重新發現其深層結構（通過無產階級專政澈底改造人性的革命不斷論）的第一人。對他來說，馬列主義的本質已不是在對於人類歷史社會發展的「實然」(is) 或「必然」(inevitability) 所作的科學解釋，而是在乎無產階級革命道德的「應然」(ought) 信念。這種共產道德的理想主義確很容易掀起一種狂信狂飈，文革初期的紅衞兵運動便是最顯著的例子。

毛思想的限制與「毛狂熱」的困境與冷却，也不是三言兩語可以說盡。不過，我們至少可以指出幾點。(1)包括毛在內的所有馬列信徒，堅信馬列主義爲唯一的眞理。因此，馬列主義本身的限制也就變成毛思想的限制，譬如「祇有階級的人性」、「宗教統統是人民的鴉片」之類的偏見就是。毛自己常說：「眞理愈辯愈明。」然而毛想强逼人民接受馬列教條與毛思想爲唯一絕對的眞理，又有甚麼好辯？誰敢公然與之論辯？(2)文革期間所流傳的「毛澤東思想萬歲」書尾記載，有位叫韓愛晶的紅衞兵小將問毛：「如果幾十年以後，一百年以後，中國打起內戰來，你也說是毛澤東思想，我也說是毛澤東思想，出現了割據混亂的局面，怎麼辦？」江青當場罵她胡扯。毛則答謂：「想得遠好。這個人好啊！」其實毛的簡答等於沒有回答。韓的疑難已暗示著日後紅衞兵運動四分五裂而全部瓦解的悲慘末運了。文革後期，在毛思想的大口號下一切是非對錯的標準蕩然無存，而所謂「民主集中制」也變成了既無民主又無集中，人人但求自保的亂局。(3)我曾提過儒家從內聖之道推出外王之道的困難。表面上毛思想也是一種（共產）「道德的理想主義」，所標榜的也是一種「最高限度的倫理道德」。所不同的是，儒家以諄諄善誘的漸進方式勸導人人成德成聖，毛則强逼人民立卽學做雷鋒般的無產階級「聖人」，不但比儒家困難更多，也同時引起一個嚴重的人性問題：「以强迫手段逼人做聖人，難道是有道德的做法嗎？」關於此類問題的詳論，我將有兩萬多字的長篇「馬列主義的思想困局與未來中國的展望」，不久登在美國出版的新季刊「知識份子」第二期上，玆不贅述。

毛思想與文革的失敗，給中國知識份子的一大反省是，傳統內聖之道以勸導（而非强逼）的口氣鼓勵人人變成更有道德的仁人君子，在今日世界仍有令人首肯的道理。但是，儒家無法替代毛思想，來幫我們超克封建時代以來的「人治」而建立「法治」。在這一點，我們還得虛心從頭學習西學之「體」，創造地轉化而爲中學之「體」的一部分。

周：在西方近代宗教思想的發展上，人文主義、存在主義哲學、馬克思主義、現象學等思潮，均與基督教天主教系統的神學發生過長遠的對話過程，而且至今各種辯證歷程仍在持續的進行，從這樣的觀點看來，您認爲這些哲學與社會思潮對東方宗教思想是否具有參考與思辨的價值？而東方宗教與東方哲學思潮之間，又有那些值得深入闡發的關係呢？

傅：你所提到的西方哲學與社會思潮對於東方思想極有衝擊或挑激。學例來說，西方的人文主義與存在主義提醒東方知識份子，個人實存的獨立自主與自由抉擇是保障民主人權乃至學術自由、宗教自由等等的基本條件；現象學的意識分析有助於大乘佛學（尤其法相宗）通過批評的比較嘗試現代化的心識論重建；而馬克思主義早已挑戰政治社會意識較爲薄弱的東方思想，如印度教與傳統（尤其小乘）佛教，以及道教等等。提到這一點，又得回到「批判的繼承與創造的發展」課題了。

至於東方本身的哲學與宗教之間的對話關係，專就中國傳統而言，儒家在世俗倫理上關注甚切，但對宗教解脫與終極關懷（譬如破生死的問題）的深度却不及佛教，有待繼續探索。佛教對於世俗倫理無甚貢獻，也反過來可從儒家吸取一些正面資糧。

周：近年來宋明儒學與先秦儒家的研究，引起了美國、日本、韓國及中國學術界的注目，面對現有的研究成績，您覺得有那些研究方向值得進一步的加强？而對於其他的中國思想，如佛、道、法、墨諸家，又應放置在怎樣的定位，以與儒學做互相的批判與溝通？

傅：關於儒家研究，我認爲應該擴大我們的眼光，注意到儒學在韓國與日本（以及現在的美國）的繼續發展與創造。我對日本儒學有基本了解，但對韓國儒學一向不太關心。今年暑假爲了九月初在漢堡大學舉行的「李退溪國際會議」，寫了一篇「李退溪四端七情說的哲學考察」（德、英文雙稿），這才發現到李退溪思想的獨創性，並不在宋明大儒之下。又，目前多半學者仍以治漢學的方式研究儒家思想，我覺得廣從比較哲學的觀點去看儒家的形上學、倫理學、心性論等，更有現代意義，更能幫我們批判地探索儒家哲學繼往開來的艱巨課題。

我也覺得，佛道二家經由現代化的重建，可在形上學、語言哲學、心性論、生死智慧等方面供給儒家許多思想資糧，而使儒家本身的思想內容更加豐富與深化。至於法、墨、名等家，我目前還看不出會有甚麼現代化的發展可言，因爲我覺得這些古代學派所提出的思想多半已是歷史的陳品，不及西方哲學的精彩。但我不否認這些學派在思想史研究上的價值。

（一九八四年十月五日於費城近郊，原載中國論壇第十九卷第五至六期）

儒家思想的時代課題及其解決線索

一、前　　言

近二十年來包括臺灣在內的「亞洲四條龍」，緊隨日本之後造成了驚人的經濟奇蹟，而這五個東亞地區又同時具有一個共同點，就是傳統儒家的世俗倫理深入民間，構成思想文化（亦即馬克思的唯物史觀所云「意識形態的上層建築」）的一大要素。這就引起了不少社會科學家的問題探討：儒家倫理對於亞洲這五個地區的經濟成就是否形成意識形態層面的有利因素？爲甚麼在印度、泰國、錫蘭、菲律賓等未受儒家倫理影響的其他亞洲地區，就沒有產生過類似的奇蹟？爲甚麼亞洲的共產主義社會，如中共或韓共，仍在經濟政策的十字路口掙扎與摸索，仍與印度等非共國家一樣，停留在經濟落後（economic under-development）的階段？我們如何了解並解釋亞洲各地在戰後經濟發展的種種不平衡現象？

最近由於一些海內外社會學家與歷史學者開始重提韋柏（Max Weber）的宗教社會學理論，藉以說明儒家倫理在戰後東亞一帶的資本主義經濟發展過程當中，無形中可能旁助過的精神作用，因而在臺灣一時引起了韋柏理論的研究熱潮。依照韋柏在他名著「新教倫理與資本主義的精神」(The Protestant Ethic and the Spirit of Capitalism)所云，以卡爾文派（Calvinism）爲主的新敎倫理（尤指禁欲勤勞的清敎倫理）與近代歐洲（如在德、英等地）資本主義的順利發展有過正面密切的因果關聯，足以補正馬克思唯物史觀動輒强調「唯生產力論」的偏失，而提醒我們上層建築的意識形態如宗敎或倫理道德，對於經濟發展所可具有的積極作用。有趣的是，韋柏在「中國的宗敎」（The Religion of China）一書却認爲，傳統以來的儒家與孔敎（以及道家道敎）不但無助於資本主義在現代中國的形成與發展，反而容易構成一大阻礙。上述學者們都想借用韋柏的理論（但除去他對儒家的片面理解），重新探討儒家倫理對於深受儒敎影響的東亞五個地區，在戰後的經濟發展可能構成的一個助因，譬如儒家一向倡導的勤苦、節儉、敬老、秩序禮節、自勉互勉、德智敎育等等傳統美德，應可看成有助於經濟發展的重要因素，否則我們又如何解釋，戰後亞洲的經濟奇蹟統統產生在受有長期儒家倫理影響的日本與「亞洲四條龍」呢？

上述儒家美德與經濟發展或許有點關聯，但我覺得，我們不能祇就表面去看儒家倫理與經濟發展之間可能存在着的因果關聯，還應進一步探討五個地區除了儒家倫理之外，分別具有着的本身獨特的意識形態結構，否則容易以偏蓋全，過分誇張儒家倫理的正面作用。擧例來說，香港與新加坡都長期受有英國人在政策製定、公司組織、企業管理等方面的示範與影響，而又具有得天獨厚的優越地理條件（如充當東西交通的重要港口），臺灣則無此條件。日本與南韓都有强烈的集體團結精神，可能與其本身的固有宗敎具有密切關聯，中國人則有如孫中山先生所慨嘆的「一盤散沙」，多半停滯在個人主義與家族中心主義而難於形成集體精神。我們知道，集體精神（爲了群體利益，寧可犧牲個人的眼前小利）乃是促成戰後日本經濟奇蹟的一大因素。加上德川幕府以來的「商人之道」精神（如石田梅岩的心學運動）與明治維新以來的資本主義財閥意識等等，日本早已具有順利配合經濟發展的意識形態結構，因此它在今日的世界經濟能與美國以及西德鼎立而三，且有凌駕之勢，實非一朝一夕之故。至於臺灣，如無鄰邦日本的經濟衝擊，如無中共的威脅而奮勉自强，如無美國的大市場可供產品推銷等等內外條件存在，則是否能在這二十年內逐步造成今天的經濟成就，是不無疑問的。總之，不先考慮五個地區分別具有的特殊情況與內外條件，而想特別標出儒家倫理對於經濟發展可能構成的一種助因，恐怕難免有自作幻想之嫌。難道祇因東亞儒家思想與文化之根是在中國，所以我們就可以誇大其詞，肯定儒家倫理是促進經濟發展的有利因素，而如此滿足我們的華夏優越感嗎？我既不是社會學家，也不是歷史學者，當然較無資格去作深一層的科學研究，探討儒家倫理與經濟發展之間有否因果關聯的事實問題。不過，如從哲學的觀點去重新考察，我認爲有個更重要迫切的時代課題：儒家思想（尤其倫理思想）如何謀求自我轉折與自我充實，經由一番現代化之後配合經濟社會政治等等其他層面的現代化（亦卽科技資訊化），眞正發揮正面積極的作用，而不致變成意識形態上的絆脚石呢？

儒家思想的時代課題，一方面涉及配合科技資訊的急速發展而必須自我踐行的轉折充實，另一方面又同時關涉如何超克傳統儒家本身已有的內在難題。現代化意義的轉折充實與內在難題的自我超克可以說是時代課題的一體兩面，必須經過一番嚴格的自我批評與愼重的哲理探討。換句話說，儒家思想的時代課題卽不外是我這兩年來一直强調着的「如何批判地繼承並創造地發展儒家思想」的艱巨課題。令人感到遺憾的是，中國大陸的哲學工作者由於馬列毛理論教條的束縛，對待儒家遺產的繼承課題始終是批判有餘而繼承不足，遑論甚麼「創造地發展」了。

至於臺灣的教授學者，則爲了中國傳統思想與文化的復興，亟欲進一步發展代表中國傳統主流的儒家思想，却因籠統的繼承有餘而嚴格的批判不足，迄今仍無創造性的突破跡象。在日益多元複雜化與科技資訊化的今日世界，任何一個國家社會要有思想與文化的現代化突破與發展，絕對需要一批見識深遠而態度忠誠的知識份子，提供建設性的且有善意的批評；沒有批評，就沒有進步。這就是爲甚麼我不得不强調：「沒有批判的繼承，就不可能有創造的發展」。依此了解，我們今天爲了探討與解決儒家思想的時代課題所應把握的首要線索是，如何從我們（後）現代的觀點發現儒家思想的內在難題，而經由免於成見的嚴密分析與哲理省察，設法尋獲超克這些難題的適當途徑。

爲了探索儒家思想時代課題（內在難題）的解決線索，拙文所採取的基本立場共有不可分離的以下三點：(1)經由批判的繼承謀求創造的發展；(2)建立我們的新時代所需求的我所云「中國本位的中西互爲體用論」，取代張之洞以來帶有過度華夏優越感（甚至自國中心的沙文主義）的「中學爲體，西學爲用」這種陳腔濫調；以及(3)形成多元開放的思想文化胸襟，俾能徹底改正從我們傳統以來的單元簡易心態惡化而成的單線條自我閉鎖心態（simplistic, self-closed mentality）。儒家思想大體上可以分成(1)（道德的知行合一論爲主的）知識論，(2)（道德的）形上學，(3)（孟子一系的性善論或良知論爲主的）心性論，(4)（道德的理想主義意義的）倫理學，以及(5)（德福一致的安身立命論爲主的）解脫論。拙文依照這五大部門的次序，一一討論各別的內在難題，以便探現其解決線索，而在最後一節針對儒家傳統的繼往開來課題，作一簡單的總結。

二、知識論

儒家知識論的基本特色有三。其一，正如北宋大儒張載所云:「見聞之知，乃物交而知，非德性所知。德性所知，不萌於見聞」(「正蒙、大心」篇)，儒家分辨兩種知識，卽「德性之知」與「見聞之知」。另一北宋大儒程頤也隨順張載的知識兩橛觀，說:「聞見之知，非德性之知，物交物則知之，非內也，今之所謂博物多能者是也。德性之知，不假聞見」(「遺書」第二十五)。如以現代用語加以解釋，則擧凡感性知識、科學知識乃至書本知識(如對於經史子集的博學多聞)等等有關經驗事實的外在知識，皆屬聞見之知，可以另稱之爲經驗知識。德性之知卽不外是聯貫着心性涵養、倫理規範(或德目)、道德實踐、人格敎育乃至外王之道(仁政或德治)等等，而爲成德成聖所必需的孔孟以來儒家特有的道德知識，乃屬道德主體性挺立意義的內在知識。孟子所說的「萬物皆備於我」或良知良能，朱熹所主張的仁義禮智等(心中具有着的)「義理」或「性(卽)理」，以及王陽明所倡導的「致良知」或「心卽理」，皆不外指謂德性之知。

其二，儒家建立知識兩橛觀的目的是在標榜儒家的泛道德主義(panmoralism)立場。這就是說，德性之知優先於聞見之知，前者是本，後者是末。「學而時習之，不亦說(悅)乎!」是「論語」第一句話，似乎提示我們孔子極其「好學」。孔子確實處處自承好學，譬如自謂「吾十有五而志於學」(「爲政」篇)或「十室之邑，必有忠信如丘者焉，不如丘之好學也」(「公冶長」篇)。但孔子所學，幾乎限於「學文」，亦卽學習「詩」、「書」、「禮」、「樂」、「易」、「春秋」等古經的書本知識，而他學文的目的也是爲了仁、禮、忠、恕、孝、悌、信、直等等德性之知。孟子根據「惻隱之心」等四端推出仁義禮智的道德心性本有之說，更進一步以德性之知涵蓋了聞見之知。儒家思想家當中比較注重聞見之知的是荀子、朱熹與王夫之，但是基本上他們仍以德性之知爲優先於聞見之知，並不承認這兩種知識的平等地位。

其三，儒家所以具有「德性之知優先於聞見之知」的獨特價值判斷，主要是爲了强調「知行合一」，而「知行合一」論的旨趣則是在乎標榜「行」（人格修養、道德實踐、治國平天下等）是「知」的目的。說得更淸楚一點，站在儒家泛道德主義立場，「知」本身並沒有獨立的存在意義與價値，它祇是爲了「行」的目的而存在。講求儒家的知行合一最精當的是王陽明，謂：「知是行的主意，行是知的功夫；知是行之始，行是知之成。若會得時，祇說一個知，已自有行在；祇說一個行，已有知在」（「傳習錄」上）。又謂：「知之眞切篤實處，卽是行；行之明覺精察處，卽是知；知行工夫，本不可離，只爲後世學者，分作兩截用功，失却知行本體，故有合一並進之說。眞知卽所以爲行，不行不足謂之知」（「傳習錄」中）。最後一句「眞知卽所以爲行，不行不足謂之知」道出陽明知行合一論的用意，意卽「知是爲了行而存在，而非其他」。程朱學派的格物致知、卽物窮理之說常被看成偏「道問學」，注重經驗事實的外在知識（卽「物理」）；有別於陸王心學的偏「尊德性」，祇是講求「致良知」或「心在物爲理」（心卽理）。其實，程朱所云「道問學」或格物致知，根本用意還是在「義理」（仁義禮智等道德性理）的知解，所謂「物理」多半變成「義理」的附隨，祇是爲了旁助學者對於「義理」能够「一旦豁然貫通」而存在的。換句話說，程頤與朱熹多半是以「義理」（泛道德主義）的有色眼鏡去看「物理」的。儒家大儒之中對於自然經驗的外在知識最表關心的荀子，都突破不了泛道德主義的「行是知的目的」立場，因此他說：「不聞不若聞之，聞之不若見之，見之不若知之，知之不若行之，學至於行而止矣。行之，明也；明之，爲聖人。聖人也者，本仁義，當是非，齊言行，不失毫厘，無它道焉，已乎行之矣」（「儒效」篇）。可見儒家之中最有主智主義精神的荀子，所最注重的還是爲了「行」（成德成聖）的德性之知，所謂聞見之知多半祇是德性之知的附庸而已。文革時期，四人幫的御用學者炮製了「儒法鬥爭史」的荒謬理論，把荀子放在法家系統；而文革結束以後，大陸學者仍套用馬列主義的陳詞，將荀子說成「唯物論者」，都一樣漠視了荀子原原本本的儒家泛道德主義立場。

就第一特點言，德性之知與聞見之知的分辨並不引起任何知識論的問題。在西方，康德的「純粹理性批判」探討聞見之知（科學知識）的客觀眞確性理據，而他的「實踐理性批判」則考察人倫道德所由成立的終極根據，也多少假定知識兩橛觀的立場，承認事實判斷與價值判斷的殊異之處。當然，儒家所云「德性之知」，有其獨特的（孟子一系性善論或良知論爲主的）心性論與（道德的）形上學兩重原則，當做終極哲理根據，仍有別於康德的哲學立場。關於這一點，牟宗三先生在「心體與性體」（上册）等書已有精闢透徹的分辨，玆不贅述。

儒家知識論的內在難題產生在第二與第三這兩個不可分離的特點上面，暴露了儒家思想本身的局限性甚至獨斷性，如不早日克服泛道德主義的偏差，則無從適予解決自我轉折以及充實的（後）現代化課題了。先就第二特點偏差言，以德性之知爲優先於聞見之知的結論，不但容易忽視聞見之知的獨立性與重要性，也很容易動輒混淆道德價值問題與經驗事實問題，由是產生嚴密科學研究態度的奇缺，邏輯思考能力的薄弱，哲學論辯程序的過份簡易化，論點證立上的過失或不充分等等理論知性的蔽塞或幼稚。舉例來說，孟子主張性善，迫不及待地想攻破告子「生之謂性」（人性卽是自然本能）說，却完全忽略了「性」的語意釐定，誤以類比（analogy）當做邏輯性論辯，又犯哲理證立的漏失，混淆經驗事實與價值判斷等等，終違本願，無法顯出性善論可能具有着的哲理强制性（philosophical forcefulness）。❶又如朱熹，以天理兼含（人心本已具有的）仁義禮智等義理（道德性理）與（外在事物各別具有的）種種物理，常有混淆內在道德與外在知識之嫌，故其格物致知、卽物窮理的主知主義傾向並不徹底，始終被儒家本身的泛道德主義所涵蓋或壓倒，而開拓不出西方人所擅長的純粹知性探求之路。又如司馬遷的「史記」爲首的二十五史，或如王夫之的「讀通鑑論」，都免不了道德判斷與歷史判斷的混淆不清，而常有硬將道德判斷套到歷史事實上面的泛道德主義偏向，始終突破不了孔子以來「修『春秋』而亂臣賊子懼」的儒家框架，去建立純粹知性的歷史科學傳統，遑論形成具有我所說「整全（顧及全面）的多層遠近觀」（holistic multiperspectivism）這種開放精神的種種歷史哲學理論了。我們常聽人說，中國傳統史學尊重史實，如與印度相比，當然不錯，若與西方較量，顯有小巫見大巫之別。由是可知，泛道德主義的儒家知識論必須修正，承認德性之知與聞見之知的平等地位，亦卽承認聞見之知的獨立性，而在知性探求上免受德性之知的束縛或干擾。

依據我曾構想的「生命十大層面及其價值取向」模型，萬物之靈的價值取向涉及下列十大層面：⑴身體活動（群己生命的保存，經濟生活，養生壽老等等）；⑵心理活動（欲望需求的滿足之類）；⑶政治社會；⑷歷史文化（傳統思想文化遺產的繼承，歷史的賡續綿延與尊重等等）；⑸知性探求（科學研究、哲學思維等等）；⑹美感經驗（文藝創造與鑒賞，自然美的享受，傳統美的再發現等等）；⑺人倫道德；⑻實存主體

❶ 我在「儒家心性論的現代化課題」上篇（臺北「鵝湖月刊」第一百十三期）曾爲孟子性善論的哲理强制性建構「十大論辯」，有興趣的讀者不妨參看。

（人格的尊嚴與平等、實存的自由抉擇、道德主體性的挺立、「愼獨」工夫、良知的覺醒與呈現等等）；⑼生死解脫（終極關懷、宗教救濟、安身立命、涅槃解脫等等）；以及⑽終極存在（生命存在的終極根據、儒家的天命天道、耶教的創造主、佛教的「一切法空」或「諸法實相」等是）。傳統儒家的泛道德主義偏差，如用我的十大層面模型予以揭發，則不外是在混淆「知性探求」（第五層面）與「人倫道德」（第七層面），甚至以第七與泛道德化了（panmoralized）的第八、第九、第十等四個高層次面限制「知性探求」層面，使其無法自由自在地展現，有如纏足一般。我認爲，解決儒家知識論此一難題的首要線索，端在重新虛心學習西方「知性探求」之長，把西方的科技資訊、哲學方法論、解釋學、問題探索的功夫本領等等一一吸納進來，而站在「中國本位的中西互爲體用論」立場，以多元開放的思想胸襟謀求一種辯證的綜合（a dialectical synthesis）。捨此而外，别無他途。

記得一九八二年七月在夏威夷大學參加朱子哲學國際學術會議期間，有一早晨與余英時教授在大學賓館暢談，無形中話題轉到牟宗三先生的晚年著作「現象與物自身」。英時兄忽然問我：「牟先生說知性（認知主體）是自由無限心（道德主體或良知）之自我坎陷而成。你說他所講的『自我坎陷』究竟是甚麼意思？」由英時兄當時的口氣，我隱隱感到他對牟先生「良知自我坎陷而爲有執的知識心性」的說法頗不以爲然。我回答說：「他講的『自我坎陷』，可以有壞的意思（意卽貶低知性），也可以有中立的意思（意卽道德主體自動在心性低層次暫時轉成認知主體，以便開顯科學知識的世界，而有助於人倫道德的圓善化）。我想，牟先生取的是中立的意思。」但英時兄仍表示十分懷疑。後來我對此點考慮了良久終覺牟先生的「自我坎陷」一辭不但易生誤解，且有泛道德主義偏向之嫌，免不了以儒家的有色眼鏡去看「知性探求」的存在理由與價值意義。

牟先生承接傳統儒家（尤其孟子）以來，道德主體性優位立場，在生命的價值取向上認爲道德主體性的挺立遠比科學知識的開發重要得多，乃爲本根而「無執」（nonattached）後者祇是枝末而「有執」（attached）。宋儒陸象山彰顯孟子理路，自承「吾之學問與諸處異者，只是在我全無杜撰」，除了「先立乎其大者（即孟子所云「大體」或牟先生所說「道德主體性」）」一句，別無伎倆，簡易直截（「語錄」上）。又謂：「若某則不識一個字，亦須還我堂堂地做個人」（「語錄」下）。牟先生的意思亦是如此：即使沒有經驗科學的外在知識，也要懂得做人的道理，也要做個有道德的人。原則上我們當然沒有理由反對維護儒家基本立場的此一說法。但是，牟先生的「自我坎陷」說產生幾個難點。第一，就事實言，幾乎所有的科學工作者並不先（有意識地）去挺立自己的道德主體性或呈現良知，然後才去從事於純粹知性的科學探索的，因此牟先生的說法並無經驗事實的根據。不過，這個難點還攻不到「自我坎陷」說的根本要害，因爲此說所關涉的是（哲學）道理，而非經驗事實。

第二，就科學知識產生的過程（即科學發展史）言，並無所謂道德主體性的挺立或本心本性的自我覺醒在先，而後才有科學知識的形成與發展的。我已說過，我們生命的種種價值取向當中，「善」的創造體現（「人倫道德」層面）與「眞」的探索展現（「知性探求」層面）是必須儼予分辨的兩種事體。這就是說，即使良知沒有呈現，即使道德主體性未曾挺立，我們還是要從事於科學研究的，因爲我們的「知性探求」有其獨立自主的存在理由與形成客觀眞理（但不是絕對眞理）的價值意義。自古希臘以來，西方人一直有此了解，但受過傳統儒家泛道德主義影響的我們中國知識份子，還是西學西潮挑激（challenge）了中國思想與文化之後才慢慢被迫了解到的。有趣的是，構成文化大革命指導原理的

（晚期）毛澤東思想，就其忠實地捍衛馬列主義三大原則（階級鬥爭、無產階級專政與共產主義的終極目標）的「應然」（ought）信念一點而言，也與儒家一樣，帶有極其强烈的泛道德主義色彩，而毛所要培養出來的無產階級革命接班人，也與儒家一樣，暴露了「先紅後專」甚至「寧紅不專」這種容易惡化而成單線條自我閉鎖心態的單元式簡易心態。❷儒家思想與毛思想當然有天壤之別，但就泛道德主義的單元簡易心態說，何其類似，難道做爲中國化的馬列主義（Sinicized Marxism-Leninism），毛思想的形成也多少帶有傳統儒家的泛道德主義影子嗎？這是很值得所有關心傳統思想文化遺產繼承課題的新一代中國知識份子（不論海內外）應該徹底反省的迫切問題。

第三，牟先生「自我坎陷」說的眞正意思是，就（哲學）道理言，如無道德主體性的挺立或良知呈現的終極理據（the ultimate ground or reason），純粹知性的科學探索就等於沒有眞實本然（truly authentic）的生命意義與價値，有如失去指南針的船隻在茫茫大海飄蕩不已。譬如核子物理學的高度發展構成了今天美蘇兩國所進行的核子武器生產競賽的理論因素，至於能否避免未來核子大戰的爆發，已非科學研究所能關涉，而是屬於生命更高層次的價値取向問題，亦卽有關人倫道德的價値判斷問題。牟先生的「自我坎陷」，嚴格地說，應指在生命更高層次的價値取向上我們的道德主體對於（從事於科學探索的）認知主體施行一種道德上的指導（moral guidance）或價値上的規制（valuational regulation）。我認爲，祇有如此重新解釋牟先生的說法，才能解決其中難題，否則儒家知識論的泛道德主義偏差改正不了，而科學經驗的外在知識（聞見之知）也無法在儒家傳統取得獨立自由的平等地位了。無

❷ 參閱拙文「馬列主義的思想困局與未來中國的展望」（「知識份子」第一卷第二期，第一百十五頁）。

論如何，牟先生使用「自我坎陷」、「有執」等等負面字眼來重建儒家知識論，仍有泛道德主義偏向之嫌，仍令人感到，「自我坎陷」說的形成，還是由於當代新儒家爲了應付尊重「知性探求」獨立自主性的西方科學與哲學的强烈挑激，而被迫謀求儒家思想的自我轉折與充實（決非所謂「自我坎陷」）的思維結果，仍不過是張之洞以來帶有華夏優越感的「中學爲體，西學爲用」這老論調的一種現代式翻版而已，仍突破不了泛道德主義的知識論框架，而創造地發展合乎新時代需求的儒家知識論出來。

再就第三特點言，儒家知識論的實踐優位立場，可以說是「德性之知」優位立場的補充說明，因爲所謂「德性之知」本來就是必然帶有道德實踐意義的內在知識，特指孟子一系的良知論所代表的「內在道德（道德心性的自我覺醒與呈現）的向外推廣」，亦卽「擴充內聖（格物、致知、誠意、正心、修身）爲外王（齊家、治國、平天下），最後止於至善」而言。因此，我對第二特點的討論仍適用於第三特點。不過，第三特點所標明的實踐優位立場更進一步暴露了儒家知識論的局限性，不但不許「純粹知性的科學探索」有其獨立自主的存在理由與價值意義，反而容易變成對於邏輯推理、語意分析、科學理論模型建構、抽象概念化思考、哲學思維的程序展現與證立工夫等等順利進行的一大阻礙。我最近在一篇「批判的繼承與創造的發展」說過：「傳統的中國思想家急於獲得實踐性的結論，故對純理論的知性探求無甚興致與耐性，而在建立自己的思想時，也多半抓住大體，却拋落了重要細節。所以我說：中國學者容易變成『籠統先生』。……主體性生命體驗的偏好，與急於應用實踐的思考方式，在中國思想與文化的發展上無形中構成了我所提過的單元式簡易心態。由是，儒家思想終以最簡易直截的陸王心學爲歸結……」。❸老一輩的中國學者由於受過西學西潮的某些影響，故在他們的論著較能克服傳統儒家「重行（實踐）輕知（理論）」的單元簡易心態，但與現代西方學者比較起來，在哲理推演與論證程序的理論工夫仍相差太遠，仍脫離不了傳統以來註釋體裁的寫作方式，個人的理論突破與哲理創造極其有限。最典型的實例是馮友蘭早年出版的「中國哲學史」，自始至終祇不過是大量的引經據典與被動的註解式點滴說明而已，有如哲學資料選輯與原典註釋的湊合。最有哲學思辨功夫而顯揚儒家思想成就最高的牟宗三先生，寫過一系列的哲學（史）名著，但也常免不了過量的引經據典，放在本文（而不在附錄附註）之內，而相近類似的論點也反覆過多，大大減殺個人原有的哲理創造。他那將近一千八百頁的三大册「心體與性體」便是佳例，如把過多的原典引用與論點的重覆一一劃除，則祇需三百頁左右的本文即可表現牟先生的哲理創造。陸象山「年譜」記載，有人問他：「胡不註六經？」他回答說：「六經當註我，我何註六經。」王陽明也以類似語氣表示哲理創造的重要性，謂：「夫學貴得之心，求之於心而非也，雖其言之出於孔子，不敢以爲是也，而況其未及孔子者乎？求之於心而是也，雖其言之出於庸常，不敢以爲非也，而況其出於孔子者乎？」（「傳習錄」中）可惜的是，陸王雖有見於自我創造的重要，却因以「尊德性」重於「道問學」，不屑於儒家理論的步步推演，亦無心於著述立言，終以單元簡易的所謂「心學」總括了孟子一系爲主的儒家思想。❹

新一代的儒家學者如要徹底克服傳統以來的單元簡易心態，首須了

---

❸ 臺北「中國論壇」半月刊第十九卷第六期，第四十一頁。

❹ 毛澤東在他的「實踐論」表面上提出「辯證唯物論的知行統一觀」，其實很有「行重於知」的實踐優位偏向，由其所云「眞理的標準只能是社會的實踐」可以窺知，論調有類似傳統儒家之處，可以說是馬列主義的「中國化」。

解我在本節提到的儒家知識論難題，而分辨出客觀性知識與主體性知識的殊異性，就分別功能言兩不相犯（其實是儒家本身以道德主體性去干犯客觀性知識），讓兩種知識獨立自主而保持平等地位，這樣才能改正「行重於知」的片面性，心甘情願地吸取西方（哲學）思想與文化的優點，而現代化地重建以知識論爲首的儒家思想傳統。這並不等於說，儒家應該放棄原有的道德主體性立場，而祇是說，不能再以「道德主體自我坎陷而爲有執的認知主體」這種論調去看純理論性的知識探索。現在再來考察，儒家知識論的泛道德主義偏向如何反映到儒家形上學、心性論與倫理學的理路發展及其限制。

三、形而上學

我國在儒家思想產生以前，早已存在着關於「帝」或「天」（以及鬼神之類）的宗敎信仰。「上帝」觀念很可能是「帝王」觀念的擬人化，人間皇帝（如三皇五帝）的政治權威無限制地神聖化後，即成至高無上的主宰，管制宇宙與人事的終極命運。在殷商時代，「上帝」原是殷人的氏族神，經過相當的時間漸漸變成超越氏族神地位的更具普遍性的主宰。同時又有「天」字出現，常與「帝」字交互使用，而到孔子的春秋時代，「天」字已有取代「帝」字的趨勢。無論如何，孔孟信奉中國原始宗敎以來的「天」爲天上主宰，而在「中庸」、「易傳」等早期儒家典籍開始胎動的（牟先生所稱）「道德的形上學」（moral metaphysics）思想，則又强調「道」字，譬如「易傳」上篇所云「形而上者謂之道，形而下者謂之器」，充分彰顯（天）道的形上學意義。日本學者翻譯亞理斯多德的名詞“metaphysica”爲「形而上學」，便是源自「易傳」此語，而中國學者亦樂爲採用，簡稱「形上學」。

馮友蘭在「中國哲學史」曾提出過「天」的五義，這恐怕是戰前中國學者對於「天」字所試最詳細的語意分析。❺以馮氏五義爲初步參考，我認爲「天」字應有下列六義：(1)天地之天；(2)天然之天；(3)皇天之天；(4)天命之天；(5)天道之天；以及(6)天理之天。除具有蒼天、蒼穹等物質意義的「天地之天」外，其他五義如果聯貫起來，可以大致說明原始宗教信仰漸成早期儒家的初步形上學思想，而終又形成徹底哲理化的宋明理學的整個儒家形上學發展歷程的來龍去脈。「天然之天」意謂自然如此，荀子與道家基本上採此觀點了解自然宇宙與人類心性的眞相。❻此義如應用到人性的了解，則有告子所云「生之謂性」或「食色，性也」，亦卽自然本能之意，而荀子所云「不可學不可事，而在人者謂之性」(「性惡」篇) 或「性者，本始材朴也」(「禮論」篇)，亦指自然天性而言。到了宋儒，則以「氣稟」或「氣質」等字表現人的自然天性，而孔子所云「性相近，習相遠」的「性」字也常被程頤等解釋成爲自然氣稟，人人不同，乃是天地間陰陽五行的氣化流行自然形成的結果。如將人的自然氣稟看成一種命運或定命，則有「氣命」、「命數」之說，相對於第四義的「天命」之說。如果合起「天」的第二義與第四義，則構成程朱學派的心性論，容後細說。

孔孟承繼原始宗教信仰以來的「皇天之天」爲主宰神，卻祇是全善而非全能，蓋非西方一神教所云宇宙創造主之故。孔孟皆謂「天不言」，始終避免直接的描述，而「中庸」亦引「詩經」中「上天之載，無聲無臭」之語，可見早期儒家思想已有從純粹宗教轉向形上學理路的趨勢。

---

❺ 馮友蘭所提出的天之五義是：物質之天，主宰之天，運命之天，自然之天，與義理之天。見「中國哲學史」第五十五頁。

❻ 荀子「天論」篇所列天職・天情・天官・天君・天養等辭的「天」字，即意味着天然或自然。道家則與本文無關，故不必細提。

第一步驟卽不外是轉化「皇天之天」爲「天命之天」。孟子更進一步以「行與事」(「萬章」上)去理解天命，而此「行與事」在人間世的具現化，又理解之爲君王的仁政（故謂「受天之命」）與人民的公意（故自「尙書」引用「天視自我民視，天聽自我民聽」之語)。天命除在人事界（政治社會層面）的彰顯之外，又在內在世界（本心本性層面）與外在世界（自然宇宙層面）分別顯現之爲道德正命與「天道之天」。「中庸」開頭一句「天命之謂性」，卽不外指謂孟子基於「人性本善」的「正命」❼，這是天命的內在道德化，構成孟子一系的性善論或良知論的正統儒家心性論（而荀子的性惡論終被漠視)。「中庸」又有「誠者天之道也」之語，與「易傳」所云「神無方而易無體，一陰一陽之謂道」相得益彰，不外指謂天命的外在宇宙化，而爲陰陽生生、至誠無息的所謂「天道」。如此，原具宗教超越性的皇天上帝轉成天命，而天命又在政治社會（群體)、內在性命（個體）與自然宇宙（天地之體）三大層面分別彰顯之爲仁政德治（外王之道)、仁心善性（內聖之道）與生生創化（天地之道)，這就是「易」、「庸」所代表的「道德的形上學」，在早期儒家思想的發展首次完成了原始宗教的哲理化工作。

依據「道德的形上學」，自然宇宙永遠以一陰一陽生生不已的氣化流行顯示天命的至誠無息，而配合此至誠無息的天（命之）道，人亦依其（天命之）本有善性轉化「氣命」爲「正命」，日日努力成德成聖，而由內聖推廣而至外王，「止於至善」而後已。我們在這裡又看到了偏重「德性之知」的儒家泛道德主義在形上學思想的强烈反映。

早期儒家的「天命」觀念在內外兩面分別顯現之爲道德正命與天地之道，就形成了整個儒家思想的兩大根本原理：孟子一系的性善論爲代

❼ 「孟子・盡心」篇上云：「莫非命者，順受其正。是故，知命者不立乎巖牆之下。盡其道而死者，正命也；桎梏死者，非正命也。」

表的心性論原理與易庸所代表的形上學（宇宙論）原理。陸王學派以前者涵蓋後者而建立「心卽理」說，程朱學派則依後者推衍前者而主張「性卽理」說。不論是那一派，都分別以「天」之第六義徹底哲理化了「天命之天」與「天道之天」。陸王站在儒家道德的理想主義最高層次去看人道（道德生命）與天道（宇宙生命），而將良知、天理、天道、氣化流行、人心道心視爲原本一如，無有分別。程朱則依理氣二分的形上學觀點，認爲一切人與事物皆由理（普遍性理）與氣（陰陽五行）合成。事物因氣化流行而有形質之異，亦各具其性理，卽不外是「物理」，如水流之理、鳥飛之理等是。人爲萬物之靈，生來卽在心中具有仁義禮智等性理或天理，構成人的「天地之性」，或稱「義理之性」；又因所稟之氣有昏明厚薄之異，人人的天生氣質也就自然不同，如就氣質與性理的雜合而言，天地之性卽墮爲「氣質之性」。程朱主張漸修工夫，講求下學上達而變化氣質，由是復元天地之性，而成德成聖。

以上借用「天」之六義約略說明「道德的形上學」基本結構。此形上學的內在難題，亦如儒家知識論，乃是由於犯有泛道德主義偏差的單元簡易心態而產生。我已提到，易庸所倡「道德的形上學」原是殷、周兩朝以來天與天命等宗教的超越觀念逐漸「形上學化」（意卽人爲地「客觀化」）的結果。天地自然是否原原本本彰顯儒家所云「生生之化」或「天命流行」的道德意義，宇宙秩序是否卽是道德秩序，並沒有完全獨立乎道德主體的客觀性證立理據可言。但是，牟先生在「智的直覺與中國哲學」却說：「本心仁體或性體雖特彰顯於人類，而其本身不爲人類所限，雖特彰顯於道德之極成，而不限於道德界，而必涉及存在界而爲其體，自爲必然之歸結」（一九二至一九三頁）。又說：「仁心底感通原則上是不能有封限的，因此，其極必與天地萬物爲一體。仁心體物而不可遺，卽客觀地豎立起來而爲萬物之體，無一物或能外，因此名曰仁體，仁即是體」（一九一頁）。牟先生在這裡所說的「必然」與「客觀」都祇能是道德主體性意義範圍內的「必然」與「客觀」，因爲無論如何搬弄美妙動人的辭句，哲學上還是無由證立（justify）「宇宙秩序是道德秩序」是一種可以超越道德主體的「客觀必然性」，科學上更無法檢證（verify）或反證（falsify）其「客觀必然性」。牟先生以儒家「道德的形上學」爲既是主觀（道德主體的自我體認）又是客觀（超乎道德主體的天理或仁體），無異宣稱其爲唯我獨尊而不可移的「絕對眞理」，很有混淆「科學（客觀性）眞理」與「哲學（相互主體性）道理」而墮到宗教信仰之嫌。但是，牟先生却堅持說：「儒家不說道德的神學而說道德的形上學，因爲儒家不是宗教」。❽我們在這裏如何爲主體性與客觀性混淆不清的「道德的形上學」解消其中泛道德主義（自然宇宙的「客觀道德化」）的局限性甚至獨斷性呢？我們如何去發現其中內在難題的解決線索呢？

我的建議是，在多元開放的今日世界，當代新儒家必須講求儒家形上學思想的自我轉折與充實。爲此，第一步要承認形上學並不是甚麼（自然）科學家所探求的「客觀眞理」，因爲形上學無所謂客不客觀；更不是幾近宗教信仰的甚麼「絕對眞理」，而是建立在可望人與人間相互主體性的共識共認的一種哲學道理。形上學的道理强制性來自觀點的高超或見識的深遠，而與是非對錯的邏輯判斷毫不相干。

第二步是要承認，任何免於自我閉鎖而有充分發展餘地的形上學思想應該具有我所說的「整全（顧及全面）的多層遠近觀」性格。儒家形上學本來可有這種開放性格，祇是新儒家急於抬高儒家形上學的地位到

---

❽ 「中國哲學十九講」（臺北，學生書局印行，一九八三年），第七十六頁。

「絕對眞理」的程度，終於拋落了此一性格。[9]我們如有耐性細讀儒家古典，則不難發現，儒家形上學也可以是一種整全的多層遠近觀。程頤嘗謂：「心卽性也。在天爲命，在人爲性，論其所主爲心，其實只是一箇道」（「遺書」卷十八）。又謂：「在天爲命，在義爲理，在人爲性，主於身爲心，其實一也」（同上）。也就是說，站在儒家形上學的高層次看，心、性、（天）命、（天）理、（天）道乃是原本一如；若從低層次看，則有道心與人心之別，天理與人欲之辨，心與性之分，理與氣之異等等。王陽明也說：「性一而已。自其形體也謂之天；主宰也謂之帝；流行也謂之命；賦於人也謂之性；主於身也謂之心」（「傳習錄」上）。陽明此語，包含顧及全面的總觀（在高層次）與多層遠近的分觀（在低層次），暗示着儒家形上學不是一種客觀固定的「眞理」，而是隨心性向上向下轉移而形成的開放性哲理。我們如此重新解釋儒家形上學的本質爲顧及全面的多層遠近觀，當有助於新一代的儒家學者超克（惡化而成單線條自我閉鎖心態的）原有單元簡易心態，而以極其開放的現代化胸襟設法吸納其他形上學理論的優點進來，以便進一步創造地發展免於獨斷的儒家形上學。

四、心性論

依據牟先生的解釋，儒家思想的哲學基礎是在主觀性與客觀性兩重原則：孟子一系的心性論挺立了人存在的道德主體，易庸一系的「道德的形上學」則彰顯了「宇宙秩序卽是道德秩序」。我已指出，牟先生所謂「客觀性原則」（卽「道德的形上學」）其實是依附「主觀性原則」

---

[9] 牟先生在「現象與物自身」序云：「本心卽性卽理之本心卽是一自由無限心，它既是主觀的，亦是客觀的，復是絕對的。」

（即孟子一系的性善論或良知論）而成立的。我在上節末尾，爲了解放儒家形上學的自我閉鎖性而重新發現其中具有整全的多層遠近觀形態的思維開放性時，也稍暗示了，高低遠近的種種形上學觀點乃是隨着心性向上向下轉移而形成的。心性停在低層次（如自然本能），就有低層次的觀點（如自然主義）產生；如在高層次（如孟子的本心本性），也就隨着可有高層次的觀點（如陽明的致良知敎）產生。就其哲理的深層結構言，所謂「道德的形上學」，原是儒家的仁人君子依其良知的自我醒悟實存地投射或推廣自己的道德主體性到天地自然所形成的儒家特有的本體論洞見，而「生生之化，天命流行」的儒家宇宙論，哲理上也是依此洞見而成立的。總之，以陽明致良知敎爲總結的孟子一系心性論乃是「道德的形上學」之原先哲理基礎，反之非然。我們可以進一步說，孟子一系的性善論與良知論是包括「道德的形上學」在內的整個儒家思想的哲理奠基所在，可見孟子在儒家傳統的地位是如何重要的了。

孔子建立了儒家的倫理思想，但沒有意識到儒家的仁義道德必須有仁心善性的心性論基礎，否則哲理上無法回答「人爲甚麼要有仁義道德？」的棘手問題。孟子在人類思想史上，是第一個認識到人倫道德必須有其人性論基礎的超級哲學家，而以良知良能等道德直覺或惻隱之心等四端的自發自動證立人性本善之說。⑩但是，支持告子「食色，性也」之說的自然主義者或科學家，也同樣可以在人的內外行爲表現尋找人性本不過是自然本能的經驗事實，依此事實去解釋，仁義道德的觀念很可能是社會規則所塑成的後得習慣，也可能是踰越人性事實的一種倫理學的要請（an ethical demand or postulate），頂多表示儒家（孟子）對於先天的仁心善性眞實存在的願望（wish）而已。專就人類行

⑩ 參照拙文「儒家心性論的現代化課題」上篇所列十大論辯之中的第一「道德感的論辯」與第二「四端自發的論辯」。

爲的經驗事實而言，自然本能說與孟子的性善說都有「成立可能性」(plausibility)，難分上下。不過，我們可以重新解釋孟子的「性」字，許有高層次的道德本性（「天命之謂性」）與低層次的本能天性（「生之謂性」），則孟子的性善說可有包容自然本能說的理論伸縮性與殊勝處，而自然本能說則無包容孟子性善說的可能。

我認爲，孟子的性善論具有下面四點哲理强制性，能够訴諸相互主體性（而非客觀必然性）意義的共識共認。第一，特就道德教育的意義與價値言，孟子的性善論當比告子之說、荀子性惡論或其他人性論更爲優越，且更有實效。我曾說過，「依孟子的本意，敎導他人（尤其孩童）做道德上應做的事，就深一層說，卽不外是從旁協助他人本心本性之實存的自我覺醒 (the existential self-awakening of man's original mind or nature)，祇有性善論能够啓發人人自我醒悟人倫道德的心性本原。有此心性醒悟，就自然容易重視人格的尊嚴，層層推廣父母子女的家庭之愛，終及一切人類之愛等等，至於其他人性論則無此敎育效率性的哲理根據可言」。⓫第二，孟子在「告子」篇所說的「舍（捨）生取義」那一段，暗示孟子自己十分注意到生死關頭的道德心性醒悟問題。這就是說，在生死交關的雅斯培（Jaspers）所云「極限境況」，最有可能轉化日常平均化了的非本然性爲道德實存的本然性；人人在生死關頭旣有道德心性之實存的自我醒悟可能，則在道理上非預先肯定高層次的本心本性不可。「論語、泰伯」篇有云:「鳥之將死，其鳴也哀；人之將死，其言也善」。曾子此語實有助於我們體會在生死關頭道德心性覺醒的道理，也可借來說明孟子的本意。

第三，不但是在生死關頭的極限境況，就在日常生活的種種場合，

⓫ 同上第四「敎導效率性的論辯」。

我們也常看到幡然自悔道德過錯的實存現象，卽普通所說的「良心的苛責」或孟子一系心性論者所講的「良知的呈現」，足以說明做爲萬物之靈的我們能在人性的高層次（道德心性）自下是非對錯的道德判斷，也足以例證，光靠社會規制或光有自然本能的天性決不可能解釋爲甚麼祇有人類能够如此。

第四，孟子性善說是對於戰後開始盛行的後設倫理學（metaethics）所提出的嶄新問題「我爲甚麼要有道德？」（What should I be moral?）最强而有力（最具哲理說服力量）的回答。一個有理性的自我主義者不願犧牲自我利益到犧牲自我生命的程度，因他不接受永生或永罰之類的宗敎信仰。因此，眞正的問題是：「一個人爲何要有道德到捨生取義的程度？」對此問題，孟子的回答是：「因爲人性本有善種，此乃所以異於禽獸者幾希之處。這一點人的自我了解可以當做道德的直覺，也可以當做實存的道德心性醒悟。人性旣然本善，人自然能够推廣他自己的本心到他人同樣的本心。人性本善是仁恕之道所由形成的終極道理。假若你自己曾有生命危險，而爲他人所救，你不得不醒悟到基於人性本善的互恕之理。你同時也得達到『有道德的必要時一切人類（包括我自己）應當捨生取義』的結論。這不是邏輯推理或純粹知性的問題；這是人本身是否醒覺於人性高層次的仁心善性的問題」。⑫

以上我以現代化的處理方式重新彰顯孟子性善說的眞諦。但是，此說還有兩點內在難題有待解決。其一，上面四點證立孟子的性善說，都涉及道德本心的發現或呈現，但以道德本心（亦卽道心）到道德本性（先天已有的善性）還有一段距離，因爲仁心的活動是經驗現象，善性的存在則是超越經驗的本體論之事。陸王心學的貢獻是在肯定「心卽性

⑫ 同上第八「後設倫理學的必要性之論辯」。

卽理」，解決了孟子的難題。這就是說，從陸王心學的觀點去看，孟子心性論的證立關鍵，是在人心自醒之爲道心的本心（用）上面，而不在祇具先天超越性意義的本性（體）上面。因此，我上面所提到的「心性醒悟」，嚴格地說，應該改爲「人心卽道心」的自我覺醒。這就說明了爲甚麼孟子的眞正繼承者，是主張「心卽理（亦卽性）」的陸王而不是倡導「性卽理」的程朱。

其二，我雖爲了孟子性善論的現代化，提議此說許有自然本能當做低層次的人性，道德上聽從人性高層次的本心本性。但無可諱言，孟子未能適予解答有關惡的起源及其形成的難題。他祇回答說，「耳目之官不思，而蔽於物。物交物，則引之而已矣。心之官則思，不思則不得也」（「告子」篇下）。但他沒有進一步說明，爲何多半的人類「不思」而「蔽於物」，因爲他覺得性心才情旣是本來同一，就沒有說明的必要。陸王承繼孟子理路，對於惡的起源問題也無甚興趣，也多半以「自暴自棄」、「蔽於物欲」、「此等善惡皆由汝心好惡所生」等三言兩語輕輕帶過，而未試予進一步的哲理探討。程頤與朱熹二位則對心性流弊處較能關注，故以理氣二分的形上學爲基礎，分辨「天地之性」（或稱「義理之性」）與「氣質之性」，前者爲孟子所云人人共有的本然善性，後者爲「天地之性」與氣質（才質氣稟）相混之後而有的人人各殊之「性」。程朱以此氣質之性去說明上智、中人、下愚之別。程朱的「氣質之性」論可以說是我們經驗常識的心性論深化，足以同時說明萬物之靈所共有的道德心性與分殊不同的個別特性，而到某一程度解答了惡的形成問題，但對惡的根本來源問題的解決仍有相當的理論困難。

關於所謂「根本惡」（radical evil）的問題，耶教與佛教都有極其深刻的認識，分別以「原罪」與「無明」解釋人間世的種種心性沉沒現象與罪大惡極的黑暗面，諸如殺人不貶眼的兇手，做惡而永不悔過的罪犯，從未呈現過良知或良心的極端自我主義者，殺過父母而斷絕善根的佛教所云「一闡提」(icchantika) 等是。相比之下，提出「氣質之性」說的程頤對於惡性難改或不移的心性昏沈現象，祇不過說：「性只一般，豈不可移？却被他自暴自棄，不肯去學，故移不得。使肯學時，亦有可移之理」(「遺書」卷十八)。難怪常有人指摘，儒家對於負面人性與宗教需求的了解遠遠不及耶教與佛教之深之透。

以孟子性善論爲正統的儒家心性論，由於採取道德的理想主義（而非客觀的價值中立）立場去看心性問題，因此也忽略了個體特性 (individual nature) 與社會共性 (social nature) 及其相互關聯的科學研究，在這一點亟需吸納西方的弗洛依德 (Freud) 心理分析學說，弗洛姆 (Fromm) 等人同時注重個人心理與社會心理的新派心理分析學說，以及强調人的社會性（「人的本質是社會關係的總和」）的科學的馬克思主義 (scientific Marxism)。⑬ 新一代的儒家學者如要批判地繼承並創造地發展儒家心性論，則必須採取我在上節所建議的「整全（顧及全面）的多層遠近觀」立場，首在心性論的最高層次肯定良知或本心本性，以便挺立人人的道德主體性；同時也要設法包容從程朱「氣質之性」論到其他種種科學的心性論以及耶教與佛教爲例的「心性沉沒門」，以便對於包括道德本性、氣質之性、自然本能（如性欲本能）、社會性（如階級性、民族性、國家性等）與罪惡性在內的複雜無比的人性，有一較爲充實完整而免於單元簡易甚至片面獨斷的新看法。此一課題的解決相當艱巨，我在「儒家心性論的現代化課題」最後一節祇初試過「一心開多門」的儒家心性論模型，尙待更進一步的修正與擴充。

---

⑬ 依我的了解，馬克思主義可分三種：科學的，哲學的，與意識形態的（卽幾近宗教狂信的）。祇有後二種獨斷地主張「沒有超階級的人性」。

五、倫理學

包括政治社會思想與群己教育思想在內的儒家倫理學，依序可以分成五個論點：⑴倫理學的建立必須預設健全的人性論；⑵以王陽明經由一番實存的本體論化（existential ontologization）總結而成的孟子一系心性論（亦卽致良知教）乃是儒家倫理道德的終極哲理奠基；⑶孟子一系的本心本性論在理論與實踐保證人人能夠發展道德的潛能，終而成德成聖，實現儒家的人生目標或理想；⑷孔孟以來的仁義觀念構成儒家倫理道德的最高規範原理，統制儒家本身的一切德目、道德判斷與道德行爲；以及⑸（從政治領袖以身作則到一般人民日日努力成德成聖的）儒家內聖之道，乃是實現外王之道（卽由仁政德治而至人類社會的道德圓善化）所必需的倫理預決條件與絕對保證。

我在上節已討論過第一與第二論點，而暗示了（以孟子一系爲正統的）儒家心性論實有包容負面心性觀點的時代課題，有待適當的解決。大體上說，孟子一系爲主的儒家心性論有見於正面心性，而無見於負面心性，這就影響到第三論點，產生（牟先生所稱）「道德的理想主義」所具有的基本難題。我的意思是說，儒家有見於正面心性的結果，倡導人人努力成德成聖的我所云「最高限度的倫理道德」(maxima moralia)；無見於負面心性的結果，漠視了「最低限度的倫理道德」（minima moralia）之重要性。以美國爲例的現代西方社會與民主法治强調「最低限度的倫理道德」，要求人人遵守起碼的約定俗成的「法律與秩序」（law and order），至於「最高限度的倫理道德」則是超越世俗法規的宗敎道德（如跟隨耶穌的博愛精神與犧牲精神）之事，各掃自家門前雪，兩不相犯而相成相益。儒家獨特的「道德的理想主義」不預先鋪設

「最低限度的倫理道德」踏板，一下子就要越級高唱「最高限度的倫理道德」，實與講求規律恪守與功利效益的現代社會倫理形成一道鴻溝。就這一點，儒家倫理學所面臨的首要時代課題是：如何辯證地綜合「最高限度的倫理道德」與「最低限度的倫理道德」，以便現代化地自我轉折與充實？換句話說，儒家倫理道德如何踐行現代化的轉折與充實，以便配合經濟社會政治等等其他層面的現代化（科技資訊化），眞正發揮正面積極的極大作用，而不致變成意識形態上的絆脚石？

首先，現代儒家學者必須從傳統以來過份樂觀且理想化了的「人人能够且應該成德成聖」這種老論調解放出來，面對一大半人既不願也不會去做聖人的經驗事實，開始吸納「最低限度的倫理道德」到原有的儒家倫理系統之中，雖在修身養性等個人道德與（家庭、學校與社會三層的）道德教育仍然可以提倡「最高限度的倫理道德」，但在跳過人與人間直接具體關係的政治社會道德，則儘求「最低限度的倫理道德」，如此謀求一條現代化的儒家中庸之道。

其次，在道德教育與道德主體性的挺立上，儒家雖應繼續强調「最高限度的倫理道德」，但決不應該過份標榜成德成聖的內聖之道，而應倡導道德理想卽不外是在日日奮勉的現實過程。換句話說，現代儒家所應提倡的是君子的奮勉精神（理想卽在現實），而不是聖人的圓善（現實皆爲理想）。這樣，我們比較可以避免僞善，也不致責人太甚。這是新時代的儒家對於指摘傳統儒家「以理殺人」的戴震與五四前後攻訐「禮敎吃人」的反傳統主義者所應給予的現代式的回答。

再者，傳統儒家强調聖人的完善完美時，認爲聖人的行爲動機不但純善無僞，其行爲結果亦是恰到好處，合乎「中庸」所云「時措之宜」或「時中」。其實，所謂「聖人」充其量祇是動機純善，至於他的決策與行爲結果是否合乎時宜，還關涉到西方功利主義者所云「最大多數的最大福利」，需要種種客觀的「聞見之知」與豐富寶貴的實際經驗之累積，豈是王陽明以天理良知的徹底呈現去解釋儒家聖人那麼簡易直截，就可以了事？在日益多元複雜化與科技資訊化的今日世界，要實際決策與行動完全正確而無誤，談何容易？我們應該了解，在倫理學上動機與結果乃是「善」的一體兩面，而在現代社會裡結果上的功利效益日形重要，所謂純善動機常被看成「不著實際」。現代儒家學者不得不面對倫理的現實性適予自我調節，設法謀求傳統儒家特有的偏良知論與西方偏效果論之間的現代化中庸之道，否則難於配合經濟社會政治等等層面的變化發展。現代西方倫理由於强調人人職責範圍之內的與規律遵守意義上的功利效益，故能合乎（後）現代化的企業管理與社會工作的需要。儒家倫理的現代化必須考慮到這一點，但不必放棄原有强調純善動機的倫理優點。

第四論點所產生的難題更能說明，爲甚麼在日益多元複雜化的(後)現代社會根本不可能有在決策或行動上完美完善的所謂「聖人」。第四論點指謂仁義原理，是儒家倫理道德的最高規範，依此判定任何關涉道德問題的人類行爲的是非對錯。孔子分別提過「仁」與「義」，但在儒家倫理思想史上首次合講「仁義」爲最高道德規範原理的是孟子。簡單地說，「仁」是統轄忠、恕、孝、悌、禮、智等等儒家德目的「愛人」之意，「義」的基本意涵是「應當」(ought)，引伸而有（行動上的）「合宜」(appropriateness）之意，更有「中庸」所云「時中」或「時措之宜」之意，到了宋明理學的程朱二位，由於關注「經權」問題，進一步有（道德處境上的）「權宜」(situational appropriateness）之意。以現代用語解釋，「仁義」卽不外意謂，「在諸般分殊的道德處境所採取的決策或行動應當恰到好處，合乎時措之宜，而表現仁愛之道」。這就是說，「義」是「仁」在各種道德處境的具體而適宜的應用。

程朱二位對於「經權」問題較有哲理性的考察，但孔子與孟子早已注意到這個問題。此一問題涉及「道德衝突」(moral conflicts)。以孟子爲例，他在「男女授受不親」(古禮）與「嫂溺援之於手」(權宜）的道德衝突，斷然判定後者爲是，可見他能適爲援用仁義原理解消禮（社會規範）與仁（人性原理）之間的處境矛盾。⓮但是，在「舜（聖王）不顧法律，竊負殺人犯的其父瞽瞍而逃之夭夭」的假設性故事，孟子顯然以父子之愛高過國法，而無形中暴露了「以孝爲先」的儒家倫理的最大缺點。⓯孔孟以來，儒家在孝道（個人道德或我所云「微（小規）模倫理」）與公理（政治社會道德或我所云「巨（大規）模倫理」）之間的道德衝突所作的判斷，多半偏袒前者，產生種種葛藤與矛盾。程朱雖十分了解到「經權」問題的重要，但對「經」(永恒不變的仁愛之道）如何通過「權」(分殊處境上決策或行動的道德權宜性）完善完美地顯現出來，並沒有提出令人首肯的解決線索。不過，有一點値得我們注目的是，程頤時以「公」或「公理」解釋「仁」，又謂「義與利，祇是箇公與私也」(「遺書」卷十六)，且又敢於討論「祖殺其父」或「父殺其子」(「外書」卷七）的棘手難題，可見他（與朱熹）已有超越傳統儒家的我所云「行動中心的處境倫理」(act-centered, situation ethics)，而展開「規律中心的公正倫理」(the rule-centered ethics of justice as fairness)此一理路的可能傾向，但仍沒有明顯的突破跡象，令人歎惜。現代西方倫理學所强調的「規律中心的公正倫理」以及「效益倫理」

⓮ 孟子曰:「嫂溺不援，是豺狼也。男女授受不親，禮也；嫂溺援之以手者，權也」(「離婁」篇上)。

⓯ 「孟子・盡心」篇上有云:「桃應問曰:『舜爲天下，皐陶爲士。瞽瞍殺人，則如之何？』孟子曰:『執之而已矣。『然則舜不禁與？』曰:『夫舜惡得而禁之，夫有所受之也。』『然則舜如之何？』曰:『舜視棄天下，猶棄敝蹝也。竊負而逃，遵海濱而處，終身訢然，樂而忘天下』」。

(utilitarian ethics) 比較合乎 (後) 現代巨模倫理的需要，講求「約定俗成而人人必守」與「劃定職事，公事公辦」。現代儒家學者必須吸納此一倫理觀點到儒家倫理系統之中，設法經由批判的繼承而創造地發展合乎新時代需求的儒家倫理。我的建議是，儒家應該設法自我調整，謀求本身偏「行動中心的處境倫理」與現代西方偏「規律中心的公正效益」倫理之間的一種中國本位的現代化綜合，否則我們的傳統倫理無法適應現代社會的需要。舉例來說，孔子所倡導的「正名」主義(「名正言順」) 可以賦與現代化，兼攝微模倫理意義的「父父子子」與巨模倫理意義的英語所謂 "The right man in the right place" (卽「君君臣臣」的現代化翻版)。其他傳統儒家倫理觀念也可照例獲得現代化的充實，這就要看現代儒家學者的創造能力如何了。

最後，根據第五論點，儒家一向主張，內聖 (個人道德的圓善) 卽是實現外王 (仁政德治或政治社會道德的圓善) 的必需條件與預決保證。但是，傳統儒家依此「內聖外王之道」提倡德治或禮治，在政治上祇合乎「人治」理想，而與源自近代西方的「法治」觀念格格不入，容易形成順利實現民主政體與公正法治的一種意識形態上的絆脚石。我們可以說，儒家有見於內聖之道 (微模倫理) 而無見於外王之道 (巨模倫理)，完全漠視微模倫理與巨模倫理的異質性，而有混淆孝道 (家庭道德) 與公理 (公共道德) 之嫌，故在政治社會層面的價值取向始終祇能高唱「復古」(回到三皇五帝的聖王之治) 的老調，解決不了本身的內在難題。我的建議是，現代儒家必須放棄「內聖導致外王」的陳腔濫調，重新謀求巨模倫理與微模倫理的現代化綜合。大體上說，在微模意義的家庭道德、日常倫理 (如師弟之禮或交友之道) 以及貫通家庭、學校、社會三層的道德教育，儒家倫理當會繼續發揮正面作用；但在關涉整個政治社會的 (卽跳過個人與個人之間的直接關係的) 巨模倫理，現代儒家不得不針對負面人性的現實，吸納「規律中心的公正倫理」、「功利效益」結果論、「最低限度的倫理道德」等等西方人士所注重的倫理觀點，而依我所强調的「中國本位的中西互爲體用論」這新時代立場，打開一條現代化綜合的中庸之道。在這裡我不得不特別强調的是，儒家的「仁義」觀念充其量祇能當做康德（Kant）所說的「規制原理」（the regulative principle），而無權充當「構成原理」（the constitutive principle）。這就是說，仁義原理不能直接用來構成「六法全書」之類的法制規章，但做爲最高道德規範，應可用來評衡旣成的法制規章，規制不合人道的法制規章有所改善。總之，儒家倫理雖有我所提到的種種內在難題有待解決，它所標出的「仁義」觀念仍可充當人倫道德的最高指導原理，有其永恒不變的價値意義，這是儒家倫理的最殊勝處。由於篇幅所限，拙論無法更進一步針對儒家倫理（學）的時代課題或內在難題作一全盤性的細密探討，祇有在不久的將來另撰一篇「儒家倫理學的現代化課題」，俾便彌補意有未盡之處了。

六、解脫論

儒家思想基本上不是一種宗教，但有從貫穿知識論、形上學、心性論與（包括政治社會思想與敎育思想在內的）倫理學等四項的「道德的理想主義」所衍生出來的一種儒家特有的解脫論，仍可以說是一種「道德的宗敎」（a moral religion），也可以說是一種富於哲理的「生死智慧」，自孔子始，一直如此。孔子信天而不依靠天，以「憂道不憂貧」（「衞靈公」篇）爲其終極關懷，故言「朝聞道，夕死可也」（「里仁」篇），又言「未知生，焉知死」（「先進」篇），如此安身立命或樂天知命，亦卽「盡人事而俟天命」，充分表現德（求仁得仁）卽是福（人生樂趣），卽是生死智慧，卽是所謂「宗敎」的儒家解脫論宗旨。

孟子的哲學貢獻，是在對於孔子所首創的生死智慧予以眞常心性論的奠基，且承接孔子「志士仁人，無求生以害仁，有殺身以成仁」（「衞靈公」篇）的原意，推演「捨生取義」之說，如此轉化宗敎超越性的天命爲內在心性的道德正命，故謂盡心知性爲「知天」，存心養性爲「事天」，「殀壽不貳，修身以俟」爲「立命」（「盡心」上）。孟子的「生於憂患而死於安樂」（「告子」下）一語也充分表現了傳統儒家「德福一如」的生死智慧。後來王陽明的致良知敎所以成爲孟子性善論的必然歸結，乃是因爲孟子性善論本身已有傾向突破道德實踐的局限性，而深化儒家道德實踐爲終極的生死智慧之故。我的意思是說，如就哲理的步步推演言，儒家與大乘佛學一樣，本從對於人類生死問題的終極關懷出發，建立以心性論爲奠基的生死智慧，因此導出道德實踐與涵養工夫的結論。依此看法，本體論地深化孟子性善論而成的陽明致良知敎，可以說是總結了儒家哲學的根本義諦。⑯

另一方面，由「周易大傳」與古代陰陽五行說結合而成的儒家天道觀，到了宋代，經由周（敦頤）、張（載）、程（二兄弟）、朱（熹）等大儒的形上學深化之後，也構成了儒家解脫論或生死智慧的另一哲理奠基，張載所云「聚亦吾體，散亦吾體，知死之不亡者，可與言性矣」（「正蒙、太和」篇）或程顥所言「死生存亡皆知所從來，胸中瑩然無疑，止此理爾。……死之事卽生是也，更無別理」（「遺書」第二上），皆可例示源自陰陽天道觀的儒家生死智慧。不論是眞常心性論形態的還

---

⑯ 陽明首次建立堅固不移的生死智慧，是在三十七歲困居龍場之時。此時陽明「自計得失榮辱皆能超脫，惟生死一念尙覺未化。……因念聖人處此（「此」指生死交關的極限境況），更有何道？忽中夜大悟格物致知之旨。……始知聖人之道，吾性自足，向之求理於事物者非也」（「年譜」）。

是陰陽天道觀形態的（抑或二者合成的）儒家解脫論，有一根本特點，就是此岸卽彼岸，內在卽超越，中庸卽高明，與大乘佛學的「生死卽涅槃」或「卽心是佛」有一脈相通之處，也足以說明爲甚麼印度佛敎移植中土之後，小乘斷絕而大乘興盛，終有慧能禪宗之起。

儒家的生死智慧在現代社會仍有正面積極的意義與價值，極有助於偏重「大傳統」（哲學思想）的有心的知識份子（傳統儒家所謂「士」）建立健全有益的人生觀，了解「意義治療法」（logotherapy）的開創者傅朗克（Viktor Frankl）所說「人生乃是一種任務」的眞諦，依此立定自己終身的工作目標。但是，它對依從「小傳統」（宗敎信仰）的人民大衆來說，恐怕陳義過高，難被接受。這就部分說明了儒家的「道德的宗敎」爲何形成不了耶敎或佛敎那樣極具解脫論或救濟論影響的一種世界性宗敎。大乘佛敎則除了偏重哲理智慧的自力聖道門（大傳統）之外，又有適合廣大民衆的他力淨土門（小傳統），這是儒家無法相與匹敵的特長。儒家是否也可以重新發展「天」與「天命」等原先已有的宗敎超越性層面，補充世俗倫理性層面呢？我基本上是哲學工作者，而非宗教思想家，故祇能如此發問，提醒現代儒家關注此一課題的存在而已。

七、儒家思想的繼往開來

張載嘗云:「爲天地立心，爲生民立命，爲往聖繼絕學，爲萬世開太平。」此語可以代表傳統大儒對於儒家思想的繼往開來所抱有的雄心與信心。但在今日，傳統儒家正面臨着生死存亡的緊要關頭。爲了儒家思想的起死回生，以便適應（後）現代的中國社會在意識形態上的需要，而重新形成中國思想與文化的主流，我在以上各節已分別就其時代課題或內在難題提出一些解決線索，不論適合與否，願向讀者討教，玆不重述。我在這裡祇想再次强調，現代儒家學者必須克服傳統以來的單元簡易心態，培養多元開放的思想文化胸襟，以便在知識論、形上學、心性論、倫理學以及解脫論等部門建立我所云「整全（顧及全面）的多層遠近觀」這個極具理論開放性與包容性的新時代思想模型，據此大大突破傳統儒家的思想框架，經由批判地繼承（繼往）而去創造地發展（開來）儒家思想。墨守成規的保守主義或打倒傳統的破壞主義，都是大大阻礙儒家思想繼往開來的極端論調，必須避免。拙論的旨趣限於時代課題的探討與解決線索的發現，如已稍盡拋磚引玉之功，則於願已足矣。

（一九八五年八月十四日清晨五時於費城西北郊外，原載「哲學與文化」月刊第十三卷第二期）

中國文化重建課題的哲學省察
——從生命的十大層面與價值取向談起

一、前　　言

拙論係去年（一九八四）三月十五日晚上我在耕莘文教院公開演講的主題。我的演講經驗一向限於學術專業團體的範圍，這次由中國論壇社與聯合報合辦的公開演講，算是生平第一次經驗。離美赴港臺之前曾與韋政通兄通信商談兩次，最後選定此題。演講開始之前先由楊選堂先生介紹，之後又由政通兄擔任講評。聽衆的發問與發言都很踴躍，惜因時間所限，未能對於所有問題一一置答。拙論大體上依循原有講稿內容，但已重思一次，稍予補充演講時應該提出而未提出的若干論點。

二、中國本位的中西互為體用論

以「西潮」一書聞名的已故蔣夢麟先生，生前曾有計劃繼此書之後續寫後半生的自傳，定名「新潮」，寫了數章之後却不幸謝世。三年之後（一九六七）未完成稿由傳記文學出版社整理印行。蔣先生在「新潮」說：「中國吸引了外國文化以後，經過一個時期的融合，就成了中國文化了。中國文化受它的影響，從此發出光明燦爛的新的文化出來，在歷史上斑斑可考。所以中華民族是吸收外來文化的民族，不是拒絕外來文化的民族。……能够吸收外來的文化，吸收得適當，而且能够把它適應於中國，這是中國文化進步的一個重要的關鍵」。蔣先生舉了兩個例子說明，一是戰國時候趙武靈王吸收胡人的騎射，到了漢朝便發展成爲一種新的中國戰術；另一則是印度佛教的大量吸收，對於中國文化與美術有過不可磨滅的鉅大影響與貢獻。

蔣先生所說「中華民族是吸收外來文化的民族，不是拒絕外來文化的民族」，我認爲祇說對了一半。我們當然不能否認，我們曾吸收過不少外來文化，但是吸收的成果究竟如何，則是另一件事，我並不那麼看好與樂觀。而傳統以來過度的華夏優越感也常構成我們拒却外來文化的一大因素。我們確實吸收過印度佛教的精華，集成洋洋可觀的「大藏經」與「續藏經」(可以合稱「中華大藏經」)，也發展出三論、法相、天台、華嚴、禪與淨土等大乘各宗的佛教思想，曾燦爛了一時。但是，中國佛教自元明以後日趨老衰而思想文化的創新活力早已蕩然無存，祇令現代學者搖頭太息而已。具有創新能力的老一代中國思想家，個個都是新儒家精英代表，對於中國大乘佛學的繼往開來課題並不關注，也無意願以公平而大無畏的開放胸襟，設法開創一條包括佛教在內的新時代中國哲學與宗教理路出來。

再就西方思想與文化的吸收方式與成果言，更是處處令人喪氣。我們從食衣住行到科技醫藥等等與現實生活息息相關的方面，確已學到西方的長處，但對此類西方之「用」所由形成發展的原先根基——亦即包括自由民主的法治觀念、人權思想、倫理道德、心性看法、科學哲學的知性探求乃至宗教思想與文化等等在內的西方之「體」——始終一知半解，摸索不清，遑論積極的吸納融合了。也就是說，清末以來基於過度華夏優越感的「中學爲體，西學爲用」這老論調一直阻礙著我們虛心探討「西學之體」並摸通西學的眞髓所在，藉以吸納其中有助於我們創造地轉化「中學之體」的正面資糧。爲要徹底了解此點，我們不妨比觀中日兩國對於西學西潮的回應方式。

鄰邦日本是單元閉鎖的家國意識形態（萬世一系的天皇制，皇家皇國至上主義等等）與多元開放的文化傳統奇妙地交織而成的國家。固有神道一方面變質而爲狹隘閉鎖的國家神道，在近代日本史上曾充當了尊皇攘夷的基本政治意識形態，另一方面又因本身原不過是古代日人單純樸素的生活方式與民族風俗所成，直如一張乾淨的白紙，故可層層塗上五彩繽紛的外來思想與文化而不產生任何心理矛盾或文化衝突。一千四百年來，固有神道前後吸收儒、道、佛三教以及西方耶教的結果，構成了形形色色的神道思想。同時，儒家在世俗倫理與家庭道德也形成了日本思想與文化的重要成素。至於移植中國佛教之後逐步發展出來的日本佛教，尤其是淨土（眞）宗、禪宗、日蓮宗與眞言宗，則始終構成日本思想文化的主流，却未演成「罷黜百家，唯我獨尊」的壟斷局面，實與中國儒家的情形大異其趣。誠如已故著名日本學者和辻哲郎所云，日本向來是「文化重層性」的國家，思想文化上具有極大的寬容性與包容性。因此，明治維新前後的轉變時期，上上下下對於西學西潮的吸收與回應，並沒有遭遇到嚴重的心理阻礙或實際困難。而二次大戰戰敗之後，一方面國家神道急速崩落，終使一般日人的心態從自我閉鎖的傳統「皇國之道」解放出來；另一方面又在美軍管制下步步實現了政體法制的現代民主化，促使日人更有機會擴充早具多元開放傾向的原有文化胸襟了。

相比之下，鴉片戰爭以來的老大中國，從清廷的專制腐敗到日本帝國主義者的入侵，直至戰後「一分爲二」的政治情勢，種種內憂外患相繼不絕，未曾有過喘息安定的日子，確無日本那麼幸運。不過，臺灣海峽的兩邊這些年來至少相安無事，而臺灣在經濟上已躍居亞洲四條龍之一，中國大陸也不甘落後，從頭開始學習美國資本主義經濟之種種，看來應該已有培養多元開放的文化胸襟的新時代基礎。然而我們為甚麼仍然無法打破傳統以來的單元簡易心態，及其惡化而成的自我閉鎖心態呢？為甚麼我們吸收與回應西學西潮的方式，直到今天還停留在籠籠統統的概論式學習與不求甚解的低階段呢？為甚麼我們仍無能力眞正通透西學之「體」，却祇在口頭上談談西方哲學與科學的探索精神，唱唱自由人權與民主法治的高調而已呢？為甚麼多元開放的現代化觀念仍無法普及呢？如說中國大陸有其突破不了馬列教條的嚴重枷鎖，經濟發展已臻高度的臺灣社會，為何仍無思想與文化的現代化創新跡象呢？為何傳統的單元簡易心態仍然轉化不了，而形成多元開放的文化胸襟呢？為何我們仍處處趕不上戰敗國的鄰邦日本呢？（關於「中日兩國對於西學西潮的回應方式」，容後以此題目公開演講數次，並將講稿集成長篇。）

兩三年來我一直主張，我們必須建立「中國本位的（即為了創造地轉化中國傳統思想與文化著想的）中西互為體用論」這新時代的立場，以便充分培養多元開放的文化胸襟，進而批判地繼承並創造地發展祖國的思想文化傳統。就這一點說，我完全同意蔣夢麟先生在「新潮」所說的另一段話：「外來的文化，固然可以刺激本國文化的發展；而本國的文化，受了外來的影響，也可以更適應環境。……最危險的事情是祇以為我們自己的文化好，對外國的瞧不上眼。這是很危險的事情，知識不够識見近，往往患這種毛病」。令人慨嘆的是，鴉片戰爭以來直至今日，我們吸收而不拒絕外來（西方）文化的程度，不論質量都遠遠不及鄰邦日本。這就是為甚麼我不得不强調，中國文化重建課題的最大關鍵是在，我們能否與願否培養多元開放的文化胸襟，大量吸納優良的西學之

「體」到我們的文化傳統。如果我們在這一點依然故我，而不去徹頭徹尾檢討與改正我們自己的心態偏差，我們就毫無希望趕上日本，遑論超越日本了。

三、生命的十大層面與價值取向

這些年來我時時嘗試中國文化重建課題的哲學省察，一方面導致上述「中國本位的中西互爲體用論」的結論，另一方面又構想出「生命的十大層面與價值取向」這個模型，當做文化重建的具體實現所可依據的一種啓發性理論指南。我這模型構想的思維靈感，源自第三維也納心理（精神）分析學派開創者傅朗克（Viktor Frankl）的「意義治療法」（logotherapy）。他爲意義治療法的理論奠基，曾設定了生命的四大層面，依自下往上的價值取向，包括⑴身體活動（biological）層面，⑵心理活動（psychological）層面，⑶意義探求（noölogical）層面，以及⑷神學（theological）層面。⑴所關涉的是個體生存、生命成長、經濟生活、運動遊戲、種族繁榮等等，⑵則涉及情欲需求與滿不滿足等等正反兩面的一切心理現象。人的生存意志（the will to live）與快樂意志（the will to pleasure）分別代表身心活動這兩層面的生命表現。弗洛依德在一九二〇年寫出「快樂原理之超越」（Beyond the Pleasure Principle）這一本書，再次修改他的本能衝動論模型，成爲一種雙元對極論（a dual theory）。依據此論，人的本能衝動一開始就有生命本能與死亡本能相互對立。其中生命本能指謂性欲本能與自我（保存）本能，大體上等於快樂意志與生存意志的合成。弗洛依德的心理分析學說祇承認身心活動的兩層，而把人的種種生命價值取向統統偏約化（reduce）爲心理快感的滿不滿足。傅朗克的意義治療法則避免了心理分析的生命偏約化，而適予結合心理分析（生命下層）與現象學的實存分析（生命上層），故在心理活動層面之上肯認「意義探求」的生命高層面之存在事實。意義探求層面所關涉的是世俗人間的生命意義，舉凡天倫之樂、社會服務、教育事業、文藝創作與鑑賞乃至其他眞善美價值的發現等等，比比皆是。

傅朗克根據他那萬死一生的集中營生活體驗，進一步認爲，世俗人間的種種眞善美價值與生命意義之上應有且必有宗敎解脫性質的「終極意義」(the ultimate meaning) 或「超絕意義」(the supra-meaning)，而爲一切生命意義的本原或根基。因此，他的意義治療法乃屬一種他所自云「醫學牧師的職事」(medical ministry)，打開宗敎解脫的向上門，實有別於普通意義的心理治療。意義治療法旣是一種實存分析，當然尊重個別實存的主體獨特性，因此絕不標出任何特定宗敎爲唯一答案。但是，由於傅朗克本人是猶太種，所了解的宗敎也祇限於猶太敎、耶敎爲主的西方一神敎信仰，故而設定「意義探求」層面之上的生命最高層爲「神學」層面。我最近在拙作「(禪) 佛敎、心理分析與實存分析」(見東吳大學「傳習錄」第四期) 建議，「如從佛敎觀點去看，應該改爲『終極』(ultimate) 層面。所謂『終極』，在大乘佛學是『一切法空』，在道家是無名無爲之『道』，在早期儒家是天命天道，在禪宗是『無心』，而在宋明理學則是天理或良知」。無論如何，傅朗克的四大層面說提供我們極富啓迪意義的思想資糧。我的「十大層面」建構嘗試，便是他那四大層面模型的進一步修正與補充，或可充當有助於具體地完成中國文化重建工作的小小啓發性指南。

我雖從傅朗克的四大層面模型獲得寶貴的思維靈感，但又覺得他的模型太過簡略，不足以充分說明極其複雜的生命層面 (dimensions) 及其價值取向 (value orientations) 之種種。經過多次思考之後，我在四年前構想出「生命的十大層面及其價值取向」模型。依照我個人所了解的生命存在的諸般意義高低層序與自下往上的價值取向，我認爲做爲萬物之靈的人的生命應該具有下列十大層面：⑴身體活動層面；⑵心理活動層面；⑶政治社會（politico-social）層面；⑷歷史文化（historico-cultural）層面；⑸知性探求（intellectual）層面；⑹美感經驗（aesthetic-experiential）層面；⑺人倫道德（moral）層面；⑻實存主體（existential）層面；⑼生死解脫（soteriological）層面；以及⑽終極存在（ontological）層面。⑴與⑵合成最低限度的人的生命存在，亦即身心及其活動，此依傅朗克的模型而無更動。⑶至⑺等五大層面則是他那「意義探求」層面的大大擴充，包含群體生命所不可或缺的「歷史文化」（內或上）與「政治社會」（外或下）等兩層生活意義的存在事實，以及關涉眞善美價值的種種意義尋探與創造。至於⑼與⑽，乃是他那「神學」層面的修正與細分，以便一方面不偏袒一神論信仰爲基礎的宗敎解脫論與存在論觀點，另一方面包容儒釋道等東方思想對於生命的終極關懷、終極意義以及終極存在所採取的立場。最後，⑻是傅朗克的模型自始至終所蘊含著的，但他未曾特別劃出「實存主體」層面，以便彰顯個體生命對於種種價值意義的探求（pursuit）、取向（orientation）、抉擇（choice）或信守（commitment）所具有著的儼然不可替代（irreplaceable）的實存獨特性（existential uniqueness）。

上述十大層面是否涵蓋了人類生命的一切存在意義與價值取向，是否可以加減（層面細分或合併），是否可以稍予更改其中某些層面的高低序次，當有商榷的餘地，我並無一成不變的定論。我的模型建構，應許解釋學的開放性與發展可能（hermeneutic open-endedness），故祇盼有拋磚引玉的啓迪功能，而不標榜爲死硬的自我閉鎖性結論。不過，至少有一點我敢肯定的是，群己生命的存在意義與價值取向必須有輕重高低的層面分級。現在且讓我提出十大層面高低定位的基本理由。

傅朗克與我都把身心活動放在生命表現的最低兩層，不論就常識或哲理言皆不容置疑。第三、第四兩層關涉群體生命的存在意義與價值取向，而使個體生命在特定社會或國度得到集體生活與精神的安頓。亞理斯多德曾說:「人是政治的動物」。祇有人類不但組織自己的社會，還能從事於政治活動。「政治社會」層面是集體生命最基層的表現，自上古出現人類文明的曙光以來一向是如此。群體生命在更高一層表現出來的存在意義與價值取向可以總括之爲「歷史文化」層面，算是「政治社會」層面的內在化（internalization）或精神深化（spiritual deepening)。這就說明了爲甚麼具有綿延流長的歷史與悠久而優美的文化傳統的國家，如中國或印度，雖在政治社會層面屢遭艱難挫折，却能仍舊贏得世界各國的羨慕與敬意。日人對於中國文化的無限敬意與美國國民對於西歐文化所懷有著的精神鄉愁，皆可例證，在集體生命的存在意義與價值取向上「歷史文化」層面顯較「政治社會」層面爲高爲貴。「歷史文化」層面更可以看成群己（社會與個人）所共有的精神地盤或共命慧，貫通並統合其他上下九層的群己存在意義與價值取向的具體表現與實際成果。

歷史文化的形成與發展必須依靠不同時代的人類——尤其是英國歷史家湯恩比（Arnold Toynbee）所稱「創造（價値意義）的少數精英」（the creative minority）——所分別創造出來的種種眞善美價值，在生命的更高層次彰顯萬物之靈所特有的存在意義與價值取向。首先是表現「眞」(truth）的價值的「知性探求」層面，特別指謂高度發揮人類知性的科學研究與哲學思索。再高一層則是表現「美」(beauty）的價值的「美感經驗」層面，舉凡文學音樂美術等等的創作與鑑賞，審美理念的形成，自然美的欣賞乃至傳統美的再發現，皆屬此層。我依一般常識的了解，把「美」放在「眞」上，因爲一大半人類並不直接從事於科學或哲學的知性探求，但在日常生活裏常享有美感經驗，當做生命感受與存在意義上不可或缺的主要成素。這在科技醫藥已臻高度發展而有後現代化（電腦化與資訊化）傾向的先進國家更是如此。

也許有人不太贊成我上面對於「眞」與「美」兩種價值的層序定位，但我相信，沒有人會反對我把「善」的價值放在更高一層，亦即「人倫道德」層面。理由很簡單，人類有史以來爲了「眞」或「美」的價值犧牲自我生命者實不多見，但在每一時代爲了人倫道德犧牲小我而成全大我的有志之士則承先啓後，相繼不絕。孟子所云「生亦我所欲也，義亦我所欲也，二者不可得兼，舍（捨）生而取義者也」（告子篇上），可以說是一語道盡了人倫道德的價值意義遠遠高過科學哲學與文學藝術，也同時顯揚儒家思想的最殊勝處。

我所以在眞、善、美三大價值之上特別標出「實存主體」層面，乃是由於人倫道德的終極目標不外是在肯認與維護每一生命的人格尊嚴（human dignity）與實存（現實存在、眞實存在）本然性（existential authenticity）。人格尊嚴當然指謂每一個人的基本人權（譬如個人自由的尊重）與生命獨特性，康德的定言命令與美國獨立戰爭以來的那句名言「一切人類（應該）生而平等」便是最恰當的註脚。至於實存的本然性，乃是西方實存主義所標榜，而中國人本主義的（儒家）傳統本已蘊含之者，卽指個別生命在價值意義的抉擇與信守應必有其自由自主的獨立精神與全面性的自我責任感而言，我們可在孟子的「善養吾浩然之氣」，大學中庸的「愼獨」工夫，程明道的「（天理二字之）自家體貼」，陸象山的「立其大者」，王陽明的「致吾良知」等等，重新發現中國本位的實存本然性理論線索，值得我們繼承與發展。

「實存主體」層面之上所以設定「生死解脫」層面，乃是由於一大牛人對於生死問題確實具有終極關懷，依其單獨實存的抉擇尋得（儒家）安身立命，（佛教）涅槃解脫，或（耶教）靈魂救濟所不得不憑藉的生死智慧或宗教信仰，傅朗克所云「終極意義」即在於此。反宗教論者沙特，基於他那「實存先於本質」的根本原則，倡導實存的本然性抉擇，以顯每一個人的絕對自由，却因缺少有關生死解脫的終極意義之自我發現與肯認，故在主著「存在與無性」終於導致「人是無用的激情」("Man is a useless passion")這個幾近虛無主義的結論。我從沙特的反面教訓，深深體會到，實存主體的一切意義探索與價值取向終必有其生死智慧的根基。傅朗克曾以「創造的」(creative)、「體驗的」(experiential)與「態度的」(attitudinal)等三種價值規定生命意義的內涵，而以「態度（卽）價值」為最可貴，因為眞善美價值的創造或體驗無法用來解釋，為甚麼具有高度靈性的人在生命的最後關頭或性命交關的極限境況，還能以無比的存在勇氣（the courage to be）肯定生命的終極意義，而表理出實存的本然性態度。我最近也在一些拙論之中試以生死智慧（終極意義的肯認）與終極解脫（安身立命或樂天知命）深化儒家的倫理道德，當做孔子一貫之道到陽明致良知敎的儒家思想的終極信念，乃與大乘佛敎（尤其禪宗）或道家（尤其莊子）的生死智慧與解脫論相得益彰。我的著眼點與傅朗克之說大致相同。

我們如再進一步探討生死解脫、終極意義、宗教救濟等等的存在根源，則不得不設定「終極存在究竟為何」的古來存在論（或稱本體論）問題，而去覓取哲學（形上學）的或宗教的解決線索。正如康德所說，人是一種「形上學的動物」，不論有否能力解開關於終極存在的謎底，總不得不永遠嘗試形上學的探問。我們一旦有了關於終極存在的自我了解，隨著就會推出有關生命的終極意義或終極目標的特定結論，也就會想出體認終極意義或達到終極目標的種種具體辦法。譬如在耶敎信仰，上帝是終極存在，靈魂救贖（永生天國）即是終極目標，至於祈禱、受洗、悔罪等等皆不外是達到終極目標的必要步驟。在大乘佛教，則以「一切法空」、「諸法實相」、「佛心佛性」等等表現其對所謂「終極存在」的獨特見解，又以「生死即涅槃」、「見性成佛」等等視如終極目標，而原始佛教以來的三學（戒定慧）、八正道等解脫之道乃至禪與淨土所倡公案、坐禪、念佛等等修道工夫皆不外是獲致涅槃解脫的具體辦法。馬列主義反對宗教不餘遺力，但它以「物質及其運動永恒不滅」爲獨一無二的終極存在，又以「階級消滅的共產社會」爲終極目標，更以階級鬥爭與無產階級專政爲達到此一目標的必要手段，因此極具僞似宗教的狂信性格。現在且來看看，我的「十大層面」模型對於中國文化重建課題的現代化探討與解決，有何應用價値與啓迪功能。

四、科玄論戰與西化論戰的適當消解

上述「十大層面」模型的啓迪作用之一是，可以明白指摘任何化約主義的偏失（reductionist fallacies）。譬如偏激的達爾文主義者很容易把人的所有生命層面偏約化爲最低的身體活動層面（物競天擇，適者生存）。古典心理分析化約生命的其他九層到心理活動的層面的結果，也很容易帶著一種心理主義的有色眼鏡，去片面地甚或獨斷地觀察政治社會、歷史文化、人倫道德等等生命的意義探求與價値取向之種種，同時又要全然否定實存主體、生命解脫與終極存在等生命的三個最高層面，斥如妄念幻想。極端的馬克思主義也動輒化約所有生命層面爲政治社會層面，排斥一切宗教與傳統道德爲人民的鴉片或封建遺毒，主張一切文藝創作、學術研究、文化發展等等祇爲政治（無產階級專政）服務。毛澤東所發動的文化大革命及其收場，便是馬列主義的極左偏約化所必然導致的悲慘結局。新儒家過份强調道德的理想主義之餘，也容易產生化約（簡易化）所有生命層面到人倫道德層面（道德主體性）的一種泛道德主義偏差。而沙特一派的無神論實存主義也常犯有突出實存主體層面爲獨一無二的生命存在的化約主義偏失。我們也常看到，宗敎的狂信導致偏重生命的最高兩層而化除下面八層的危機或凶險，譬如一切爲神或爲來世天國的集體自殺等等毫無理性的祭禮主義行爲（cultivist acts）便是最明顯的例子。

自五四運動以來，除了有關社會主義的論戰之外，我國曾產生過兩次極其重要的學術文化論戰，一是科玄論戰（卽「科學與玄學」論戰，亦稱「科學與人生觀」論戰），另一則是西化論戰。近年來大家所深切關注的「傳統與現代化」課題仍多少反映著科玄論戰與西化論戰未獲徹底解決的文化難題，而這兩次論戰也可以說是淸末有關「中體西用論」贊否激辯的自然延伸。如果我們援用「十大層面」模型到兩次論戰的深層分析（in-depth analysis），則不難看出，論戰雙方多少犯有上述化約主義的偏失，因而未曾達到「創造的轉化」或「批判的繼承與創造的發展」這個目的。殷鑑不遠，我們新一代的學者，不應重蹈覆轍，却應吸取前人的敎訓，重新探討如何重建祖國文化的艱巨課題。

科玄論戰發端於民國十二年二月十四日張君勱在淸華大學以「人生觀」爲講題所作的演講（全文登在「淸華週刊」第二七二期）。同年四月十二日丁文江在「努力週報」（第四十八與四十九期）發表「玄學與科學——評張君勱的『人生觀』」，整個科玄論戰由是開始。除這兩位之外，捲入論戰漩渦的名流，有梁啓超、胡適、任叔永、孫伏園、章演存、朱經農、林宰平、唐鉞、張東蓀、王星拱、吳稚暉、范壽康、王平陵、陳獨秀等人，網羅了當時中國知識份子的精英。有關論戰的論文全部集成「科學與人生觀」一書（民國六十六年由臺北問學出版社重印，分爲二册)。

張君勱在「人生觀」中比較科學與人生觀的根本殊異說，前者是客觀的、論理的（卽使用邏輯的演繹法與歸納法的）、分析的，因果律所支配的（卽偏向決定論的），且起於現象之統一性（互同性）的；後者則是主觀的、直覺的、綜合的、自由意志的，且起於人格之單一性（卽獨特性）的。張氏所作的科玄分辨，今天看來未免粗糙，甚至死板，但仍有些許道理，不容忽視。祇是，他過份强調科玄兩橛觀之餘，漠視科學對於人生觀或玄學（廣指哲學與宗教，狹指形上學）的形成可能具有着的影響或貢獻。他更進一步推演「中體西用論」的老論調，說:「自孔孟以至宋元明之理學家，側重內心生活之修養，其結果爲精神文明。三百年來之歐洲，側重以人力支配自然界，故其結果爲物質文明」。難怪採取科學主義（scientism）立場的丁文江忍無可忍，反擊他說:「這種不可通的議論的來歷，一半由於迷信玄學，一半還由於誤解科學，以爲科學是物質的、機械的，歐洲的文化是『物質文明』」。然而丁氏無形中搬出一套幼稚的科學（方法）萬能論，還說科學「是敎育同修養最好的工具」。他又推出極端的達爾文主義說，「近年來生物學上對於遺傳性的發現，解決了數千年來性善性惡的聚訟，使我們恍然大悟知道根本改良人種的方法，其有助於人類的前途，正未可限量呢」。

我們如以「十大層面」模型比觀張、丁二位的理論對峙，則可以說，丁氏的科學萬能主義顯然犯了化約生命的其他層面爲「(純科學的)知性探求」層面的偏失。他當然不可能了解，張氏所强調著的生命更高層面的價值意義實非科學知性所能窮索而無了餘。反過來說，張氏强分科學與玄學（人生觀等等）或物質文明與精神文明的截然殊異之餘，幾乎抹殺了科學技術的高度發展與科學知性的實事求是精神，但對生命更高層次的意義探求與價值取向仍可提供正面有益的思想資糧。與丁氏的情形恰恰相反，張氏的思維局限性是在未能充分體會生命各大層面的息息相關與相得益彰，而不是在層面化約的偏失。

胡適爲「科學與人生觀」論集作序，特別推崇吳稚暉的長篇「新信仰的宇宙觀及人生觀」，美其名曰「科學的人生觀」，或曰「自然主義的人生觀」。依此人生觀，我們了解到，時空是無限無窮，宇宙萬物的運行變遷皆是自然而無所謂超自然的主宰，人與其他動物並無種類的差別，身心活動與歷史發展皆有因果規律可循，道德禮教是變遷不已且可使用科學方法尋其原因，物質是永恒活動而非死靜，「小我」雖必死滅，「大我」却是不朽等等，而這些了解所依據的全是科學知識，而非玄學。胡適下結語說：「這個自然主義的人生觀裏，未嘗沒有美，未嘗沒有詩意，未嘗沒有道德的責任，未嘗沒有充分運用『創造的智慧』的機會」。胡適循著吳氏「科學的人生觀」所下的這個結論，强烈地表現當時我國科學萬能論者的化約主義心態，也同時反映了那時的中國知識份子精英對於西方科學之「體」（科學方法、科學知識的蓋然性、科學眞理的涵義、科學與哲學的關係等等）的了解是如何膚淺幼稚，遑論他們對於西方哲學與宗教的眞諦所能消化的程度了。

有趣的是，許多西方科學家們並不採取科學萬能主義的偏狹立場，反有相信宇宙神秘或接受宗教信仰（多半源於一神論，亦有喜好東方「哲學的宗教」者）的傾向。而新派耶教神學家們，如著名的田立克，也擺脫了傳統耶教的「科學與哲學（世俗眞理）必須服從宗教（啓示眞理）」的獨斷教條，面對近代科學的挑戰，設法重新解釋宗教或神學的眞義，而獲致「宗教與科學（以及自然哲學）乃係從不同層面或觀點（different dimensions or perspectives）探索宇宙實在的理論，故無直接衝突可言」等等嶄新可取的理論。我們藉此爲例，不難想見一般西方科學家、哲學家與宗教家如何能够一方面堅持己見，另一方面又容許或接受多元開放的思想文化氣氛。張君勱以偏蓋全，將注重科學知性的近代西方文明為物質文明，固屬荒謬，而丁文江、胡適等人歌頌西方科學的偉大成就之餘，完全無視生命更高層面的獨特意義實非科學知性所能窮盡，也是走了另一極端。我們從這一場不了了之的科玄論戰所能吸取的反面教訓是，新一代的知識份子千萬不可再犯任何化約（或化除）主義的偏失，也千萬不可再以自我閉鎖的中體西用論調一味吹噓與推銷「施諸四海而皆準」的中國「精神文明」。換言之，我們必須超克科玄論戰雙方的理論局限性或思維獨斷性，而依我常提倡的「整全（顧及全面）的多層遠近觀」，重新開始探討生命十大層面的個別意義與相關聯性，以便完成現代化地重建（而非單純地「復興」）中國文化的時代使命。

西化論戰與科玄論戰可以說是「中體西用」贊否爭論的一體兩面。科學萬能論者與全盤西化論者自然容易志同道合，甚至可以完全一致。早年的胡適充當科學主義的代言人，更是全盤西化論的中心人物，確有主張「中體無用」的傾向，難怪常被斥為「文化賣國」。他在「再論信心與反省」（民國二十三年）這短篇中說：「一面學科學，一面恢復我們固有的文化，還只是張之洞一輩人說的『中學為體，西學為用』的方案。老實說，這條路是走不通的。如果過去的文化是值得恢復的，我們今天不至糟到這步田地了。況且沒有那科學工業的現代文化基礎，是無法發揚什麼文化的『偉大精神』的。」他還極力抨擊宋明理學，視如「終日端坐，如泥塑人」的死路。

針對胡適一派的西化論者，王新命等十位著名教授在民國二十四年元月共同發表一篇「中國本位的文化建設宣言」，主張「中國是既要有自我的認識，也要有世界的眼光，既要有不閉關自守的度量，也要有不盲目模仿的決心。……循著這認識前進，那我們的文化建設就應是：不守舊；不盲從；根據中國本位，採取批評態度，應用科學方法來；檢討過去，把握現在，創造將來」。三個月之後，胡適寫了一篇「試評所謂『中國本位的文化建設』」，認爲「中國本位的文化建設」正是中體西用的最新式的化裝出現，因爲所謂「根據中國本位」，正是「中學爲體」，而所謂「採取批評態度，吸收其所當吸收」，正是「西學爲用」。胡適尤其指摘，十位教授的折衷論調乃是由於「他們的保守心理在那裏作怪」，而他們的根本錯誤是在「不認識文化變動的性質」。有趣的是，常被（誤）罵爲「文化賣國」的胡適，在結尾却說：「將來文化大變動的結晶品，當然是一個中國本位的文化，那是毫無可疑的。如果我們的老文化裏眞有無價之寶，禁得起外來勢力的洗滌衝擊的，那一部分不可磨滅的文化將來自然會因一番科學文化的淘洗而格外發輝光大的」。從胡適的結語不難推知，他並沒有完全拒斥「中國本位」的字眼，但覺得從早到晚空喊「文化建設」的口號，祇唱「檢討過去，把握現在，創造將來」的高調，而仍證明不出新時代的中國文化確有吸取西學之「體」的開放性與包容性，是無濟於事的。（有關全盤西化論戰的前因後果以及重要專論，曾由水牛出版社集成一書，題名「胡適與中西文化——中國現代化之檢討與展望」，讀者不妨參閱，玆不贅述。）

胡適到了晚年，雖稍澄淸所謂「全盤西化」並不代表他的本意，却與中國傳統思想與文化的現代化探討工作完全脫節，祇不過在紅學、禪宗史等方面的考證工作與淸代學者戴震等人的「科學」方法論究之類稍顯聰明，難怪根本經不起新儒家的老一輩代表（如唐君毅、牟宗三、張君勱、徐復觀等四位）的嚴厲批判。但是，反過來檢討一下唐等四位老前輩在一九五八年元月所發表的「中國文化與世界」這篇共同宣言，則不難看出，他們處處仍離不開「中體西用」的老論調，且進一步主張，「西方人之精神理想，尙可再上升進一步，除由承繼希臘精神、希伯來精神，而加以發展出之近代西方之精神以外，尙可有學習於東方之人生智慧，以完成其自身精神思想之升進者」。站在「中國本位的中西互爲體用論」立場，我祇想說，我們不必去管歐美人士願不願去建立「西方本位的中西互爲體用論」，也不必抱著過度的華夏優越感與越軌的杞人之憂去關心「西方之沒落」；我們還不如回到自己，在這思想文化（生命第四至第十層面）與政治社會（生命第三層面）何適何從的八〇年代十字路口，徹頭徹尾重新檢討我們一百多年來回應西學西潮的單元簡易甚或自我閉鎖的心態偏差，從中設法開闢一條中西互爲體用的中國文化之路。子曰：「攻其惡，無攻人之惡，非修慝與？」（論語顏淵篇）。他又教導我們「躬自厚而薄責於人」（衞靈公篇）。難道我們既不想也不願遵循「嚴於責己，寬於待人」的古訓，少管他人瓦上霜（西方文化之「沒落」），多掃自家門前雪（中國文化之積蔽）嗎？

五、結語：中國文化的繼承與發展

也許有不少讀者會說，我對新儒家的老一輩代表未免批評太過。這裏我想特舉牟宗三先生爲例，澄清我的「中西互爲體用論」立場。我已屢次說過，「我個人覺得，牟先生是王陽明以後繼承熊十力理路而足以代表近代到現代的中國哲學眞正水平的第一人」（見「中國論壇」第十六卷第六期）。但是，牟先生對待西（方哲）學的基本心態，如從西方學者的觀點看來，有欠客觀公允，因爲他的一系列晚年名著幾乎祇提康德一人爲整個西方哲學的總代表，其主要目的是在一方面評價康德哲學爲西方哲學的顚峯，另一（而更重要的）方面揭發康德哲學在知識論、形上學乃至倫理學的理論局限性，以便顯揚中學之「體」——亦卽儒家「道德的理想主義」——遠遠勝過以康德爲首席代表的西（方哲）學之

「體」，如此「鞏固」中體西用的傳統文化立場。由是，在形上學上，儒家本位的中國「無執的存有論」完全取代了康德式「有執的存有論」地位，而爲後者（以及其他一切哲學與宗敎思想）的「道德的形上學」奠基。在知識論上，「聞見之知」（或科學技術的認知心）必須經由「德性之知」（道德主體的無限心）「自我坎陷」而後才獲適當的理論定位。又在倫理學上，以道德主體性自我呈現的自律道德形態出現的儒家「道德的理想主義」，又一躍而居「施諸四海而皆準」的人類倫理道德獨一無二的圓善基礎。但是，在未經新儒家本身的一番自我檢討而發現某些（包括倫理道德在內的）嚴重的自我缺陷之前，及在沒有好好學習康德之前之後的西方哲學各家各派足以挑激中國哲學的種種長處優點之前，卽以太過簡易的處理方式一下子就揚棄了康德一家，而匆匆建立道德的理想主義優位立場，是否經得起比較哲學與後設哲學的嚴格考驗呢？是否顧及問題設定上的齊全性，問題解決上的無瑕性，證立程序上的嚴密性，以及足以訴諸東西方共識共認（而非自我滿足）的道理强制性呢？

曾由張灝、林毓生兩位敎授推荐而來敝系研究所擔任助敎的林鎭國君，兩年來苦修現代西方哲學與解釋學，有了一些心得。前些日子在電話上與我談談自己的心得時，頗有感慨地說，他雖對於牟先生的哲學成就表示敬佩，却仍覺得，牟先生毫不考慮康德以後的西方形上學、解釋學乃至批判理論等等的有力衝擊，而祇不過假借康德哲學，當做奠定新儒家「道德的形上學」的一塊跳板，似對有志於繼承新儒家衣鉢的年青一代容易產生負面影響，誤認以儒家「道德的形上學」這付有色眼鏡去研究康德（或西方哲學），卽是眞正了解並超克康德（甚至西方哲學）的最佳捷徑。鎭國又說，所謂「道德的形上學」雖套上哲學的外衣，骨子裏却明明是無由證明的一種宗敎信仰，此點使他惶惑了良久云云。我回答說，不但是後康德的西哲理論，連前康德的種種（啓蒙）思想，尤其是霍布斯（Hobbes）、洛克（Locke）、盧騷（Rousseau）等人有關奠定近代西方自由民主的政體法制基礎的重要政治社會哲學理論，都被置之不理。總之，以牟先生的那一系列晚年名著爲最高典範的戰後新儒家哲學思想，直到今天仍無大無畏地徹底突破「中體西用論」這傳統格套的任何跡象，遑論建立中國本位的「中西互爲體用論」了。這就是爲甚麼我又不得不說：「中國哲學的未來發展課題也就關涉到如何消化牟先生的論著，如何超越牟先生理路的艱巨任務」（「中國論壇」上述一期）。

中國本位的「中西互爲體用論」與「生命的十大層面與價值取向」模型，是我對於中國文化重建課題的兩個基本論點。如把這兩點結合起來，或可提供有助於順利進行文化重建的一些具體方案。首先，「歷史文化」是生命的第四層面，統合其他上下九個層面。我們在此一層面，必須超克科玄論戰與西化論戰的雙方限制，一方面批判地繼承祖國傳統的思想文化，另一方面培養多元開放的文化胸襟，儘量吸取歐美日等先進國家的種種優點（不論體用），藉以創造地發展未來的祖國思想與文化出來。同時，「歷史文化」層面的創造的轉化亦有賴乎其他九個層面，分別依循「中西互爲體用論」的指導原理獲得現代化的豐富內涵。

先就身心活動等最低二層言，從食衣住行到身心保健，我們大致能予應用此一原理，而未遭遇嚴重的阻礙。譬如針灸、氣功、坐禪、太極拳、（道教的）養生壽老術等我國固有的國粹與西方醫藥的適當結合，不但我們自己雙手贊成，連西方人士也日益關注，表示濃厚的興趣。不過，由於相當强烈的傳統泛道德主義（甚至僞善的寡欲主義）觀念仍在影響多半中國人的心態，我們遲遲未能消化與吸納弗洛依德以來新舊派的心理分析理論，也還未能把中西心理療法與精神醫學熔爲一爐。我們在這一點，必須早日趕上鄰邦日本。（讀者不妨參看東吳大學哲學系「傳習錄」第四期所登的拙作「(禪)佛教、心理分析與實存分析」)。

其次，在「政治社會」層面，說來慚愧，民主法治、人權保障、自由平等等等現代觀念在我們國度還未紮定根基。譬如傳統以來的禮治觀念與現代化的法治觀念在國人的腦袋裏似仍混淆不清，而家族中心主義(家長式企業管理方式)與「一人得道，雞犬升天」的裙帶主義仍未超克，足以例證封建時代的長期陋習還在作祟，而爲民主政體與公正法制的一大障礙。同時，我們深受儒家內聖外王之道的理想主義影響，還未徹底克服德治或人治的傳統觀念，而完全接受合乎現代政治社會實況的法治觀念。更進一步說，我們還不太情願通透西方法治觀念底層之「體」，而了解到西方民主政體與公正法制的形成發展，實非一朝一夕之故，乃是有其「體」的根基，譬如負面人性的肯認，多元開放的政治容忍與社會共識，獨立人格的尊重，規律中心的倫理觀等是。老一代的新儒家代表既不想亦不願面對西學之「體」，徹底檢討儒家「道德的理想主義」在外王之道所產生的難以克服的根本限制，反而硬把儒家的德治理想(卽「體」)套到西方民主法治之「用」上，豈非犯了嚴重的時代錯誤(anachronism)？所以我說，我們還得脚踏實地從頭開始虛心學習西學之「體」，以免一誤再誤，完成不了祖國文化重建的工作。

在「知性探求」層面，我們不但早已目睹西方科技的驚人發展，也在努力急起直追，而有相當的成就。但與日本相比，仍是小巫見大巫，有待繼續奮勉。這裏我想特別强調的一點是，我們應該站在新時代的「中西互爲體用」觀點，重新評估傳統儒家的「德性之知」優位主張，以及牟先生所倡「良知(道德主體的無限心)自我坎陷而爲認知心，由是推出知性探求之路」的新儒家著想，一方面儘予避免道德問題(屬於生命第七層面)與純粹知識問題(屬於第五層面)之間的混淆不清，另一方面大大推進現代化的「聞見之知」，而平等對待「聞見之知」與「德性之知」的個別功能。以「自我坎陷」的新儒家價值判斷去看「知性探求」層面，在多元開放的社會不但難於形成共識共認，也無權强制不願採取新儒家立場的人們去接受的。

在「美感經驗」層面，我也有兩點建議。其一，美感創造與鑑賞有其獨立性，不應常與人倫道德混同，亦不應受泛道德主義甚或僞善的寡欲主義箝制。其二，我們應該多所關注傳統美的再發現課題，這就涉及中國美學理念的重新探討。近年來大陸學者雖受馬列教條的束縛，却能通過文心雕龍、唐詩宋詞、紅樓夢等等的嶄新研究，正在摸索一條現代化的中國美學之路，已有相當成績，不容我們忽視。臺灣並無馬列教條的約束，更應努力從事於中國美學傳統的重建工作。日本在傳統美的再發現與再創造，成就極爲卓著，川端康成之所以獲得諾貝爾文學獎，其中訣竅即在於此。（關於此點，不妨參看中國時報人間副刊在二月十四日所載拙文「川端康成與傳統美的再發現」。）

在「人倫道德」層面，我們亦需大大修正傳統儒家「道德的理想主義」，配合「政治社會」層面的現代化，在外王之道（亦即我所說的「巨模倫理」）强調「最低限度的倫理道德」，但在內聖之道（亦即「微模倫理」）仍可倡導「最高限度的倫理道德」，通過家庭與社會雙層教育鼓勵人人變成仁人君子。同時，在現代化的多元開放社會裏，儒家必須自我轉折，肯認良知本位的偏動機論與功利主義的偏結果論可以融合，亦應自動謀求孔孟以來著重個別行爲的處境倫理與規律中心的西方倫理之間的辯證的綜合。這是一件大大轉換我們傳統心態的艱巨課題。

我已說明過「人倫道德」之上特別標出「實存主體」層面的重要性。我們雖在儒家有志之士可以發現道德主體的挺立，也在莊子與禪家可以看到自由自在的生活藝術，但在廣大的中國人民大衆獨立獨特的實存主體幾乎埋沒不顯。在這一點，我們實有必要好好學習一向注重個性發展與獨立人格的西方之「體」，打破「大傳統」（少數精英）與「小傳統」（「可使由之而不可使知之」的人民大衆）之分，而通過新時代的啓蒙教育提醒人人體認「實存主體」層面的重要可貴。此一層面的挺出，亦有助於生命其他各大層面的深化與豐富化。

最後，在生命的最高兩層，我們必須重新探討中國文化之中哲學（形上學）與宗教的眞正分合所在，同時應該促進現代化的宗教研究，而在終極意義與終極存在的探索，通過與其他各大傳統的對談、交流與相互衝擊，謀求中國哲學與宗教思想的進一步深化與豐富化。就這一點說，以儒道佛三家爲主的中國傳統思想與文化仍有無盡的寶藏，有待我們重新發掘。

（一九八五年六月四日於費城郊外，原載「哲學與文化」月刊第十二卷第十期）

科技化資訊社會與價值取向問題

由於近二三十年來空前的高度科技革命（high-tech revolution），歐美日等先進國家漸從「工業社會」（industrial society）轉向「資訊社會」（information society），象徵了所謂「後現代化世紀」（the postmodern century）的來臨。包括臺灣在內的「亞洲四條龍」也都在隨後急起直追，不久的將來勢必一樣會過渡到資訊社會的新階段。記得十二年前我曾對一位極左派中國朋友勸說過，馬克思當初做夢也沒想到，一百年後的今天，資本主義社會的科學技術與高度生產力的配合居然會如此扭轉整個人類社會的歷史命運，幫助資本主義社會往向後現代化的資訊社會而不朝向他所預言的共產主義社會前進，否則他又何必發表《哥達綱領批判》（一八七五），提出「各盡所能，按勞分配」（社會主義的過渡時期）與「各盡所能，按需分配」（共產主義社會高級階段）等經濟分配原則，當做未來社會的基本措施呢？我的意思是說，資本主義國度的科技革命所催生的種種新的社會福利與價值觀念，對於適予解決馬克思（與恩格斯）當初所指摘的資本主義工業社會本身存在著的內在難題，確有積極有益的針砭作用，間接幫助了資本主義的繼續發展，而免於無產階級的暴力革命。相比之下，從東歐各國到中國大陸的共產主義社會（嚴格地說，應稱過渡意義的社會主義社會）這些年來反向資本主義乖乖學習，十分嫉羨資本主義體制下科技革命的順利發展。總之，戰後的世界歷史顯示我們，資本主義體制下的科技革命取代了馬列主義的（國際性）工人革命，也同時暗示著，後現代化的資訊社會才是下一世紀的人類所必需的社會工程藍圖，而資本主義與社會主義水火不相容的現有敵對狀態，也終必解消到高度科技的資訊社會之中。此一了解當然有助於我們共同促進世界和平乃至世界大同的新時代願望。

一、未雨綢繆迎接新時代

我們雙手歡迎科技化資訊社會早日來臨的同時，也應關注此一新社會形成之後的價值取向（value-orientation）問題，因爲科技資訊在歐美日等先進國家所催生的價值觀念仍未定型，仍無共識共認的取向跡象。以美國人民爲例，他們多半還無完全順應科技資訊的心理準備，也還弄不清明確的價值取向應該如何。譬就「醫藥倫理學」（medical ethics）這新近熱門而言，科技醫藥的發展引起了重新探討「死亡」定義的必要（包括「腦死」之類的新問題），至今仍無定論。關於「安易死」（euthanasia）的道德與法律問題討論，哲學家、神學家、法律專家乃至醫師團體仍各執己見，莫衷一是。其他許多科技醫藥的過度發展所引起的新難題，最近時常搬到電視臺上公開辯論，各說各有理，仍無共識可言。沒有醫藥保險的窮人突發心臟病，送到第一家醫院，該院雖有人造心臟設備可以治他，但病人負不起昂貴的醫藥費，醫生有否義務救他？救他之後，誰要付錢？我在電視上常常看到，一家醫院拒絕之後，窮病人被抬到第二家，又遭拒絕而再抬到第三家，開始診治他時已是奄奄一息了。又如以高度醫學技術可以救治許多嬰兒，但這些嬰兒注定一輩子白癡或殘廢，我們該不該接生，讓他們活下去，而享受不到任何人間幸福，反加上父母的經濟負擔與精神痛苦？如不接生，是否等於殺人？關涉到安易死、墮胎、腦死、人造心臟等等的「生活的質值（the quality of life）究竟是甚麼？」這種新問題，是科技資訊無法給予回答的價值問題。諸如此類環繞著科技醫藥、國家法律、耶教神學、倫理道德、經濟收支、社會福利等等的後現代問題，都是高度科技的資訊社會（尤其目前的美國社會）形成當中必然產生的棘手難題，實非二十年前的人們始料所及者。科技資訊與價值取向如何適當地互相配合或調節，可以說是近代西方哲學家如英國的休姆（Hume）或德意志的康德（Kant）所提出的，「實然」(is) 與「應然」(ought)，或「事實」(fact) 與價值（value）之間如何聯貫的老難題在科技化資訊社會的一種後現代反映，並不是祇靠少數聰明的科學家、哲學家、宗教家或法律學家所能速斷速決的，而是需要大家的集思廣益，不斷探討下去的。中國俗諺所云「三個臭皮匠，勝過諸葛亮」，對於「資訊社會形成過程當中如何獲致價值取向上的共識共認」這個課題，供給了一個起碼的解決線索。

我國在還未正式邁進後現代化的資訊社會之前，如能預先有所準備，上下關注價值取向問題的重要性，經由人人參與的高度民主討論方式逐步形成正確有益的共識共認，同時適予吸取歐美日等先進國家的寶貴經驗，則一旦進入資訊社會階段之後就不致手忙脚亂，不知所措了。做爲二十多年的哲學教育工作者，我格外覺得，我們該下的第一步棋是貫穿家庭、學校與社會三層的資訊啓蒙教育工作，爲了這個工作的貫徹與成功，從大學教授到小學教員，從公私機構的主管人員到每一家庭的家長或主婦，都應接受最起碼的科技資訊知識訓練。爲了此項訓練的推行，政府也應大大鼓勵並撥款支助才是。

七十三年三月中旬，我在由「中國論壇社」與聯合報合辦的一次公開演講，提及我數年前構想出來的「生命的十大層面與價值取向」這個模型，依此模型，做爲萬物之靈的人類生命的價值取向，必須涉及下列十大層面：⑴身體活動層面；⑵心理活動層面；⑶政治社會層面；⑷歷史文化層面；⑸知性探求層面；⑹美感經驗層面；⑺人倫道德層面；⑻實存主體層面；⑼生死解脫層面；以及⑽終極存在層面。我且根據這些年來在美國的生活體驗、教學經驗與實際觀察，談談在十大層面上的價值取向與科技資訊如何並進，如何互相配合或調節，聊供國人參考。

二、促進東西方互為體用

在身體活動層面，科技醫藥的高度發展自然推進了有關保健工作與老年醫學（gerontology）的研究，而心電圖的廣泛使用，人造心臟的發明，癌症治療的可能突破（據說不出兩三年當有突破）等等驚人的醫學奇蹟，加上物質生活的大大改善，已使不少醫學專家開始預言，下一世紀人類的平均壽齡可以達到一百五十以上。順此科技醫學的新趨勢，代表東方傳統的印度瑜伽術、道教養生壽老術、針灸等中國醫術、氣功學、太極拳乃至日本的指壓術也應運再生，已在加州與紐約等美國大都市地區普遍流傳。我的老友劉北兄前年還在美國電話公司做事，曾對我說，他的公司仿效日本公司工廠保護員工健康的辦法，也特請了一位印度瑜伽術專家，每天中午休息時間指導員工操練瑜伽，一小時的報酬是兩百美元。劉北自己還表演了一次讓我們幾位朋友飽眼福，且謂猛練了瑜伽不到半年，不但中年人的肚皮已大大縮小，夫妻的感情與性愛關係也更進一步，如魚得水云云。七月中旬在紐約州立大學石溪分校舉行第四屆中國哲學國際會議時，該校文學院長納布爾（Neville）爲我們特別表演了一次苦練十年的太極拳。而我此刻博士班學生之一孔非德（Kornfeld）君一方面在準備莊子的學位論文，另一方面又在學習日本的指壓術，已開始以此多賺外快（每小時收入有三十多元）且自謂，獲學位後將把莊子的道家哲學與指壓術等聯成一片，建立他的「知行合一」論云云。這些實例足以說明，科技醫學在資訊社會的急速發達，帶來了東西醫學與健身術的後現代化融合。我國直到現在，中醫與西醫似仍分道揚鑣，還看不到熔爲一爐的突破跡象，反被已進資訊社會的美國搶先一步，向我國示範一番。我在這裡想强調的一點是，科技資訊的高度發展當會促進東西雙方更多更好的互相了解，而逐漸解消東西雙方從身心活動到思想文化等等生命各層的差異，實有助於造成價值取向上「東西互爲體用」的後現代化趨勢出來。

三、培養多元開放的胸襟

在心裡活動層面，首先應該强調的是，科技醫學的高度發展顯示我們，多半的病症原是身心相關的（psychosomatic），常是心理情感的因素所引起的，包括（中老年的）皮膚病、胃潰瘍、心臟病甚至癌症等等在內。因此，近年來在美國已有逐漸擴充身體治療（physical therapy）而爲心身治療（psychosomatic therapy），甚至强調心理（精神）治療（psychotherapy）之勢。而心理治療所經常依據的心理分析理論，也從當初弗洛依德（Freud）偏重個人自幼少以來在性愛欲求滿足與否的古典分析解放出來，一方面產生了弗洛姆（Fromm）等人所代表的新派心理分析學說，結合了個體心理與社會心理的雙層分析，另一方面也有了心理分析深化而爲實存分析與「意義治療法」的新趨向，對於人的三層內在問題（即普通意義的心理問題，高層次的精神問題，與貫穿兩者的實存問題）建立了更深更廣的心性了解。

我們知道，對於我們的後現代化價值取向，科技化資訊社會所能提供的最具普及效益性的教育工具，當然是以電視節目爲主的種種有關大衆傳播的資訊媒體（information media）。這一兩年來，不但教育電視臺，商業性質的電視臺也不時安排有關身心問題的種種科技資訊節目，通過電視教育讓一般美國人慢慢了解資訊社會特有的身心問題及其解決線索。譬如我最近看過的「弗洛依德」（共六小時）、「頭腦」（共十二小時）等極有資訊教育意義的電視節目，能够逐漸提高人們的觀賞興趣，很值得臺灣電視教育的主管人員參考學習。國人如有順應資訊社會的心理準備，則必須逐漸改變電視觀賞的基本態度，少花時間在「楚留香」的武俠節目，多花時間在與每一個人的身心問題息息相關的科技資訊教育節目，否則如何了解價值取向配合科技資訊的重要性呢？當然，電視觀衆的興趣轉變也要靠電視臺能有計劃地製作安排優良有趣的教育性節目，而有計劃規模的教育節目也需要各大公私機構的强力支持與電視教育工作人員的獻身努力。

其次應該强調的是，科技資訊的充分了解有助於我們改變有關身心問題的種種傳統偏見。擧例來說，依照弗洛依德的心理分析，同性愛（homosexuality）乃是一種反常的性行爲（perversion），但此一說法近年來已被推翻。記得兩年前在我的朋友廖醫師家吃飯時，他提到他與美國醫療同行常要觀看與他們專業訓練有關的電視資訊節目。有一次看了同性愛的實況節目之後，他發現了具有同性愛傾向的人與遺傳因子的密切關聯，使他改變了以往鄙視同性愛的偏見，開始懂得同情地了解云云。我聽了之後雖半信半疑，但至少領悟到，科技資訊的知識提高有助於逐步改變我們所固執著的（傳統）價值判斷，也有助於培養多元開放的後現代化胸襟。

四、開拓高度民主化氣氛

在政治社會層面，美國這些年來充分利用電視節目爲首的種種資訊媒體，促進人們對於關涉政治社會的巨（大規）模倫理問題以及法律問題的知識共享與公開辯論，以便一方面逐漸形成對於有關問題的共識共認，另一方面又製造出人人有責人人參與的高度民主化氣氛，可以說是美國民主政治在八十年代的「更上一層樓」，實對空喊「社會主義的無產階級專政必然導致共產主義高階段」口號的馬列信徒構成一大諷刺與衝擊。

人們對於科技資訊的知識愈多愈高，就愈有上自總統下至鄉鎮級的從政人員經常「自我說明盡職與否的義務」（accountability）要求。這就是說，國家社會的科技資訊化必然催生人人參與的高度民主，任何人都阻止不了這個大趨勢。「自我述職的義務」精神已構成了美國近年來的首要政治德目，可以說是傳統儒家「正名」主義的後現代化翻版，也提供我們適予解決儒家的時代課題的一個線索。以我個人的經驗爲例，敝校（天普大學）的很多科系已有本身制定的憲法，我的系就是如此，大家投票（教授各有一票，大學部與研究所學生代表亦各有一票），選出系主任，任職兩年之後，祇可連任一次，以便避免學術獨裁。校長或院長絕不干涉各系內政，而系主任對系中同事與學生具有「自我述職的義務」，如有任何失職問題，立即遭遇指摘。不但系主任，每一教授都得如此以身作則，徹底了解「述職義務」乃是維持學術自由與尊重自我人格的必需條件，也是法治觀念的重要成素。總之，多元開放的政治胸襟，「自我述職」的正名精神，善意而富建設性的社會批評，公開辯論的民主氣氛，實事求是的資訊調查等等，都是已進科技化資訊社會的目前美國在政治社會層面的價值取向表現出來的一些優點，值得我們虛心學習。

五、消弭傳統現代間僵局

在歷史文化層面，由於美國是祇有兩百年歷史的移民國家，文化淵源來自西歐，故在價值取向上難與中日印等歷史悠久文化綿延的老國家比觀。這裡我倒想借去年在加州發生過的一樁日本家庭悲劇，來說明歷史文化層面的價值取向難題。美國報紙曾報導說，有一對移民美國十年以上的日本夫婦，當妻子聞悉丈夫外遇約有三年之後，抱著兩個小孩跳入海洋而「集體自殺」，小孩皆死，母親卻被救起，已由加州檢察官提起公訴云云。又據說法官為此事件頗感棘手，因為對於此類由於傳統日本文化影響而引起的「集體自殺」事件，美國法律應否完全適用的法律問題，毫無前例可資參考之故。我所以提此事件，旨在暗示科技資訊已有高度發展的日本社會，直到今天仍然未能適予解決涉及傳統文化的價值取向如何配合科技資訊的現代生活課題。上述一對夫妻雖住在美國，腦袋裡裝滿的是幼少以來的典型日本教育所灌入的古老觀念，如「義理與人情」的葛藤、集體精神與連帶責任、恥辱文化（shame-culture）的遺留、傳統日本的生死觀等是。又如典型的日本丈夫最有男性沙文主義的傳統觀念（譬如下班之後先去酒吧過過癮而不回家吃晚飯的慣例），實與科技化資訊社會所必然導致的男女平等觀念格格不入。然而目前的日本社會還無法解消此一矛盾，在關涉歷史文化層面的價值取向仍無較為可取的共識共認可言。

鄰邦日本的上述掙扎對於我國來說，實為一大殷鑑，足發國人深省。譬如說，我們如不早日解決儒家思想與傳統文化的現代化課題，形成新的共識，則一旦進入全盤科技化的資訊社會階段，必定產生傳統的價值觀念與後現代化的科技資訊之間無從協調而混亂一團的僵局。此一課題特別關涉生命更高層面，尤其人倫道德層面，容後申論。

在知性探求層面，科技資訊方面的經驗知識有助於我們祛除種種傳統以來的偏見或偏失，尤其是傳統儒家動輒忽略「聞見之知」的偏失。但是，過度偏重科技資訊的研究發展，也容易產生兩種弊端。其一，由於科技資訊的實用性與實利性，一般大學生已有爭相攻讀電腦、遺傳工程等等新熱門的傾向，而純粹理科（如理論性的數學、物理學或化學）或哲學等等無甚實用實利可言的學術部門反被冷落，很少有人問津的危險。包括敝校在內的一般美國大學常留不住電腦、工程方面的教授，主要原因是薪水遠比不上大公司或工業界。連具有純粹數學理論或邏輯專長的學者，也常禁不起工業界高薪高職的誘惑而半途改修電腦之類，而全然抛棄原有興趣。總之，科技資訊的過度發展已造成了「物質生活的舒服享受優先於純粹理論的知性探求」這種片面的價值取向，構成一種後現代的危機，如不早日設法解決，一二十年之後將不堪設想。

其二，科技資訊的過度偏重，也會造成忽視生命更高層面的價值取向問題。以我十四歲的兒子爲例，論資稟遠在乃父之上，但看到了乃父以哲學教育謀生未免太清苦，發誓不搞哲學，不攻文法，却已學到一套相當高明的電腦知識，也已懂得電腦資訊的出路前途無量，令我又喜又憂。喜的當然是未來的出路，憂的是怕他長大之後會有價值取向的偏差。

六、維繫文化遺產的存續

在美感經驗層面，科技資訊促進了後現代的嶄新美感，在室內裝飾、建築藝術、電子音樂、文藝創作（如科幻小說）、電影製作（如「星球大戰」之類的科幻電影）等等方面貢獻不少。然而文學藝術的創作水準也很容易因科技資訊所導致的普及化大衆化而大大降低，遷就庸俗的娛樂趣味。記得三年前參加在夏威夷大學舉行的朱子大會，會後要離開大學賓館時遇到中國思想史專家施華滋（Benjamin Schwartz）教授，閒聊了些時。當話題轉到美國大學生的讀書態度時，我忽然問了一句：「你在哈佛教了這麼多年，但不知你覺得莎氏比亞（的作品）在此後二十年內是否有生存下去的希望？」（"Can Shakespeare survive in the next twenty years?"）他沈默了兩分鐘，還是回答不出來，似乎表示頗有同感之意。他當然猜悉我的質問蘊含著，在科技資訊的後現代心態蔓延的情況下，古典文學、古典音樂乃至其他傳統文化所留下來的寶貴遺產很有「斯文掃地」的危機。好在這些年來由於電視電纜（TV Cable）的流行，每個月祇花十塊美元左右就可收到幾十個電視臺的豐富節目，其中好幾種節目屬於純粹文學藝術音樂方面，對於特具古典美感的觀衆來說實爲一大享受。這裡我們又可看到電視教育的重要性。

七、謀求倫理的中庸之道

在人倫道德層面，我想使用我自己構想出來的四組倫理學概念，簡單說明科技資訊與價值取向之間應有的協調。第一，注重科技資訊的後現代化社會（如美國）所強調的是結果中心（consequence-centered）的效益倫理；傳統儒家則偏重動機中心（motive-centered）的良知倫理。第二，前者偏重（團體）規律中心（rule-centered）的稱職倫理，後者則偏重（個體）行動中心（act-centered）的處境倫理。第三，前者要求「最低限度的倫理道德」（minima moralia），後者則講求「最高限度的倫理道德」(maxima moralia)。第四，前者注重政治社會意義的巨模倫理（macro-morality），後者則注重具體個人關係意義的微模倫理（micro-morality）。我深深覺得，我國進入後現代化階段之後所應建立的倫理共識，是上面四組倫理取向的對立解消，謀求一種辯證的中庸之道。我將在「儒家倫理學的現代化課題」一文另外詳論。

八、重建人生與存在意義

在實存主體層面，我想強調的是，科技資訊的高度發展，一方面有助於促進人人參與的高度民主，另一方面又有埋沒每一獨特生命的實存本然性（existential authenticity）的潛在危險性。記得好多年前讀過沙特（Jean-Paul Sartre）在戰後不久訪問美國之後寫成的一篇「美國的個人主義與劃一主義」，他從實存主義（又譯存在主義）的觀點指摘美國人是典型的劃一主義者（conformist），沒有獨特的個性（即實存的本然性），一切拉平劃一，庸俗不堪。沙特的批評未免太過，但劃一主義的實存危機在科技資訊至上的後現代化社會當會存在，不得不令人警惕。君不見電視廣告的誘惑所帶來的劃一主義？君不見一天八小時操作了電腦或機器人之後，人很容易祇找庸俗刺激消磨時間？總之，科技資訊的高度發展能否與生命更高層面的價值取向適予配合協調，無可諱言，將是後現代化社會的一大課題，這又涉及下面的一點。

在生死解脫與終極存在層面，我們可以發現科技資訊所干涉不了且無能為力的，萬物之靈對於高層次生命意義與價值的探索需求。這就部分說明了為甚麼到了七十年代，隨著科技資訊的急速發達，有關精神治療、宗教（的終極關懷）、東方思想（如道家、道教與禪宗）方面的學科會在美國變成了熱門，尤其有關生死解脫的新興熱門，如「一般死亡學」(general thanatology)、「臨牀死亡學」(clinical thanatology)、「死亡教育」(death education)、精神醫學 (psychiatry) 等等，會應運而生，到處流行了。我國還未正式進入科技化資訊社會，故在價值取向上還未眞正注意到上述熱門的需求性。我却深信，在不久的將來我國也一樣會開始熱烈探討「死亡學」或「死亡教育」等後現代的高層次精神課題。我們將日日操使電腦與機器人，但做爲萬物之靈，我們又不甘心祇與它們爲伍，這就是爲甚麼我們不得不探討資訊社會的價值取向問題，尤其是生死解脫與終極存在的生命最高層次問題。(關於此點，有興趣的讀者參看拙作「(禪) 佛教、心理分析與實存分析」，已在東吳大學「傳習錄」第四期刊載)

(一九八五年於費城近郊，原載「中國論壇」第二十一卷第二期)

馬列主義在中國大陸的思想困局

一、前　言

一九七六年八月中國共產黨主席毛澤東去世，而在十月以誓死捍衞馬列主義與毛澤東思想爲己任的四人幫及其徒衆也隨着急速垮臺。這不但象徵了導致十年浩刼的無產階級文化大革命的悲慘末運，也同時在大陸的中國人民以及海外華僑的心中引起了一個極其嚴重而令人憂患的問題：“中國大陸往何處去？”。依我的了解，要對這個問題獲得徹底的解答之前，我們首須應付當前意識形態上更切要的問題：“馬列主義往何處去？”。

上述問題其實早在文革初期曾由信奉馬列主義與毛澤東思想的極左派紅衞兵們提出過，最顯著的例子是湖南省無聯所發表的《我們的綱領》，以及該聯精英份子楊曦光所寫的一篇《中國向何處去?》。在一九六七年“一月風暴”期間，上海一帶已經開始醞釀建立“中華人民公社”（類似“巴黎公社”的政治機構）的構想與運動，志在以人民大衆的革命力量砸爛腐舊的國家機器（亦即新官僚階級所把持的黨機構）。但是，二月逆流慘狀充分暴露了馬列主義在中國大陸所產生的困局，也同時暗示了，響應毛澤東號召而推動文革的無數紅衞兵們行將遭遇極大挫折與破滅命運。令人費解的是，當時毛自己突然改變"初衷"，贊成設立"革命委員會"，不再推行巴黎公社式的全國性公社運動，因而促使信奉馬列主義的極左派紅衞兵們開始對毛的"誠意"表示懷疑。楊曦光在他那篇文章裡（可能是在一九六七年年底左右寫成），順着一月風暴期間的公社構想，公開宣佈："建立'中華人民公社'的目的，只有用暴力推翻革委會的資產階級專政和修正主義制度才能到達。"❶他根據馬列原則主張，"我們決不是想立即消滅階級，消滅資產階級法權，消滅（工農、城鄉、勞心勞力等）三大差別，這在共產主義實現之前，確實是不可能實現的。那只能作爲我們最高綱領。我們的最低綱領是要推翻新官僚資產階級的統治，縮小三大差別，當然不可能消滅剝削階級。不可避免地在第一次無產階級文化大革命勝利以後，又會產生新的階級變動，正是那種新的階級變動又引起新的社會改革這樣推動歷史向前發展。"❷據說楊曦光被判刑十年，而湖南省無聯與其他高標馬列主義旗幟的紅衞兵集團也一樣蒙受"反革命"的罪名，終致四分五裂而全部瓦解。

宣告文革結束的中共當局，這些年來雖在表面上仍然提出馬列主義的"四個堅持"，但是最近的種種實際政策與措施，包括今年（一九八四）十月第十二屆三中全會所通過的"中共中央關於經濟體制改革的決定"在內，祇令人感到，中共在"四個現代化"方面已向資本主義低頭，但意識形態上却始終揚棄不了馬列主義的老教條，在思想統治與文藝政策方面出爾反爾，馬列規準時寬時緊，產生了不少葛藤與矛盾。在這種情形下，中國大陸的一大半知識份子也祇有以"少管閒事，明哲保身"的

---

❶ 丁望主編，《中共文化大革命資料彙編》第六卷《中南地區文化大革命運動》，頁427。

❷ 同上，頁425。

消極態度應付實際工作或學術研究，而不敢正面提出由衷之言，全心全力爲國家社會的未來發展奉獻自己，俾盡匹夫之責。這就是爲甚麼我不得不强調："中國大陸往何處去？"這個根本課題的解決關鍵，是在對於馬列主義何適何從的首要問題有一明確合理的解答。拙文的旨趣即在，對於馬列主義的基本理論（辯證法唯物論與歷史唯物論），馬列主義與修正主義的鬥爭，毛思想與文化大革命，民主集中制的兩難，傳統思想文化遺產的繼承問題，馬列主義的文藝政策等等彼此不可分離的專題，一一試予客觀冷靜的分析與建設性的批判，藉以展望未來中國所可尋走的發展路向。

二、辯證法唯物論的獨斷性

馬克思生前從未正式提出"辯證法唯物論"（dialectical materialism）思想；他的主要學說可概括之爲"唯物（論的歷）史觀"（materialist conception of history）。他畢生的研究焦點是，通過對十九世紀資本主義的生產方式與意識形態的透視，進一步探索人類社會發展所循的歷史規律；因此，他毫無閒緻顧及自然界的問題。馬克思主義發展史上第一個提出辯證法唯物論觀點的是他的親密戰友恩格斯。恩格斯曾在《反杜林論》、《自然辯證法》、《路德維希・費爾巴哈與德國古典哲學的終結》等書展開了有關自然現象的辯證思想。

列寧繼承恩格斯的自然辯證法思想，也在《哲學筆記》等論著發揮辯證法唯物論思想，特別强調它的（無產）階級性與（共產）黨性，據此大事抨擊非馬列主義的神學，形上學，或自然哲學世界觀爲意識形態上一味維護資產階級既得利益的，既反科學眞理又是反動落伍的邪說謬論。到了斯大林，更在一九三八年所發佈的官方文書《蘇聯共產黨史綱要》之中特別加上"辯證法的與歷史的唯物論"（dialectical and historical materialism）這一長篇，首次較有系統地教條化了辯證法唯物論為整個馬列主義的奠基理論。至於歷史唯物論，則規定之為依據辯證法唯物論推演而成的有關歷史與社會的馬列主義理論。這是馬克思主義思想轉化而成馬列主義的哲學教條的關鍵所在。

斯大林的上述長篇發佈不久，就被世界各地的共產黨組織採用為教科書。尤其在延安時期的中共圈內，此篇的中譯本是所有黨員的首要必修教材。據我推測，毛在那時可能細讀中譯本之後，經過一番理論的消化與重新整理，草成"辯證法唯物論（講授提綱）"（一九三八年），當做延安黨校親自講授馬列主義哲學的基本教材。毛的這篇沒有收在中共現行的《毛澤東選集》，却曾被收在文革初期紅衞兵之間廣泛流傳的《毛澤東思想萬歲》第三輯末尾，❸一九七二年又被收入日本北望社所編成的《毛澤東集》(共十卷)。❹現行《毛選》收有"實踐論"（一九三七年七月）與"矛盾論"（一九三七年八月）兩篇，但北望社的《毛澤東

---

❸ 《毛澤東思想萬歲》(以下簡稱《萬歲》)，在文革期間曾經流傳海外。我現有的版本，由香港某家左派書店（未詳）據日本小倉企畫版重印，曾在紐約等地的中文書店售賣。這個版本分成三輯：第一輯（一九六七年）共有280頁；第二輯（一九六九年）則有716頁（第717頁起可能脫落，沒有印出）；第三輯（一九六七年）共分兩部分，第一部分共46頁，第二部分共59頁。《萬歲》英譯本共分兩大册（不全），由美國聯邦政府商業部供應，書名 *Miscellany of Mao Tse-tung Thought* (*1949-1968*) in 2 parts, (Arlington: Joint Publications Research Service, February, 1974).

❹ 日本北望社的《毛澤東集》以下簡稱《毛集》由竹內實監修，毛澤東文獻資料研究會編集，一九七一年十月初版，又在一九七六年由香港一山圖書翻印供應。此集保存一九一七年到一九四九年十月的毛著原文，一字不改，且較現行北京版《毛選》(四卷或合卷）齊全，文獻價值遠比後者為高。據編輯例言："與現行《毛澤東選集》相異之處的表記，是以傍注及眉注、補注表明。"

集》却未收入，令人懷疑毛這兩篇在一九三七年並不存在，而是經過多次改寫之後，在一九五二年《毛選》第一卷印行之時才正式出現的。總之，毛的"辯證法唯物論（講授提綱）"大體上很忠實地依循斯大林所制定的馬列主義官方教條，另外兩篇則附加了一些毛自己根據革命實踐的親身經驗所獲致的新見解。這些新見解，連同毛率領中共奪取政權之後直到文革爲止，隨着不同的革命發展階段逐步產生的新思想，如"一分爲二"論、"上層建築的意識形態不斷革命"論與蘇修批判之類，構成了所謂"毛澤東思想"。

毛的"講授提綱"開宗明義宣言"全部哲學史，都是唯心論和唯物論這兩個互相對抗的哲學派別的鬥爭和發展的歷史。一切的哲學思想和派別都是這兩個基本派別的變相。"❺正統的馬列主義者完全順受這個基本信條。馬列主義者認爲，唯心論和唯物論都是作爲階級鬥爭的理論工具而存在，兩者在歷史上始終分別反映着反動的剝削階級與進步的革命階級在政治、經濟等利害上的鬥爭。兩者的思想鬥爭在一切階級區分消滅以前一直會存在；兩者的社會根源，存在於階級矛盾的社會結構之中。唯心論以虛妄無據的觀念遊戲取代科學眞理，純爲剝削階級用來迷醉被壓迫階級，使其失去革命的鬥志；唯物論的產生，則源於勞動生產、階級鬥爭與科學實驗的社會實踐。在唯物論陣營之中，祇有辯證法唯物論最具科學精神，正確地反映一切宇宙現象的眞實本質，構成革命階級的宇宙觀，而爲馬列主義者的眞理探索與革命實踐供給最高理論指導原理。辯證法唯物論公然表明共產黨（無產階級的革命先鋒隊）的強烈黨性與它所領導的無產階級（被壓迫的工農勞動者）的階級性，而充當推翻資本主義組織與建立無產階級專政的精神武器。總之，辯證法唯

❺ 《毛集》第六卷，頁266。

物論被馬列主義者信奉之爲唯一絕對的科學眞理，又是哲學眞理，且又規定了他們的意識形態。

毛在“提綱”又說：“辯證法唯物論是無產階級的世界觀，同時又是無產階級認識周圍世界的方法和革命行動的方法，它是宇宙觀和方法論的一致體。”❻其實嚴格地說，辯證法唯物論與“唯物辯證法“(materialist dialectics) 應有本質上的區別：前者算是一種哲學的宇宙論（但無權擅稱“科學眞理”），構成馬列主義者的根本意識形態；後者則是馬列主義者的基本方法論，並無實質的哲學內容，祇充當革命行動上的策略總指南而已。前者構成馬列主義的獨斷教條，幾近一種宗教狂信；後者必須經由社會實踐的充分檢驗才有理論證立的可能性 (theoretical justifiability)。列寧以來的馬列主義者，包括毛本人（尤其早期）在內，完全混淆了兩者爲“一致體”，在理論與實踐雙層產生許多弊端，容後一一評論。

辯證法唯物論的第一原則是，外部世界的物質（以及做爲物質存在形式的時空）獨立於意識或思維而永恒存在。第二原則是，運動是物質存在最根本而絕對的形式，至於靜止狀態則不過是物質運動的特殊而相對的形式而已。物質運動的發展過程依循自然辯證法的規律（譬如“對立統一規律”），而“能量守衡和轉化定律”等的科學定律，便是辯證法規律的特定具現化。第三原則是，意識是物質世界發展到一定階段之後的附隨產物，是大腦這種具有高度組織的特殊物質的機能。物質是第一性，是意識的根源；意識則是第二性，是客觀世界的攝影、模寫、摹本，是客觀世界的主觀映象，包括感覺、思維等等作用。意識在一定條件下能够反過來，能動地對物質發展進程起巨大的創造作用，但它總是

❻ 同上，頁276。

被客觀存在所制約或決定，故須依循不以人的主觀意志為轉移的必然規律才能發揮正確的能動性。

馬列主義者誤以辯證法唯物論為"絕對眞理"，根本混淆了科學眞理（scientific truth）與哲學道理（philosophical reason）的區別所在。我們知道，科學理論的形成必須始於假設的建構（hypothesis construction），如有經驗事實的充分檢證，又無足以推翻原有假設的經驗反證，就可提升假設為具有客觀精確性的科學定律系統，成為科學眞理。然而科學眞理並不是甚麼"絕對眞理"，因為它的成立必須依賴⑴"時空"、"物質"、"能量"、"原子"、"元素"等人為設定的科學（操作）概念，以及⑵經驗事實的充分檢證與事實反證的不存在等等條件。足以構成反證（falsification）的新事實的出現，新套科學概念的試構成功或原有科學概念的重新界定，或者合乎思維經濟原則（the principle of economy of thought）的新科學定律系統之建立（譬如好幾個原有定律在新系統中可簡化為一兩個定律，反能概括更多的自然現象等是），都有可能引起新的科學革命，形成新的科學眞理，取代老的科學眞理。總之，科學眞理可以說是客觀的，但不能說是"絕對"的；科學定律的精確性有其蓋然率高低條件的制約，說它是（不以人的主觀意志為轉移的）"必然"規律是毫無意義的；科學概念如"物質"，如"能量"，是為了現象說明與科學操作而人為地設定的，把科學概念說成"絕對永恒的存在"，則是無法訴諸實際證明的形上學主張或主觀信念而已。

列寧曾說："絕對眞理是相對眞理的總和。"❼但是，"物質世界永恒存在，是意識的根源"或"對立統一規律是必然規律"等等主張，在辯證法唯物論的系統裏，是一開始就被獨斷地肯定之為相對眞理總合之前

❼ 見列寧《唯物論與經驗批判論》第二章第五節；又見《毛選》，頁272。

之上的“絕對眞理”；而所謂“旣是科學眞理又是哲學眞理”的辯證法唯物論，說穿了其實就是死硬地套在科學眞理之上的一種形上學獨斷論。本來，辯證法唯物論至少可以看成一種哲學的觀點或道理，可與其他哲學觀點或神學主張（如儒家天道觀，大乘佛學的一切法空觀，耶教創世之說，柏拉圖的理型說等等）爭長競短。然而馬列主義者硬要說成“絕對眞理”，不但排除辯證法唯物論以外的所有哲學觀點或神學主張，並且奪取政權之後强迫人民信奉之爲“絕對眞理”，這豈不變成了獨斷論，甚至似而非宗教的一種狂信？我們應該瞭解，祇有科學（尤其自然科學）才有資格叫做“（客觀）眞理”；至於哲學信念或宗教信仰頂多祇能算是可望（但非强迫）共識共認的（建立在人與人之間的）相互主體性道理，却不能說是（科學的客觀）“眞理”，遑論甚麼“絕對眞理”了。

馬列主義者自我誤認辯證法唯物論與唯物辯證法相同一致，因此把方法論意義的辯證法三大規律（即對立統一規律、質量互變規律、與否定之否定規律）硬要講成具有科學與哲學雙層的眞理性，而爲統合（govern）一切科學定律的根本原理。我們這裡又不難看到，辯證法唯物論如何變成形上學的獨斷論了。難道馬列主義者從未了解到，科學定律毋需預設辯證法規律而存在的嗎？爲甚麼共產黨國家以外的科學家們毫無辯證法唯物論的思想訓練，照樣可以從事於科學研究，實際成就還可以更高呢？馬列主義者難道不能了解，似而非科學性質的辯證法唯物論不但無助於科學理論的建構，有時反而變成絆脚石嗎？君不見那位御用生物學家利森可（T.D. Lysenko），❽從斯大林時代到一九六六年，依照辯證法唯物論的“科學”原理編造了一套“無產階級的”遺傳學說，終將

---

❽ 關於利森可問題的詳細研究，參閱俄國生化學家（早已流亡英倫）Zhores A. Medvedev 所著（英譯本）*The Rise and Fall of T. D.. Lysenko*.

蘇聯農業生產搞得一場糊塗，而自己也隨赫魯雪夫之後遭受政治整肅的嗎？辯證法唯物論的"黨性"與"階級性"，又有甚麼科學上的根據與意義呢？

列寧在"卡爾·馬克思"一文中說過："在馬克思看來，辯證法是一門'關於外部世界和人類思維的運動的一般規律的科學'。"⑨列寧在這裡完全誤解了唯物辯證法的本質，它雖不像辯證法唯物論那樣陷於形上學的獨斷，却不能說是"一般規律的科學"。具有形上學思辨性質的黑格爾"唯心"辯證法轉化而爲"唯物"辯證法之後，辯證法仍不能說是科學。毛在"實踐論"說："眞理的標準只能是社會的實踐。實踐的觀點是辯證唯物論的認識論之第一的基本的觀點。"⑩毛在這裡祇說對了一半。社會實踐與辯證法唯物論的"眞理"毫不相干，因社會實踐並不能證明"物質永恒存在而爲意識的根源"是不是"絕對眞理"。但是，毛所說的社會實踐確與唯物辯證法有關，因爲唯物辯證法的深層結構顯示它爲馬列主義者的革命行動所依據的實踐優位（理論祇是爲了實踐）方法論，而非其他。

我們如能嚴予分辨辯證法唯物論與唯物辯證法，則不得不承認，後者充當革命行動的方法指南，曾有助於馬列主義者發揮高度的能動性與取得積極的革命成效，早期的蘇共與奪取政權前後的中共所進行的階級鬥爭等等社會實踐可爲例證。上述唯物辯證法的三大規律，係由恩格斯唯物地揚棄黑格爾的辯證法規律而成；毛則依循列寧强調對立統一規律爲中心規律的思路，進一步簡化三大規律爲"一分爲二"的矛盾律。恩格斯以來的唯物辯證法，到了（晚期的）毛思想，終於變成我所云"革命

⑨ 北京版《馬克思恩格斯選集》（以下簡稱《馬恩選集》）第一卷，頁9。此卷開頭以列寧此篇爲整部《選集》（共分四卷）的序言。

⑩ 《毛選》，頁261。

實踐的一分爲二"論了。毛說:"平衡、量變、團結是暫時的、相對的,不平衡、突變、不團結是絕對的、永遠的。"⑪毛如此偏重永恒絕對的不平衡、突變、不團結或矛盾,目的當然是在無產階級專政的堅持與意識形態的不斷革命,把馬列主義革命實踐當做每天每月每年的"家常便飯"。這就說明了毛爲甚麼特別關注自然與社會的矛盾現象,細分矛盾之種種,譬如主要矛盾與次要矛盾之分,對抗性的與非對抗性的矛盾之分等是。在奪取政權以前,"一分爲二"的矛盾分析與偏重,對於中共說來,算是很有實踐意義。但在社會主義的建設時期,爲了貫徹階級鬥爭與無產階級專政的"使命"而存心專找對抗性的矛盾、突變、不平衡或不團結等負面現象,當作解決政治、經濟等問題的資料或手段,豈非犯了偏執狂的凶險?文革的失敗與收場便是其中一個最慘痛的教訓了。

最後,馬列主義者對於唯心論與唯物論所下的定義與所做的區分,太過單純幼稚,容易滋生誤解與偏見;而他們對於兩者的社會根源與思想鬥爭的本質所作的分析,也無充分的理據,未免以偏蓋全,甚或歪曲史實。例如在第一世紀耶教形成的時期,蜂擁而來接受"唯心"的宗教洗禮的,不是那些羅馬的特權階級,而是卑賤可憐的奴隸階級。今天在南美一帶醞釀着的"解放神學"運動,從馬列主義者看來,應有革命實踐的積極作用。然而,解放神學祇能算是"唯心論",這又如何解釋呢?又如中國歷史上幾次農民革命,意識形態上多半藉助於道教教條(如太平道、天師道等等)。但依辯證法的唯物論觀點,道教算是最迷信最反動落伍的"唯心論"意識形態,亦就是馬克思所說的"謬誤的意識(形態)"(false consciousness)了。

辯證法唯物論明明是社會實踐、階級鬥爭或黨內黨外的鬥爭所無法

⑪ 《萬歲》第二輯,頁213。

證明的形上學獨斷論，馬列主義者爲何死要堅持它具有實踐性、階級性與黨性呢？我們如要了解其中眞相，則必須透過辯證法唯物論的表面結構（surface structure），把它的深層結構（deep structure）挖掘出來。我的看法是，就深層結構言，所謂“辯證法唯物論”，乃是馬列主義者由於堅持革命實踐優位（優先於純粹理論）立場，人爲地投射（humanly project）歷史唯物論的觀點——這基本上也是實踐優位的觀點——到外部的自然界所造成的哲學理論，然後未經批判的反省，反把辯證法唯物論當做歷史唯物論所由推廣衍生而成的原先哲學奠基理論。換句話說，就哲學道理言，歷史唯物論才應該是辯證法唯物論所由產生的原先理論基礎。當然，沒有一個馬列主義者敢予承認或願意接受我這個看法，反會斥我顚倒是非，因爲他們信奉斯大林在《列寧主義問題》所說的一句話：“歷史唯物論就是把辯證法唯物論的原理推廣去研究社會生活，把辯證法唯物論的原理應用於社會生活現象，應用於研究社會，應用於研究社會歷史。”⑫然而，如不採用我的解釋，馬列主義者又如何能够“挽救”辯證法唯物論，使它免於形上學的獨斷性呢？現在且讓我們再來觀察，歷史唯物論的表面結構底下顯現出來的深層結構又是甚麼。

三、歷史唯物論的深層結構

已如上述，唯物辯證法與辯證法唯物論理應有所區別。同樣地，唯物（論的歷）史觀與歷史唯物論也應該有性質上的分辨。前者可以看成一種（包括歷史科學在內的）社會科學方法與理論，特依“唯物”（社會

---

⑫《列寧主義問題》（一九七三年北京版），頁629。原見斯大林的《辯證法的與歷史的唯物論》。

存在決定人們的意識）觀點，設法如實觀察並科學地解釋不同歷史階段的人類社會發展眞相及其前因後果。後者則踰越了純粹科學的探索範圍，經由原先唯物史觀的官方敎條化，變成由辯證法唯物論推演而成的馬列主義歷史哲學與政治社會哲學，更進一步構成馬列主義的意識形態，供給馬列主義者革命必成的信念與無產階級道德的觀念。但是，沒有一個馬列主義者如此分辨過唯物史觀與歷史唯物論，連唯物史觀的創立者馬克思（以及恩格斯）也常混淆了科學理論性質的唯物史觀與哲學思辨甚或意識形態性質的歷史唯物論。不少受過馬克思主義影響的思想家或社會科學家，總要辯護馬克思主義，說它是一種科學方法。他們却忽略了一點：對於已具共產主義的革命思想與價值判斷的馬克思來說，價值中立而純粹客觀的社會科學理論，是無甚意義的。換句話說，他建構唯物史觀的目的，不是純爲科學眞理的發現，而是爲了無產階級的世界改造供給革命理論的指導原理。因此，純粹科學性質的唯物史觀很難看到，多半變成似而非科學意義的歷史唯物論。總之，我們如要發掘歷史唯物論的深層結構，就不得不再從馬克思至毛澤東爲止漸次强烈化、極端化的共產主義的革命實踐優位立場尋找主要線索。馬克思自己在“關於費爾巴哈的提綱”就已說過：“人的思維是否具有客觀的眞理性，這並不是一個理論的問題。……哲學家們只是用了不同的方式解釋世界，問題的關鍵却是在改變世界。”⓭

最能代表較具科學方法與理論性質的唯物史觀，出現在馬克思《政治經濟學批判》著名序言的下面一段：

> 人們在自己生活的社會生產中發生一定的、必然的、不以他們的意志爲轉移的關係，卽同他們的物質生產力的一定發展

⓭《馬恩選集》第一卷，頁15。

階段相適合的生產關係。這些生產關係的總和構成社會的經濟結構，即有法律的和政治的上層建築豎立其上並有一定的社會意識形式與之相適應的現實基礎。物質生活的生產方式制約着整個社會生活、政治生活和精神生活的過程。不是人們的意識決定人們的存在，相反，是人們的社會存在決定人們的意識。社會的物質生產力發展到一定階段，便同它們一直在其中活動的現存生產關係或財產關係發生矛盾。於是這些關係便由生產力的發展形式變成生產力的桎梏。那時社會革命的時代就到來了。隨着經濟基礎的變更，全部龐大的上層建築也或慢或快地發生變革。……無論哪一個社會形態，在它們所能容納的全部生產力發揮出來以前，是決不會滅亡的；而新的更高的生產關係，在它存在的物質條件在舊社會的胎胞裡成熟以前，是決不會出現的。所以人類始終只提出自己能够解決的任務，因爲只要仔細考察就可以發現，任務本身，只有在解決它的物質條件已經存在或者至少是在形成過程中的時候，才會產生。大體說來，亞細亞的、古代的、封建的和現代資產階級的生產方式可以看做是社會經濟形態演進的幾個時代。[14]

我們可以據此列擧科學性質的唯物史觀幾個要點或規律。(1)一切社會發展和變革的最後最根本的決定因素是生產方式。馬克思所云“生產方式”，包括生產力和生產關係。生產力卽不外是勞動者和生產工具爲主的勞動資料；至於生產關係則包括生產資料的所有制（私有制或公有制），種種社會關係，生產分配形式等等。(2)生產力與生產關係的矛盾是生產方式發展和變革的原因。生產關係一定要適合生產力的發展要

[14] 同上第二卷，頁82-83。

求：如適合時，就能推動生產力的發展；不適合時，就變成生產力發展的桎梏。兩者之間的矛盾形成嚴重的對抗性時，就會引起生產關係的變革。換句話說，生產力發展到一定階段，遲早必然引起生產關係的變革。(3)社會的經濟基礎決定上層建築的基本性質，而它的變化也決定後者的變化。經濟基礎指謂生產關係各方面的總合，上層建築則是建立在經濟基礎之上的政治法律制度以及與之相適應的社會意識形態，包括哲學、宗教、道德、文學、藝術等等觀念。依照唯物史觀的看法，社會主義以前的人類社會經過原始社會（原始公社的生產資料公有制）、奴隸社會（奴隸主占有勞動者與生產資料）、封建社會（封建主占有生產資料而不完全占有勞動者）、資本主義社會（資本家占有生產資料）等四個階段。

反對馬克思主義的社會科學家與歷史學家都不得不承認，上述唯物史觀具有相當的科學性格，因為它能顧慮到社會發展進程的多面性、（各種發展要素之間的辯證）關聯性以及規律性，雖然不能算是最强而有力的歷史解釋理論，總多少具有經驗事實的檢證根據。馬克思的唯物史觀對於一百多年來的社會科學與歷史研究所形成的强烈衝擊與深遠的影響，乃是一件不可否認的事實；而西方資本主義社會所以能够經過三番五次的自我改革（如社會福利的改善），解決了不少本身的嚴重困難或弊端，始終免於無產階級的暴力革命，不能不說是部分歸功於馬克思（以及恩格斯）對於十九世紀資本主義經濟結構與政治制度等等的負面現象所做過的剖析與批判。

我們不應忽略的是，馬克思的唯物史觀還包括有階級分析和階級鬥爭（史）的理論，（未成定論的）上層建築反作用說，對於資本主義社會之後的歷史發展所嘗試的"科學"預斷，以及共產主義的革命實踐論。這些偏向革命實踐的學說，到了馬列主義發展之後構成歷史唯物論中最重要的部分，而到了毛澤東思想，更有進一步的修正或突破，終將歷史唯物論的深層結構暴露出來。

馬恩《共產黨宣言》謂：“到目前爲止的一切社會的歷史都是階級鬥爭的歷史。”⓯如果我們暫且承認這句話可以當做科學性質的唯物史觀所包含的內容，則“階級鬥爭”概念，連同“生產力”、“生產關係”、“社會階級”、“上層建築”等等，皆應看成馬克思新創（或附加新義）的社會科學操作概念，藉以對於往逝的歷史事實進行專以“唯物”方法論模型爲基準的一種科學的解釋。包含階級鬥爭在內的唯物史觀是否成立之爲一種科學理論，當然要看它是否經得起歷史事實的嚴密檢證，以及是否免於事實的反證。依此看法，恩格斯在《社會主義從空想到科學的發展》所說的下面一段話，仍可放在科學性質的唯物史觀範圍之內，而讓我們去考察唯物史觀的客觀眞確性到底多高：

> 新的事實迫使人們對以往的全部歷史作一番新的研究，結果發現：以往的全部歷史，除原始狀態外，都是階級鬥爭的歷史；這些互相鬥爭的社會階級在任何時候都是生產關係和交換關係的產物，一句話，就是自己時代的經濟關係的產物；因而每一時代的社會經濟結構形成現實基礎，每一歷史時期由法律設施和政治設施以及宗教的哲學的和其他的觀點所構成的全部上層建築，歸根到底都是應由這個基礎來說明的。⓰

然而當馬克思（與恩格斯）開始應用唯物史觀到還未來臨的歷史，而對未來的歷史發展趨向嘗試“科學”預斷時，無形中暴露了唯物史觀的理論局限性，甚至似而非科學性。譬如馬克思自己不但預斷，並且望穿秋水地期待生產力已有高度發展的西歐各國隨時爆發國際性的無產階級

⓯ 同上，頁250。
⓰ 同上第三卷，頁423。

暴力革命；而他對於當時的舊俄左傾份子所提“資本主義還未成熟的俄國有否進行革命的希望”的疑問，時以否定的或懷疑的口胳置答。一百年來的世界歷史却告示我們：⑴馬克思生前產生過惟有一次的“巴黎公社”無產階級革命，範圍祇限於巴黎一帶，且曇花一現，結局悲慘；⑵他所期待的西歐各國工人革命直到今天還未爆發，遑論成功；⑶反在封建落後而生產力極低的農業國家，如俄國，如中國，馬列主義者却利用階級鬥爭學說當做革命實踐的精神武器，終於奪取了政權。更且，列寧跳過馬恩當年的“共產主義者同盟”構想，建立了號稱“無產階級的革命先鋒隊”的布爾什維克黨（卽後來的蘇俄共產黨）；同時修正了馬克思“資本主義各國的國際性工人革命同時爆發”的預斷，主張“經由資本主義最脆弱的一環（專指舊俄）的突破，先求一國社會主義革命的勝利，然後步步進行國際性的共產黨革命”。馬列主義者依據列寧的新革命理論，一一付諸實踐，直到一九七〇年代越南戰爭的結束爲止，幾乎節節獲勝。如說唯物史觀很有科學的眞確性，則爲什麼馬克思當初的“科學”預斷完全落空？如說歷史唯物論祇不過是反科學的或超科學的無產階級意識形態，則爲什麼越南戰爭結束爲止的共產黨革命會在十幾個資本主義不甚發達的落後國家獲得空前的勝利？我們如何了解與解釋這個奇妙的現代史現象呢？

我的看法是，馬克思的唯物史觀很有“唯生產力論”——生產力是歷史發展的根本決定因素——的偏向。這就產生了，爲何以及如何加强人的主觀能動性（譬如無產階級的暴力革命）在唯生產力的（不以人的主觀意志爲轉移的）“必然”規律上面的難題。同時，馬克思過份强調“經濟基礎決定上層建築”的結果，並沒有好好研究過上層建築的反作用程度多大的問題，也從未考慮過唯物史觀以外的歷史解釋的可能性甚至優越性問題。關於上層建築對於經濟基礎的反作用如何的問題，恩格斯在馬克思死後似乎認眞地探討過，但受偏向唯生產力論的原有唯物史觀的限制，無法眞正肯認上層建築的積極決定力量。譬如他在一八九〇年的“致約・布洛赫書”（九月二十一日）說：

> 根據唯物史觀，歷史過程中的決定性因素歸根到底是現實生活的生產和再生產。無論馬克思或我都從來沒有肯定過比這更多的東西。如果有人在這裡加以歪曲，說經濟因素是唯一決定性的因素，那末他就是把這個命題變成毫無內容的、抽象的、荒誕無稽的空話。經濟狀況是基礎，但是對歷史鬥爭的進程發生影響並且在許多情況下主要是決定着這一鬥爭的形式的，還有上層建築的各種因素。……青年們有時過份着重經濟方面，這有一部分是馬克思和我應當負責的。⑰

我們不難發現，恩格斯這裡的語氣模稜兩可，足以證示他還無力超克“科學”的唯物史觀的局限性。他沒有了解到，問題並不是在他自己應否負一部分的責任，而是在乎唯物史觀的科學眞確性程度究竟多高多低，需不需要大大的修正。

唯物史觀經由一番馬列主義的意識形態化，變成歷史唯物論之後，眞正繼承列寧步步强調“上層建築的決定力量”理路而進一步加以大大修正的，是毛澤東。毛在“矛盾論”中就說過：

> 誠然，生產力、實踐、經濟基礎，一般地表現爲主要的決定的作用，誰不承認這一點，誰就不是唯物論者。然而，生產關係、理論、上層建築這些方面，在一定條件之下，又轉過來表現其爲主要的決定作用，這也是必須承認的。當着不變更生產關係，生產力就不能發展的時候，生產關係的變更就起了主

⑰ 同上第四卷，頁477-479。

> 要的決定作用。……當着政治文化等等上層建築阻礙着經濟基礎的發展的時候，對於政治上和文化上的革新就成爲主要的決定的東西了。⑱

這裡毛已很明顯地提到生產關係乃至上層建築可以變成“主要的決定作用”，語氣强過恩格斯，但還不敢徹底突破“唯物”觀點。

但是，經過“三面紅旗”的挫折與廬山會議上彭德懷等人的公開批評之後，毛暫時退居第二線，閉門研修，而在一九六〇年寫出《讀（蘇聯）政治經濟學教科書（社會主義部分）第三版的筆記》這個長篇，後來收在《毛澤東思想萬歲》。這個長篇不但反映了他的蘇修批判，且暗示了六年之後發動文革的理論伏線，不容忽視。不過很少人注意及此。毛在《筆記》中說：

> 列寧說：“國家愈落後，它由資本主義過渡到社會主義就更困難。”這個說法現在看來不對。其實經濟越落後，從資本主義過渡到社會主義愈容易，而不是越困難，人越窮，越要革命。……一切革命的歷史都證明並不是先有充分發展的新生產力，然後才能改造舊的生產關係。我們的革命開始於宣傳馬克思主義，這就是要造成新的輿論，以推進革命。在革命中推翻了舊的生產關係，舊的生產關係被消滅了，新的生產關係建立起來了，這就爲新的社會生產力的發展開闢了道路，於是就可以大搞技術革命，大大發展社會生產力，在發展生產力的同時，還要繼續進行生產關係的改造，進行思想改造。⑲

他又說：

> 從世界的歷史看來，資產階級革命，資產階級建立自己的

---

⑱ 《毛選》，頁300。
⑲ 《萬歲》第一輯，頁181-182。

> 國家也不是在工業革命之後，而是工業革命以前，也是先把上層建築改變了，有了國家機器，然後進行宣傳取得實力，才大大推動生產關係的改變，生產關係搞好了，走上軌道了，也就爲生產力的發展開闢了道路。當然生產關係的革命是生產力的一定發展所引起的，但是生產力的大發展總是在生產關係改變之後。……首先造成輿論奪取政權，然後才解決所有制問題，再大大發展生產力，這是一般規律。⑳

毛在這裡徹底突破了有唯生產力論偏向的正統唯物史觀，主張上層建築的變革在歷史發展上與革命需求上都優先於生產關係的變革，而生產關係的變革也優先於生產力的變革。毛還下結論說“這是一般規律”。由於毛的突破，歷史唯物論的深層結構終於彰顯出來。第一，毛確是根據自己的革命實踐經驗證實了，在經濟基礎極其薄弱的國家，上層建築的意識形態改造，是馬列主義者所以能够奪取政權的最決定性的因素。這就是說，經濟基礎與上層建築之間的相互作用關係如何，並沒有所謂“不以人的主觀意志爲轉移的必然而不可避免的歷史規律”存在。馬克思本人從未料到，在貧窮的國家，“階級鬥爭”之類的觀念很容易激發多屬下層階級的人民大衆的革命情緒，變成在某一時期（而非任何時期）足以推動歷史發展的强大動力，是一種屬於上層建築的無產階級道德動力（the proletarian moral force）。反在西方資本主義國家，毛也在《筆記》中承認“就業人數比較多，工資水平比較高，勞動者受資產階級的影響很深。在那些國家進行社會主義改造看來並不那麼容易。”㉑同時，他也屢次承認，如果沒有日本帝國主義侵占中國大陸的外在因素，而專靠“階級鬥爭”之類的口號鼓動工農搞革命，中共恐怕也奪不了政權的。

---

⑳ 同上，頁194-195。
㉑ 同上，頁182。

可見從馬克思到毛澤東，祇以“生產方式與上層建築相互作用”的簡單模式套到複雜無比的歷史發展，想去發現其中一般規律，在科學上並不充分，遑論發現所謂“不以主觀意志爲轉移的必然規律”了。

第二，就表面結構言，歷史唯物論似乎强調（毛在“實踐論”所說的）“主觀和客觀、理論和實踐、知和行的具體的歷史的統一。”㉒但就其深層結構言，歷史唯物論始終是偏重實踐優位、革命本位的無產階級行動指南，科學性質的唯物史觀祇不過是它的附庸而已。毛在《實踐論》說：“馬克思主義的哲學認爲十分重要的問題，不在於懂得了客觀世界的規律性，因而能够解釋世界，而在於拿了這種對於客觀規律性的認識去能動地改造世界。”㉓其實這是表面上的說法。奪取政權之後的毛所最關心的是，如何從社會主義階段過渡到共產主義階段。問題是在，經濟基礎極其薄弱的中國大陸有何能力與必要實踐這個“使命”？毛在《筆記》中却根據延安時期的思想鬥爭與改造經驗，認爲意識形態的積極變革絕對可以刺激生產關係的急速變革與生產力的高度發展。但從三面紅旗到文革的一連串慘敗，充分證明了毛所抓到的“一般規律”並不適用於奪取政權以後的社會主義建設時期。

第三，我們如更深一層地觀察，則不難看出，對於“一萬年太久，只爭朝夕”的革命浪漫主義者毛來說，馬列主義的本質已不是在針對人類歷史社會發展的“實然”（actuality）或“必然”（inevitability）所做科學的規律性解釋，及其主觀能動的應用，而是在乎無產階級革命道德的“應然”（ought）信念。共產主義的道德理念逼毛不得不提出了“上層建築的不斷革命”論；歷史唯物論的深層結構，它的眞正本質，卽在於此。我們可從這個角度了解與剖析毛的蘇修批判與發動文革的眞相。

㉒ 《毛選》，頁272。
㉓ 同上，頁268。

四、馬列主義與修正主義的鬥爭

"修正主義"(revisionism)這個名辭在馬列主義圈內不時引起誤解與惶惑,因爲"修正"二字,顧名思義,即不外是"適予修改以歸於正",理應有益無害,但是,自列寧以來,正統馬列主義者動輒濫用此一名辭,常與"機會主義"、"冒牌社會主義"、"左傾幼稚病"、"投降主義"等等混同,難免滋生莫須有的攻擊與罪名。其實馬列主義者本身也是馬克思原有理論的修正主義者;已如上述,列寧的"(先求)一國社會主義革命勝利"論,毛的"上層建築的意識形態優先"論等等新說,都證明了馬克思主義在不同的歷史階段時有修正,包括列、毛的修正在內。不過,維護馬克思主義正統的馬列主義者慣用"修正主義"的名辭,且與之進行激烈的鬥爭,有其特殊的本來用意。我們如要了解兩者鬥爭的眞相,須先澄清馬列主義者所指責的"修正主義",以及他們所要維護的馬克思主義正統究竟是甚麼?

馬克思在一八五二年三月五日致約·魏德邁的書函說:

> 在我以前很久,資產階級的歷史學家就已敍述過階級鬥爭的歷史發展,資產階級的經濟學家也已對各個階級作過經濟上的分析。我的新貢獻就是證明了下列幾點:⑴階級的存在僅僅同生產發展的一定歷史階段相聯繫;⑵階級鬥爭必然要導致無產階級專政;⑶這個專政不過是達到消滅一切階級和進入無階級社會的過渡。[24]

如依我對歷史唯物論所作過的分析,則不難看出,馬克思在這裡所提的

---

[24] 《馬恩選集》第四卷,頁332-333。

三點之中，第二與第三兩點並無所謂馬克思所堅信着的“必然”。馬克思主義的革命實踐還證明不出這兩點。蘇共與中共已無可奈何地先後放棄了“無產階級專政”的名實，改爲“全民國家”、“人民民主專政”之類，而歐洲的共產主義者如西班牙的卡里略（Santiago Carrillo），更公然宣稱，“無產階級專政”概念在經濟進步而强調民主自由的西歐各國已是落伍無用。（見卡里略所著《歐洲共產主義與國家》最後一章。）至於經由無產階級專政過渡到共產主義階段這一點，更不過是渺茫的理想或烏托邦。斯大林的蘇共與毛澤東的中共曾經爲了“早日過渡”，付出多少代價，而其結局又是如何？

我在上面所以引述馬克思的著名書函，不外是爲了說明，所謂“正統的馬克思主義”須在馬克思的上述三點尋找根據，不是當做科學意義的“必然”規律，而是當做共產主義的“應然”信念看待。馬列主義者從未如此分辨“必然”與“應然”，其實問題早已埋在馬克思的原先理論之中。

無論如何，以共產主義的道德理念爲最高準繩而形成的馬克思主義正統，必須堅持下面互不可分的三點：⑴奪取政權之前，一定要進行階級鬥爭；⑵奪取政權之後，階級鬥爭一定要以無產階級專政的新形式繼續不斷，直至所有階級消滅爲止；⑶經由無產階級專政的過渡，一定要達到三大差別全部消滅的高度共產主義社會。有些馬克思主義者，如當年寫出《無產階級專政》這小册子的考茨基，認爲《無產階級專政》這個詞彙在馬恩著作裡祇是偶然出現兩三次，故無關緊要云云，根本就沒有摸通馬恩（尤其在巴黎公社之後）的原先用意，難怪被馬列主義者斥爲“修正主義”了。依此了解，馬列主義者確實維護了馬克思主義的正統，而以强調“應然”——一定要堅持，一定要做到——信念的上述三點劃淸了馬克思（以及列寧）主義與所有“修正主義”的分水嶺。因此列寧在《國家與革命》中要說：“只有承認階級鬥爭，同時也承認無產階級專政的人，才是馬克思主義者。”㉕斯大林也在“論聯共（布）黨內的右傾”一文中接着說：“通過無產階級的殘酷的階級鬥爭來消滅階級，這就是列寧的公式。通過階級鬥爭熄滅和資本家長入社會主義來消滅階級，這是布哈林的公式。”㉖毛就是忠實地繼承列、斯所理解的馬恩“應然”信念，堅持上述三點來進行蘇修批判與黨內鬥爭，再進一步以“上層建築的意識形態不斷革命”的新思想發動所謂“無產階級文化大革命”的。

毛所領導的中共對於蘇修的批判，伏線可在一九五七年“莫斯科宣言”發佈前後的幕後中蘇論辯窺見；正式的公開批判則始於一九六三年六月十四日中共中央對蘇共中央三月三十日來信的覆信，題爲“關於國際共產主義總路線的建議”。包括此信在內的“九評”以及其他有關重要文件，全部收在《中蘇論戰文獻》與《中共反修文獻》兩姊妹册，一九七七年由香港文化資料供應社出版。中共批判蘇修的“和平共處”總路線、“全民黨”、“全民國家”、“階級熄滅論”以及國際共產主義運動總路線的歪曲等等，歸根到底，不外是要痛斥蘇共存心破壞馬列主義的上述三大原則。中共的“九評”雖然說是中共中央的集體勞作，如就馬列主義意識形態的突出與貫徹這一點說，應該看成毛的特別傑作。表面上看來，毛劉兩派在“九評”等文的集體撰寫過程當中似乎表現了黨內團結，其實我們如能仔細分析“九評”的實質內容，則不難猜悉劉派在文革初期一一遭受整肅的前因後果。

毛所領導的中共中央無疑是中蘇論戰的勝利者，因爲照我的分析，誰捍衞了馬列三大原則，誰就是眞正的馬列主義者。問題是在：中共的馬列主義者有否能力堅持三大原則到底?!應不應該捍衞下去？歷史顯示我們，一百年來的所謂“共產國際”早已支離破碎，說穿了原不過是變相

㉕ 北京版《列寧選集》第二版第三卷，頁199。
㉖ 此語又見《列寧主義問題》，頁270。

的民族主義或國家主義。君不見社會帝國主義者蘇共不顧當初列寧的許諾，毫無意願把帝俄所侵占過的那一大片土地歸還中共？君不見原是"兄弟"黨的中共與越共在越南統一之後開始互相動武？共產國際旣已名實俱無，無產階級改造世界的"使命"豈非空談？再者，中共究有多少能力抵制蘇俄的威脅，遑論堅持三大原則？文革結束之後，中共逐漸回向劉少奇時代"三自一包"的"修正主義"路線，而最近的"經濟體制改革"更進一步大膽"修正"，但表面上仍要馬列主義的"四大堅持"。中共旣無能力又不應該繼續捍衛三大原則，爲何拿不出勇氣坦白承認，以免徒增意識形態的混亂呢？

五、毛思想與文化大革命

一九五六年二月蘇共擧行第二十次代表大會，會上赫魯雪夫首次公開鞭了斯大林的死屍。中共也祇有跟隨蘇共，以不點（毛）名的方式批判個人崇拜。劉少奇在那年九月十五日所宣讀的"代表中共中央委員會向第八次全國代表大會的政治報告"中說："改變生產私有制爲社會主義公有制這個極其複雜和困難的歷史任務，現在我國基本上完成了。我國社會主義和資本主義誰戰勝誰的問題現在已經解決了。"㉗在反個人崇拜的氣氛下，毛對劉的報告當然不便表示異議。但是翌年二月二十七日，毛在"關於正確處理人民內部矛盾的問題"裡說得很淸楚:

階級鬥爭並沒有結束。無產階級和資產階級之間的階級鬥

㉗ 見臺北《中共研究》雜誌社所編印的《劉少奇問題專輯》(一九七〇年版)頁271-272。此"報告"的英譯，參閱 Robert R. Bowie and John K. Fairbank, *Communist China 1955-59: Policy Documents with Analysis* (Cambridge: Harvard University Press, 1971, 3rd printing), pp. 164-203.

爭，各派政治力量之間的階級鬥爭，無產階級和資產階級之間在意識形態方面的階級鬥爭，還是長時期的，曲折的，有時甚至是很激烈的。無產階級要按照自己的世界觀改造世界，資產階級也要按照自己的世界觀改造世界。在這一方面，社會主義和資本主義之間誰勝誰負的問題還沒有眞正解決。[28]

我們比較毛、劉之語，不難發現兩者的分歧這時已很明顯，祇是劉沒有自覺及此。劉所强調的是，在生產關係的變革上社會主義已獲全勝；毛則認爲社會主義還未戰勝，祇因關於世界觀的改造或上層建築的意識形態變革問題還未解決之故。這是正確了解毛思想與文革，以及劉派垮臺的一大關鍵。

一九六六年八月上旬，在中共八屆十一中全會中劉的黨副主席職位被罷黜，由林彪取代。同時，中共中央公佈“關於無產階級文化大革命的決定”，謂當前開展的文革是“一場觸及人們靈魂的大革命”，其目的是在“鬥垮走資本主義道路的當權派，批判資產階級的反動學術‘權威’，批判資產階級和一切剝削階級的意識形態，改革教育，改革文藝，改革一切不適應社會主義經濟基礎的上層建築，以利於鞏固和發展社會主義制度”[29]。依我看法，這篇“決定”並沒有眞正表明毛思想的本質出來。

一九六七年五月二日，毛在北京接見阿爾巴尼亞軍事代表團時發表談話，說：“要想保證堅決走社會主義道路，就必須在思想上來個徹底的無產階級革命化。我問大家，你們說究竟怎樣具體地由社會主義走向共

---

[28] 見毛去世後中共中央所編印的《毛澤東選集》第五卷，頁389。
[29] 丁望主編，《中共文化大革命資料彙編》第一卷《鬥爭中央機關當權派》，頁14。

產主義？這是一個國家大事，世界的大事。"[30]他也有一封"給江青的信"（一九六六年七月八日，林彪死後才公開），說："我在二十世紀六十年代就當了共產黨的鍾馗（意指林彪爲了打擊劉派的牛鬼蛇神借助毛的權威）了。事物總是走反面的，吹得越高，跌得越重，我是準備跌得粉身碎骨的。這有甚麼要緊，物質不滅，不過粉碎罷了。全世界有一百多個（共產）黨，大多數的黨都不信馬列主義（的三大原則）了。馬克思、列寧都被他們搞得粉碎，何況我們呢？"[31]毛的意思是說，馬列主義者基於三大原則的"應然"信念，不顧一切犧牲，一定要踐行上層建築的文化大革命到底，一定要過渡到共產主義。不過，爲了適應社會主義經濟基礎而去改革上層建築的"舊思想、舊文化、舊風俗、舊習慣"這個毛的說法，據我的了解，祇是表面上的說法，因爲毛思想的本質，一言以蔽之，乃不外是（超越經濟基礎的）意識形態甚至人性的日日改造，死而後已。

我認爲，毛思想的"應然"邏輯包括兩個層次。就低層次言，爲了絕對保證從社會主義過渡到共產主義，必須實行多次的無產階級文化大革命，天天講，月月講，年年講，徹頭徹尾改造意識形態，甚至自私自利的（資產階級）人性，剷除資產階級世界觀的整個根子，俾使人人終能變成雷鋒般日夜"爲人民服務"的所謂"無產階級聖人"（the proletarian sage）。再就高層次言，毛旣然强調矛盾、不平衡、不團結等反面現象是永恒絕對的，則過渡到共產主義之後，新的問題還會產生，人的鬥爭

---

[30] 《萬歲》第二輯，頁677-678。

[31] 見香港一山圖書公司所供應的《毛澤東與中共中央（文革初期）》一九七五年版，頁27。又見臺北《中共研究》雜誌社所編印的《一九七三年中共年報》，第七篇（中共文件介紹）頁2。

還會繼續存在，新的階段還會出現，新的任務還得提出。[32]因此，社會主義與共產主義的階段差別，就經濟基礎的變革言（譬如從“各盡所能，按勞分配”到“各盡所能，按需分配”的變革），仍有意義；然就上層建築的意識形態繼續不斷的徹底改造言，則已無甚意義了。總之，階段差別一旦破除，馬列主義的三大原則立刻簡易化爲無產階級的人性改造原則。經過毛思想與文革的最後一關，馬列主義的深層結構終於顯現之爲“無產階級的泛道德主義”（proletarian panmoralism），極具一種共產道德的理想主義“浪漫”情調，毛思想的最大魔力卽在於此。難怪毛思想曾有一度在世界各地的極左派政治運動中掀起幾近宗敎狂熱的革命熱潮，文革初期的紅衞兵“反潮流”運動不過是其中最顯著的例子。

文革的失敗與“毛狂熱”的消退，原因相當複雜，非三言兩語所能道盡。這裡我祇擧出其中犖犖大者。首先專就理論側面說，毛旣然信奉馬列主義爲唯一絕對的“眞理”，馬列主義原有的理論限制與困難，自然也就構成毛思想的限制與困難。我已指出，包括毛在內的馬列主義者一方面把三大原則看成科學眞理（甚至絕對眞理）意義的“必然”規律，另一方面却又當做共產道德的定言命令，如此混淆“客觀眞理”與主觀決意的結果，很容易造成一種幻象：社會主義到共產主義的過渡，旣是遲早必然的未來“事實”，如果好好配合此一“必然”規律，不斷改造上層建築的意識形態，豈不能够“早日”過渡，以便順利完成馬列主義的歷史使命？但是，如果毛能及早發現，所謂“必然過渡”的推想乃不過是超越科學探索範圍的一種神話，他又如何尋找“不斷革命”論的證立理據呢？歐美資本

---

[32] 毛在《筆記》中說：“共產主義時期也還是不斷有發展的。共產主義可能要經過許多不同階段，能够說到了共產主義社會就什麼都變了嗎？就一切都‘徹底鞏固’下去了，就只有量變再沒有不斷的部分質變麼？”（《萬歲》第一輯，頁187。）

主義社會的工人革命遙遙無期；共產國際已趨破滅；在蘇俄等其他共產黨國家，三大原則已是有名無實，而毛本人也迫不得已，與尼克森總統握手言歡，表示願與世界第一號資本主義國家"和平共處"；既然如此，他又如何能够說服日夜爲了小小的生活改善而勞心勞力的苦難人民，一窮二白的中國有完成馬列使命的道德義務呢？

再就（道德）實踐側面說，我又指出，毛更進一步打破社會主義與共產主義的階段差別的結果，終於達到馬列主義最後而又最簡易的"應然"結論：所謂"階級鬥爭"已不再是無產階級與資產階級在經濟基礎上的鬥爭，而是兩者在世界觀與人生觀上的鬥爭；更徹底地說，乃不外是"爲人民服務"的無產階級倫理道德與自私自利的資產階級倫理道德之間的鬥爭。如就每一個人的意識形態說，卽是每一個人的靈魂之中，無產階級的道德觀念（公心）與資產階級的道德觀念（私心）之間的內心鬥爭。更積極地說，通過繼續不斷的人性改造，無產階級的道德觀念"終必"戰勝資產階級的道德觀念，由是徹底實現共產道德的理想主義。這就是文革的眞正目的，就是毛所理解的馬列主義最高指導原理。㉝

就表面結構試予比較，毛（的文革）思想與傳統儒家頗有類似之處：兩者皆是一種道德的理想主義；前者主張人性改造，後者强調（張載所云）變化氣質（轉化氣質之性爲天地之性）；前者要培養無產階級"聖人"，後者也鼓勵人人變成更有道德的仁人君子，終至成德成聖。但

㉝ 一九六六年十月二十五日，毛當時親密戰友林彪在"中共中央工作會議上的講話"中說："什麼樣是共產主義精神的人？就是我們毛主席所提倡的張思德、白求恩、劉胡蘭、雷鋒。還有歐陽海、焦裕祿、王杰、劉英俊等等，這就是共產主義的人，新興的人。……我們就是要培養有這種新道德的人，要培養這種人。這種人是毛主席所說的全心全意爲人民的，完全徹底爲人民的"。（見臺北《中共研究》雜誌社所編印的《中共文化大革命重要文件彙編》，頁346。）

就深層結構言，兩者實有天壤之別：前者以思想統制與文鬥武鬥的高壓手段强迫人變成無產階級的“聖人”，後者則以諄諄善誘的漸進方式勉勵人人向上，實行仁道。毛所面臨的道德難題是：以强迫手段逼人去做無產階級的“聖人”，難道是合情合理的道德行爲嗎？以“階級性”的有色眼鏡去看人性的事實——譬如自私自利是低層次的人性，且以“只爭朝夕”的革命急性，强行人性的改造，難道不是違反人性的政治行爲嗎？

如用我曾自創的倫理學名辭加以說明，共產道德的理想主義者毛所要踐行的是一種“最高限度的倫理道德”（maxima moralia），强逼人人跳過自己的生活小圈子（如家庭之類），犧牲自己的一切，祇爲人民服務。陀思妥耶夫斯基的文學名著《卡拉馬佐夫兄弟們》中一位主角說過，他擁抱全人類，但無法愛他周圍的人：他的朋友與鄰居。毛所要製造的“新人”，難道不會變成此類祇談抽象的人類愛的“怪人”嗎？這種抽象的人類愛所根據的，究竟是甚麼樣的人性？況且，毛不願亦不知按部就班先求“最低限度的倫理道德”（minima moralia），鞏固自由民主的法治基礎，反而一開始就想實現“最高限度的倫理道德”，豈不是像天天祇練全壘打（home run）而根本不知如何先到第一壘的棒球員一樣嗎？總之，毛思想與文革的空前（人性）實驗，終於破壞了馬列主義的“民主集中制”，幾使全黨全國陷於癱瘓。

六、民主集中制的兩難

一九六八年七月二十八日，在毛“召見首都紅代會負責人的談話”中，紅衞兵代表之一韓愛晶問毛：“如果幾十年以後，一百年以後中國打起內戰來，你也說是毛澤東思想，我也說是毛澤東思想，出現了割據混戰的局面，怎麼辦？”江青當場訓她胡扯，毛則答謂：“想得遠好。這個人好啊！”㉞其實毛的簡答等於沒有回答。韓的疑難已暗示着日後紅衞兵運動四分五裂而全部瓦解的悲慘末運了。文革後期，在毛思想的大口號下一切是非對錯的標準蕩然無存，而所謂“民主集中制”也變成了既無民主又無集中，人人但求自保的混亂局面。文革結束之後，中共當局想盡辦法挽救民主集中制，而在新改的黨章與憲法之中重新提出。然而馬列主義的“四大堅持”，與後文革時期的廣大知識份子對於人權保障、民主自由化、社會法治現代化等等的忠誠請願，仍有一道鴻溝難於填補。問題是在：如何發現並超克民主集中制的兩難（dilemma），以便展望中國大陸的未來發展趨向呢？

馬克思與恩格斯生前爲了民主與集中孰重孰輕、孰先孰後的兩難問題絞盡腦汁，時而倡導民主，時而强調集中，未獲滿意的定案。大體來說，他們偏向集中的可能性較大，尤其在巴黎公社慘敗之後，更是如此。譬如馬克思在一八七一年四月十二日“致路德維希・庫格曼書”中說，巴黎公社所以失敗，其中錯誤之一是在“中央委員會過早地放棄了自已的權力，而把它交給了公社”㉟。馬恩二位既然畢生堅持階級鬥爭與無產階級專政，他們如何能够接受民主投票或議會民主之類的政治方式？他們那時祇有“共產主義者同盟”等比較鬆散而無成效的勞工組織，當然逐漸了解到，如無組織、權力與意識形態的集中，無產階級奪權成功的機會要比登天還難得多。

在馬克思主義革命史上，列寧是建立布爾什維克黨爲無產階級的先鋒隊，且同時正式設定民主集中制的第一人。依此民主集中制，“民主”當然意謂少數服從多數的決定；“集中”則指下層服從上層的決定。我所

㉞《萬歲》第二輯，頁714–716。

㉟《馬克思、恩格斯全集》（一九七三年人民出版社初版）第三十三卷，頁207。

說的兩難產生在民主與集中之間的衝突或矛盾：强調黨內黨外的民主，權力不易集中，甚至掌握不住；過份集中，則容易阻礙民主。對於俄共的批判不餘遺力而屢被俄共軟禁或送進"精神病診所"的當代俄國歷史家梅德維特夫（Roy A. Medvedev），在他的《社會主義民主論》（*On Socialist Democracy*）中說，列寧自己如何講求黨內民主，反對個人崇拜與獨裁；到了斯大林，民主集中制才被破壞無餘，集中完全取代了民主云云。他又特別引述列寧之語："民主集中制與地方組織的自律性不外意謂，爲了某一目的所必需的團結如不蒙受破壞，則在（組織的上下）一切階層准許充分的批評自由；至於針對黨已決定好的行動所必需的團結有所違害的一切（下層的）批評則絕不許可。"㊱其實，問題並不如此簡單，因爲包括列寧在內的純正馬列主義者既已信奉馬克思的那三大原則爲天經地義（旣是人類歷史的"必然"規律，又是共產道德的"應然"命令），不僅所謂"民主"的討論與批評有其極大的內在限制，列寧所謂"團結"也不是完全無條件的。這就是爲甚麼堅信三大原則爲天經地義的毛，敢於發動"反潮流"的革命，敢於强調矛盾、不平衡、不團結等反面現象爲永恒絕對，大下決心越出民主集中制的黨內常軌，冒着毁黨的風險鬥垮劉等"走資本主義道德的當權派"了。但是，鬥垮劉派之後，從一月風暴到二月逆流的期間，毛又開始擔心黨與民主集中制恐遭摧毁，故在"對上海文化大革命的指示"（一九六七年二月十二日）中緩和了自己的口氣說："我們是否還是穩當一點好，不要都改名字了。因爲這樣就發生了改變政體的問題，國家體制的問題，國號問題，是不是

㊱ Roy A. Medvedev, *On Socialist Democracy* (New York: W. W. Norton, 1975), p.60–61.
作者係注釋10中所提生化學家的孿生兄弟。

要改成中華人民公社呢？……公社總要有個黨，公社能代替黨嗎？”㊲毛林江等新當權派與信奉馬列主義和毛思想的極左派紅衞兵集團由是開始分歧，而日後楊曦光等堅持馬列“應然”原則的種種言論，也被中共中央打上“反革命”的烙印了。

即使毛想遵守民主集中制，此制本身的內在兩難還是無法解消，除非他把馬列主義的“應然”原則拋諸腦後而置之不顧。一九六二年一月三十日毛在七千人大會上做了“關於民主集中制問題的講話”，說：“民主集中制的方法，是一個群衆路線的方法。先民主，後集中，從群衆來，到群衆中去，領導同群衆相結合。……沒有民主，就不可能有正確的集中。……甚麼叫集中？首先是要集中正確的意見。……我們的集中制，是建立在民主基礎上的集中制。無產階級的集中，是廣泛民主基礎上的集中。”㊳他擧自己爲例，說他在中央當局或政治局開會時，“只要大家不贊成，我就得服從，因爲他們是多數。”㊴但是，他又補充說：“許多時候，少數人的意見倒是正確的。歷史上常常有這樣的事實，起初眞理不是在多數人手裡，而是在少數人手裡。馬克思、恩格斯手裡有眞理，可是他們在開始的時候是少數。列寧在很長的一個時期內也是少數。”㊵我在這裡引述毛的一些話語，目的是要提醒大家，信奉馬列主義“應然”原則爲“絕對眞理”的任何共產黨員，在理論與實踐的兩個層面上都無法堅持“民主先於集中且重於集中”的。林彪事件發生的前夕，毛在某地巡察工作，曾對一批高幹堅決地說：“至於對路線問題，原則問題，我是抓

㊲ 《萬歲》第二輯，頁670-671。
㊳ 同上，頁400-404。
㊴ 同上，頁404。
㊵ 同上，頁420。

住不放的；重大原則問題，我是不讓步的。”㊶毛這一句話不是暴露了民主集中制的兩難嗎？奪權以來，中共的馬列主義者對於人民所强制推行的思想或意識形態改造，豈非證明了“民主只是假象，集中才是眞象”嗎？爲何每每面臨路線或原則應否“修正”的重大問題時，黨內外的知識份子馬上就有“山雨欲來風滿樓”的神經過敏呢？包括“經濟體制改革”在內的最近一連串“修正主義”的路線與措施，爲何令人產生有一次激烈鬥爭行將爆發的預感與不安呢？

對於中國大陸的知識份子來說，民主集中制的兩難危機，早在一九五七年那次“百花齊放、百家爭鳴”中完全暴露出來。那年毛在“關於正確處理人民內部矛盾的問題”中坦白承認，“無論在全人口中間，或者在知識份子中間，馬克思主義者仍是少數。因此，馬克思主義仍然必須在鬥爭中發展。”㊷既然如此，當時信賴毛在這篇所說“藝術和科學中的是非問題，應當通過藝術科學界的自由討論去解決”，㊸而大膽發言且善意批評的那些知識份子，豈不是太過天眞了嗎？很顯然，毛在那時已經準備以齊放齊鳴的“民主”方式，强行改造大多數人民的“謬誤的（非馬克思主義的）意識形態”，俾便“集中正確的意見”。由是觀之，如何解決民主集中制的兩難，挖深下去，還是馬列主義何適何從的根本難題。

七、傳統思想文化遺產的繼承問題

一九三八年十月，毛在“中國共產黨在民族戰爭中的地位”裡說：

㊶ 《一九七三年中共年報》第七篇（中共文件介紹）中所載“中共中央頒發‘毛澤東在外地巡視期間同沿途各地負責同志的談話紀要’的通知”（中發一九七二年十二月號），頁6-7。

㊷ 《毛澤東選集》第五卷，頁389-390。

㊸ 同上，頁388。

"我們這個民族有數千年的歷史，有它的特點，有它的許多珍貴品。對於這些，我們還是小學生。今天的中國是歷史的中國的一個發展；我們是馬克思主義的歷史主義者，我們不應當割斷歷史。從孔夫子到孫中山，我們應當給予總結，承繼這一份珍貴的遺產。"㊹奪取政權之前的毛當然要很客氣，承認對於如何適當地繼承中國思想文化遺產的現代課題，自己還不過是"小學生"。但在同一篇裡，他又表明自己的立場："馬克思、恩格斯、列寧、斯大林的理論，是'放之四海而皆準'的理論。……學習我們的歷史遺產，用馬克思主義的方法給以批判的總結，是我們學習的另一任務。"㊺很顯然，二十年後毛所帶頭搞出的"百花齊放、百家爭鳴"這個"民主自由討論"騙局的馬列主義伏線，早已埋在此篇文章裡面。讀者大概記得，毛在一九三八年也草成了"辯證法唯物論（講授提綱）"，可見毛之信奉馬列主義爲"絕對眞理"，根深蒂固，數十年如一日。

一九四五年五月十四日，劉少奇在中共第七次全國代表大會上做了"關於修改黨章的報告"時，正式宣佈：

> 以馬克思列寧主義的理論與中國革命的實踐之統一的思想——毛澤東思想，作爲我們黨一切工作的指針，反對任何教條主義與經驗主義的偏向。對於中國的與外國的歷史遺產，我們既不是籠統的一概反對，也不是籠統的一概接收，而是以馬克思主義的辯證唯物主義與歷史唯物主義爲基礎，批判的接收其優良的與適用的東西，反對其錯誤的與不適用的東西。"㊻

自此以後，毛思想（中國本位的馬列主義）變成了中共理論與實踐的最高理論指導原理，而文革結束之後直至今日，在中共圈內還找不出人能

㊹ 《毛選》，頁499。
㊺ 同上，頁498-499。
㊻ 《劉少奇問題專輯》，頁151。

够或敢予衝破馬列主義與毛思想的束縛，大無畏地建立和平時代要求的新觀點、新理路，藉以重新探討如何批判地繼承並創造地發展中國傳統思想文化的寶貴遺產。以中國人的生來聰慧，難道是毫無希望的嗎？

我曾指出辯證法唯物論與歷史唯物論的片面性甚至獨斷性。使用此一有色眼鏡，去觀察自然現象，解釋歷史發展，了解非馬列主義的思想或意識形態，討論文學藝術的形式與內容，以及探索文化創造的價值與意義，都不可能公平客觀，遑論傳統遺產的繼承與發展了。文革晚期，四人幫所控制的御用學者爲了迎合“批林批孔”運動，編造一套“儒法鬥爭史”之類，祇不過是極端化了馬列主義的“解釋學”而已。今天在中國大陸的知識份子，尤其教授學者，還不敢或不能跳過堅持黨性與階級性的馬列主義意識形態，而採取較寬較廣的解釋學尺度，儘從多元開放的種種觀點，去作如實的觀察，同情的了解，公平的詮釋，客觀的批判。當然，他們之所以不敢或不能，眞正的（政治）責任不在他們自己，而是在乎有權制定政策的中共當局。中共此刻所面臨的一大難題是：如果放寬有關學術研究、文藝創造等等的尺度，馬列主義就會受到威脅，危機重重；如果死守馬列教條而不放寬尺度，則學術研究、文藝創造、傳統精神遺產之繼承等等，就很難有突破性的進展與成就。怎麼辦？說來很簡單，首要步驟即是發現並肯認馬列主義意識形態的局限性或狹隘性，破除“馬列主義是獨一無二的絕對眞理”這種獨斷信條，以便解放“單元式閉鎖心態”（simplistic, closed mentality），轉化而爲“多元式開放心態”（pluralistic, open mentality）。如此，才能虛心學習歐美日等先進國家從工商管理、科技醫藥到思想學術、文藝創造等等方面的種種優點，配合中國傳統思想文化遺產的（不帶任何有色眼鏡的）現代化重整重建，而開拓一條未來中國的新思想、新文化出來。此刻不試，更待何時？

中共幾十年來的文敎、文藝政策關涉上述的繼承問題甚切，所根據的主要指示，來自毛的"在延安文藝座談會的講話"（一九四二年五月）等篇。由於篇幅所限，這裡且以毛在此篇所提幾個馬列論點爲例，略爲指出其中偏失；此類偏失如不早日設法改正，則無由培養多元開放的文化胸襟，遑論繼承中國傳統的珍貴遺產了。

毛在該篇堅持，文藝工作必須爲政治服務，必須在馬列原則的指導下進行。這在中共奪權以前雖有革命實踐的意義，但是文藝如果永爲馬列敎條的奴隸，終究會被雅俗共棄，變成多餘無用的黨八股。我們祇要比較一下當年四人幫依照自我解釋的馬列文藝原則炮製出來的寥寥可數的八股作品，與有血有肉的"傷痕文學"，譬如吳甿所編的《敢有歌吟動地哀》（文化大革命後中國青年詩文選），不難想見大家所要賞識的是那一種了。四人幫垮台之後，紐約有個座談會請我主講有關馬列主義與毛思想的題目。當我說到，"如果文藝祇爲馬列理想服務，我想二十四小時搞革命就行了，文藝創作不過徒費時間而已，大可不必了。"在座的一位毛派朋友想駁倒我，說："一個有革命幹勁的女紅衞兵跑到鄉間爲農民服務，當她拿起牛糞，牛糞就是一種美。"我回答說："當初毛看上坐在頭排聽課的江靑，祇是因爲她的馬列精神十足，還是因爲她長得好看，不像牛糞？"這位朋友終於承認，她的說法太過極端。

其次，毛順着馬克思所說"人的本質是一切社會關係的總和"[47]主張"在階級社會裡就是只有帶着階級性的人性，而沒有什麼超階級的人性"。[48]然則毛又如何解釋，一位美國百萬富翁看到小孩快要溺死而頓起孟子所云"惻隱之心"，自動跳水救活小孩，自己且溺死河中的現象呢？他又如何解釋，完全不信馬列主義的老科學家自願日夜工作，一心

[47] 《馬恩選集》第一卷，頁18。（即"關於費爾巴哈的提綱"第六條。）
[48] 《毛選》，頁827。

一意爲國爲民奉獻自己，同時又有信奉馬列主義與毛思想爲"聖經"的林彪終於變成他的死敵這種奇妙現象呢？

毛又主張，"世上決沒有無緣無故的愛，也沒有無緣無故的恨。至於所謂'人類之愛'，自從人類分化成爲階級以後，就沒有過這種統一的愛。"㊾然則他又如何解釋，滿腦子"唯心"的白人醫生，會抱着耶教博愛精神自願到地獄般的埃塞俄比亞（Ethiopia），設法救活快要餓死的幾百萬黑人呢？他又如何解釋，貧農出身的中共高幹，到了社會主義的建設時期，反而變成墮落腐敗的官僚呢？我們毋需搬出東西哲學史上的一大堆艱深道理，祇憑上述一些日常習見的人間現象，就可以推知，馬列主義對於人性、道德、宗教、文藝等等上層建築意識形態的理論本身所暴露出來的局限性甚至獨斷性了。

八、總結：未來中國的展望

以上我對馬列主義思想困局的幾個相關專題所作的討論，已多少暗示了對於中國大陸未來的展望。現在讓我總結一下我的重要論點，同時正面提出我對未來展望的小小建議。

第一，一百多年來的世界史顯示我們，馬克思的"科學"預斷完全落空，但他的唯物史觀所蘊含的一點，即"如無資本主義的高度生產力發展，無產階級在農業爲主的貧窮國家奪取政權之後，在社會主義的建設時期必定遭遇極大的經濟、政治等等困難"，却可借來說明毛所領導的中共爲甚麼在社會主義的經濟建設與政治措施越搞越糟，終於導致今天不得不向資本主義國家"學習"的尷尬局面。而毛澤東主義者誓死捍衞馬

㊾ 同上同頁。

列主義三大原則的"應然"信念，文革慘敗之後，也已根本動搖。三大原則一旦變成有名無實的神話，馬列主義的意識形態也勢必會遭遇到自然淘汰的命運了。我的建議是，人們應該從此劃清兩種馬克思主義：一種是我所稱"緩和性的馬克思主義"（soft Marxism），依此建立的社會理論、經濟理論與歷史解釋多少可以具有科學性格，完全免於革命實踐的意識形態或"應然"信念，而與其他非馬克思主義的社會科學理論並駕齊驅，爭長競短；另一種是"强硬性的馬克思主義"（hard Marxism），亦即列寧到毛的馬列主義者所承繼的歷史唯物論與辯證法唯物論，乃是幾近宗教狂熱的獨斷信條，不但混淆了科學與哲學（形上學），也混淆了"實然"（客觀事實與眞理）與"應然"（道德判斷與信念）。在極端貧窮的第三或第四世界，如南美或非洲，强硬的馬克思主義也許仍會影響左派革命運動者的意識形態，但在已有高度發展或發展中的國家，決不會派上用場。至於緩和的馬克思主義仍有存在理由與價值，也有可能進一步發展成爲種種具有理論伸縮性而儘量免於獨斷的所謂"後馬克斯"（post-Marxism）學說，譬如南斯拉夫的馬可維支（Markovic）的社會批判理論，法蘭克學派（the Frankfurt School）幾位健將在社會批判、文學藝術、心理分析等等方面分別展開的新說，可爲例示。㊿總之，人類世界與歷史正在急速地向"後現代化"（post modernization）的未來世紀前進，中共也不得不順此潮流應變了，第一步棋就是放棄强硬的馬克思主義。

第二，中共的民主集中制所以產生兩難，乃是由於死守馬列主義的

㊿ 關於這些新說，不妨參閱下列諸書：Mihailo Markovic, *From Affluence to Praxis*, (Ann Arbor: The University of Michigan Press, 1974); Phil Slater, *Origin and Significance of the Frankfurt School*, (London: Routledge & Kegan Paul, 1977); Turgen Habermas, *Theory and Practice*, (Boston: Beacon Press, 1973).

獨斷教條之故。强硬的馬克思主義一旦放棄，就有可能徹底分開中共本身的黨章與人民爲主的憲法，兩不相犯；這樣，人民大衆才有機會了解民主自由的眞諦，才有信心自動從事於法治的鞏固工作。當然，以“無產階級的革命先鋒隊”自認的中共很難放棄一黨專政，因此人民爲主的法治建立有如紙上談兵，遑論黨章與憲法的徹底分開。但是，中共最近所初試的一次小規模而極有限制的黨內無記名投票“實驗”，似乎暗示中共本身已了解到所謂“民主集中制”的內在兩難了。我却無法推測，中共有否膽識突破一黨專政，而爲人民大衆自動示範，踏上民主自由化的第一步。

最後，中共一旦放棄馬列主義的三大原則，同時促成人民爲主的法治新規，就有可能開放思想文化、文藝創造、學術研究等等方面的眞正“百花齊放、百家爭鳴”的新風貌；就有可能激發廣大知識份子重建一度喪失的自信與自尊心，肯爲未來中國奮勉獻身，充分發揮各自的潛能；也就有可能逐漸趕上先進國家或社會，而爲數千年來的老大中國爭一口氣。

中國大陸的未來展望，談何容易。雖然如此，以上兩萬六千字的拙文，難道也不過是讀書人的一場夢囈嗎？

（一九八四年美國感恩節於費城西北郊外，原載紐約「知識份子」季刊第二期）

中國大陸學者的哲學研究評論

一、引論：哲學遺產的繼承問題

中共政權成立迄今，已有三十五年，構成它從社會主義的經濟政策到上層建築的思想統制以及意識形態改造所依賴的最高指導原理，不外是逐漸教條化了的馬列主義與毛澤東思想，而且幾乎一成不變，直至今日。一九四五年五月十四日，劉少奇在中共第七次全國代表大會上作了「關於修改黨章的報告」時，正式宣佈馬列主義與毛思想爲中共一切工作的指針，尤其强調毛思想，「就是馬克思列寧主義的理論與中國革命的實踐之統一的思想，就是中國的共產主義，中國的馬克思主義」。近十年來，由於文革浩刼的慘痛敎訓，中共當局稍稍「解放思想」，而在去年（一九八四）十二月的〈人民日報〉上首次公開承認馬列主義的部分理論已經過時無用，一時在海外引起了中共可能超越馬列主義的過早期望。事實上，中共當局仍然高唱「四個堅持」（堅持社會主義，堅持人民民主專政，堅持馬列主義毛澤東思想，以及堅持黨的領導），毫無徹底揚棄馬列毛理論的突破跡象。不過這幾年來，從事於哲學研究的某些有心的大陸學者，在私下言談或正式論著時有披著馬列外衣稍露思想開放的有趣傾向，這也是一件不可否認的事實。

哲學研究在中國大陸所以形成一項重要熱門，大體上有四個原因。

其一，馬列主義的革命實踐與實際政策有其辯證法唯物論與歷史唯物論的哲學基礎，中共當局自然格外關注並鼓勵哲學這個部門的研究發展。

其二，依據馬列主義者的親身經驗，改變世界觀與人生觀的思想動力來自哲學，而非其他，因此以馬列主義爲指南的哲學研究一開始就有改造人民意識型態的實踐性格與政治目的。馬克思在《費爾巴哈的提綱》就已說過:「人的思維是否具有客觀的眞理性，這並不是一個理論的問題。……哲學家們只是用了不同的方式解釋世界，問題的關鍵却是在改變世界。」毛在一九六四年接見日本社會黨人士時也表示了自己從早年的哲學研究到建立馬列主義黨性的經過，說:「我相信過唯心主義，相信過孔夫子，相信過康德的二元論。……我的歷史是從不覺悟到覺悟，從唯心主義到唯物主義，從有神論到無神論。」

其三，在所有共產主義政體之中，祇有中共不得不面臨具有兩千五百年悠久歷史的中國哲學傳統，進行「哲學遺產的繼承問題」討論，在「古爲今用」的大前提下設法適予解決批判地繼承中國傳統哲學遺產的新課題，這就有了促進哲學研究的强烈需要。

其四，我們從第一國際到第三國際的失敗與瓦解不難看出，共產主義在表面上是國際主義，實質上是變相的國家民族主義，蘇共一向如此，中共更是如此。經由哲學的研究發展適予解決祖國哲學遺產的繼承課題，也可以說是面對著「老大哥」蘇共與歐美日等先進國家，重新建立中華民族的自信與自尊心的必須辦法。問題是在:馬列主義與毛思想既已信奉之爲「放諸四海而皆準」的獨一無二的絕對眞理，則中國傳統哲學遺產又有甚麼繼承的價值，又何必浪費時間與精力去搞「老古董」

呢？

馬克思與恩格斯在共同起草的「共產黨宣言」（一八四八年）謂：「共產主義革命就是要同傳統的所有制關係實行最徹底的決裂；毫不奇怪，它在自己的發展進程中要同傳統的觀念實行最徹底的決裂。」但是，馬克思的辯證法是唯物地揚棄（而非徹底拋棄）黑格爾辯證法而形成的，「徹底決裂論」的提出，就等於暴露馬克思主義割斷歷史的自我矛盾。恩格斯後來在《費爾巴哈與德國古典哲學的終結》（一八八八年）就設法補正，說：「像黑格爾哲學這樣對民族精神發展有過巨大影響的偉大作品，是決不能靠簡單置之不理的辦法就把它收拾的。應該從它的本來意義上揚棄它，就是說，用批判方法消滅它的形式，而救出它所獲得的新的內容。」如此，「批判地揚棄」取代了「徹底的決裂」。

列寧在「馬克思主義的三個來源和三個組成部分」這一篇首次奠定「批判地繼承」原則，解釋馬克思的學說，「是人類在十九世紀所創造的優秀成果——德國的哲學，英國的政治經濟學和法國的社會主義的當然繼承者」。他在「青年團的任務」進一步說：「應當明確地認識到，只有確切地了解人類全部發展過程所創造的文化，只有對這種文化加以改造，才能建設無產階級的文化，沒有這樣的認識，我們就不能完成這項任務」。奪取政權以前的毛也順著列寧「批判地繼承」原則，强調「我們不應當割斷歷史。從孔夫子到孫中山，我們應當給以總結，承繼這一份珍貴的遺產」。又在《新民主主義論》說：「清理古代文化的發展過程，剔除其封建性的糟粕，吸收其民主性的精華，是發展民族新文化提高民族自信心的必要條件；但是決不能無批判地兼收並蓄。」然而，奪取政權以後的毛由於死守馬列主義的三大原則（階級鬥爭、無產階級專政與共產主義的最後目標），且又急於徹底改造上層建築的意識型態，終於放棄了原先的「批判地繼承」論調，改取極左偏執的「徹底決裂論」，帶頭發動所謂「無產階級文化大革命」，大破四舊（舊思想、舊文化、舊風俗、舊習慣），鬥垮「走資本主義道路的當權派，批判資產階級的反動學術『權威』，批判資產階級和一切剝削階級的意識型態」。文革的十年浩刼所造成的文化虛無主義充分證明，馬恩「共產黨宣言」以來的「徹底決裂論」不但阻礙了哲學遺產的繼承，也產生不了無產階級本身的所謂「新思想、新文化、新風俗、新習慣」。至於列寧到早期的毛所强調的「批判地繼承」原則，也由於中共信守馬列主義與毛思想的獨斷教條爲絕對眞理，有如宗敎狂信，根本無法適當地應用到傳統中國哲學遺產的重新整理與重新評價，遑論「創造地發展」了。總而言之，三十五年來馬列主義與毛思想的獨斷教條，對於大陸學者的哲學研究，尤其對於「哲學遺產的繼承問題」討論以及解決，構成意識型態上無法擺脫的牢結。

拙文將分文革以前（一九五〇——一九六六）、文革期間（一九六六——一九七六）與文革結束以後（一九七六——一九八五）的三大階段，對於大陸學者環繞著「哲學遺產的繼承問題」所作的種種哲學研究，進行有選擇性的概述，並加儘求客觀公平的論評，而在結論部分試予簡單的「回顧與前瞻」。

二、文革以前

從中共政權的建立到文革爆發的十六年間，大陸學者在不太構成嚴重政治問題的哲學研究，有些不可忽視的成績。首先是中國哲學重要典籍的現代化標點工作，而以繁體字一一付諸印行。此項基本工作在文革期間稍見緩慢，但未完全停頓，而在文革結束以後加速進行，包括《中華大藏經》的印行（兩年來已出十一巨册），以及《二程集》《張載集》《陸九淵集》《戴震集》《韓非子校注》乃至剛剛出版的《朱子語類》(共分十册)等等，相當可觀。其次是中國傳統哲學資料的分類工作，譬如《中國哲學史資料選輯》多册(最近重新修訂)、《中國歷代哲學文選》(一九八一年修訂擴充而爲《中國哲學史教學資料選輯》上下二册)、《中國美學史資料選編》(經由加工而在一九八〇年才正式印行，分爲二册)等是。哲學資料的分類工作這幾年來更有進展，已出《中國現代思想史資料簡編》(共分精裝四卷)、《中國佛敎思想資料選編》(已出五册)等等。尤其後者分爲四卷(每卷可分數册)，加有新式標點，在中國佛敎的現代化資料整理可謂創擧。另外，在哲學史史料學方面，馮友蘭在一九六二年出版《中國哲學史史料初稿》，極有參閱價値，算是文革以前僅見的史料學書籍。此項工作近年來更見成效，譬如劉建國在一九八一年完成的《中國哲學史史料學概要》(上下二册)，幾達千頁，在哲學研究的基本工作方面算是一項突破。

在文革以前，個人的哲學著作很少不披馬列主義與毛思想的外衣，但也偶爾看到純屬學術性研究而幾無濫用「唯心」「唯物」等等馬列字眼的哲學佳作，包括李鏡池的《周易探源》(一九六三年完成，但在一九七八年才正式出版)，陳孟麟的《墨辯邏輯學》(一九八三年修訂再版)，詹劍蜂的《墨家的形式邏輯》，沈有鼎的《墨經的邏輯學》，譚戒甫的《墨辯發微》，以及朱謙之的姊妹作《日本的朱子學》(一九五八)與《日本的古學與陽明學》(一九六二)。墨家邏輯的研究與馬列毛理論無甚衝突，容易過關，而朱謙之的姊妹作所關涉的是日本近代儒家思想，與中國哲學沒有直接關聯，也較安全。這些佳作所以具有高度的學術價値，乃是由於免受馬列主義的思想干擾之故。這也同時說明了，哲學研究愈受馬列毛理論敎條的干擾，其學術價値也愈減低，也愈失去客觀公允的立場。

一九五七年一月，北京大學哲學系召開了一次極有規模的中國哲學史討論會。馮友蘭月初在〈光明日報〉上所登載的「中國哲學遺產底繼承問題」也在會上提出討論。他說:「在中國哲學史中有些哲學命題，如果作全面了解，應該注意到這些命題底兩方面的意義: 一是抽象的意義，一是具體的意義。」他主張，前者可以繼承，後者則無甚繼承的價值。他的「抽象繼承法」有不少學者（尤其是老一代）贊成，也遭遇到代表官方馬列立場的胡繩、關鋒等人的批評。馮氏在文中擧例說明「抽象繼承法」的適用性。譬如孔子的「節用而愛人，使民以時」，禮記禮運篇的「大道之行也，天下爲公」，孟子的「人皆可以爲堯舜」，朱熹白鹿洞書院學規中的「言忠信，行篤敬，懲忿窒欲，遷善改過」等等，如果好好解釋，都具有著經得起時代考驗的價值意義。

胡繩却批評「抽象繼承法」說:「（馮氏）所設想的解決問題底方法，是趨向於一個錯誤的方向。其所以是錯誤，就因爲在應當實事求是地做具體分析底時候，却採用了一種最省力的辦法，從主觀出發，在頭腦中作一次簡單的抽象，這是決不能解決實際問題的。」兩個月後，馮氏又在〈人民日報〉刊載「再論中國哲學遺產底繼承問題」，聲明爲了避免胡繩等人的誤解，願改「抽象」與「具體」爲「一般」與「特殊」。此文值得我們注意的，倒不是「抽象繼承法」到「一般繼承法」的字眼變更，而是馮氏被迫採用馬列教條對於「唯心論」與「唯物論」的硬性分辨: 前者主張精神的獨立存在，過份誇張精神的作用，後者主張物質的先在性，精神是由物質派生，祇具第二性；前者是反科學的形上學玄辯，後者則是合乎科學的辯證法；前者的社會根源是統治階級或剝削者，後者的社會根源則是被壓迫被剝削的勞動人民；前者是反動而落伍，後者則具革命實踐性而隨歷史前進。馮氏被迫開始同意，唯物論的哲學命題分析而爲一般意義的與特殊意義的兩種之後，可以繼承前者；

唯心論的哲學命題，不論具有一般的還是特殊的意義，都不應該繼承。譬如程朱主張「理在氣先」，是錯誤的唯心論命題，祇可成爲批判的對象，不發生繼承問題。王船山與戴震主張「理在氣中」，是較正確的唯物論命題，析出其中一般的意義之後，可以繼承。但是，馮氏在文中又說，古代哲學著作中所提的「氣」字，不一定是純物質性的，而是具有種種意義。可見馮氏內心了解到，唯心、唯物的硬性分辨容易歪曲或抹殺中國哲學名辭的豐富意涵。他却不敢正面指摘，馬列教條如應用到哲學遺產的批判性繼承，多半有害無益；反而自願步步陷入馬列框架，更在一九六四年出版的《中國哲學史新編》（共出二册，自殷周至東漢爲止）自序之中表態，謂：「我的主觀企圖是，寫一部以馬克思列寧主義、毛澤東思想爲指南的中國哲學史。……簡單地說，哲學史所講的是哲學戰線上的唯物主義與唯心主義的鬥爭，辯證法觀和形上學觀的鬥爭」。

馮氏的《新編》雖祇寫到東漢，却洋洋一千頁，就資料內容言，遠遠超過三〇年代的那本粗糙不堪的《中國哲學史》。而且，後者有如哲學資料書，原典引用過多，個人的解釋創見極少。相比之下，前者頗有「六經皆我註腳」的氣概，似乎顯出大膽的解釋。可惜的是，他那「大膽」的解釋，處處套上馬列教條，大大減殺了《新編》的學術價值。《新編》所以沒有完成，主要是因爲文革的爆發。馮氏在文革期間充當四人幫的御用學者，而在七〇年代初期又開始續寫《新編》的工作，但採用「擁法批儒」的四人幫觀點，而又走入歧途。一九八〇年馮氏再次修訂了《新編》，印出兩百多頁的第一册，在「全書緒論」寫道：「我們現在團結中華民族，當然用不著孔子和儒家。現在的中華民族是靠馬克思列寧主義、毛澤東思想團結在一起的。但這是在原有的中華民族的基礎上更進一步地團結。孔子和儒家在中國歷史上所起的團結中華民族的作用，是不能否認，也是不應否定的」。讀者不難猜知，馮氏此語模稜兩可，既要强調民族主義基礎上的孔子與儒家的團結作用，又捨不得揚棄馬列毛的理論教條，就哲學遺產的繼承問題仍徘徊在十字路口而不知何適何從。做爲著名的哲學史家與思想家，馮氏獨特的創造力在一九五七年以後就完全喪失了。馮氏個人的學術滄桑，他的生活悲劇，可以說是象徵了經歷多次苦難的大陸廣大知識份子（尤其教授學者）的思想掙扎與暗中摸索的一個小小寫照。

在中國哲學思想史方面的研究，除了馮友蘭《新編》之外，值得一提的是侯外廬所主編而由數人合寫的《中國思想通史》（一九五六——一九六〇），共分五卷六册，約有三千五百頁，足以代表文革以前的哲學思想史研究水平。此書的資料內容，極其豐富，正統哲學且不說，兩漢時期的司馬遷史學，白虎觀宗教思想與今古文學的爭論，魏晉南北朝的嵇康等人的思想，葛洪內神仙外儒術的道教思想與范縝的無神論，隋唐至宋元明的佛教思想，劉知幾的史學思想，柳宗元與劉禹錫的「唯物論」，李覯的思想，王安石的新學，陳亮與葉適的「唯物論」，黃震、鄧牧、馬端臨、王廷相、黃綰、呂坤、何心隱、李贄、方以智、東林黨人的思想，道教的發展，乃至近世啓蒙時期的朱之瑜、傅山、李顒、唐甄、李塨、汪中、章學誠、焦循、阮元、龔自珍、方東樹等人的個別思想，都有詳盡的敍述與討論。在過去的思想史研究常被忽略的許多傳統思想家（涉及純粹哲學以外的史學、經學、經濟思想、社會批判、宗教思想等等）躍然紙上，對於傳統思想的廣度透視，有相當的學術貢獻；同時格外注意到個別思想與時代背景以及經濟社會生活之間的密切關聯，也算是對於老派的思想史整理方式構成一種新的衝擊。《中國思想通史》所使用的方法當然脫離不了唯物史觀的社會階級分析等等，也套用唯心論、唯物論等辭到各家各派的思想。不過，大體上還能避免極左論調，多少肯定了中國哲學傳統中代表性思想家（不論是「唯心」的還是「唯物」的）的正面影響與積極貢獻。譬如在第一卷，作者稱讚「孔墨對於春秋形式文化所首創地提出的光芒萬丈的批判，……他們實在是當時進步的偉大代表」（該卷一三七頁）。但是，對於被判定之爲「主觀唯心論」的哲學思想，則貶多於褒，且時有曲解原意的情形。譬如莊子的思想被誤以爲「從主觀唯心主義導向於宗教信仰主義。他不但『與造物者游』，而且和上帝合爲一體了」（該卷三三六頁）。又對孟子的思想，一方面大大讚揚其「政得其民」的學說新鮮而輝煌，有著重視人民的因素，另一方面又批判孟子的性善論爲曲解孔子「性相近」的唯心主義人性論，而其道德學說則被講成「先驗主義的形而上學體系」（該卷三九九頁）。「上帝」「宗教信仰」「先驗主義」「形而上學」「唯心論」「唯物論」等哲學名辭的濫用，不但暴露了此書作者對於西方哲學的一知半解，也同時暴露了馬克思以來的理論教條，對於哲學思想史的學術研究與各家各派哲學思想的解釋與評價所構成的嚴重枷鎖。有趣的是，由於此書缺少極左論調，在文革時期被打上「修正主義」「資產階級學術『權威』」等等莫須有的烙印罪名，到了數年前才獲平反，而再版印行。

一九五九年到一九六二年，「哲學研究」編輯部編成《孔子哲學討論集》《老子哲學討論集》與《莊子哲學討論集》等三本書，收錄溫和派（如馮友蘭、湯一介、童書業、唐蘭等人）與極左派（如關鋒、林聿時等人）的論文。對於孔子，極左派認爲他是維護種族奴隸制的守舊頑固派，溫和派則認爲他是對於人民抱有一定同情而設法改良的進步思想家。對於老子的哲學，尤其「道」「無」等等形上學概念，則有「唯心」或「唯物」的兩種截然不同的解釋。有趣的是，其中一些作者時取「唯心」解釋，時又改取「唯物」解釋，如此濫用馬列名辭而漫無規準的隨意解釋，一直延續到今天，足見馬列主義「解釋學」的學術價值如何了，老子地下有知，必定啼笑不得。對於莊子，則連代表溫和派的馮友蘭都批判之爲荒謬不堪的「主觀唯心主義」，而極左派的主將關鋒（文革初期變成風雲人物），更進一步說:「莊子的主觀唯心主義體系便有了這樣一些特徵: 虛無主義，阿Q精神，滑頭主義，悲觀主義。」如此，「主觀唯心論者」莊子變成了中國哲學史上第一個「反面教員」。

寫過《海瑞罷官》影射彭德懷事件而在文革開頭受盡苦楚的歷史家吳晗，一九六二年先後在〈前線〉第十、第十六兩期發表了「說道德」和「再說道德」兩篇短文，主張「無論是封建道德，還是資產階級道德，無產階級都可以吸引其中某些部分」。吳晗在這裡所提出的「道德繼承論」，與一九五七年馮友蘭所提出的「抽象繼承法」或「一般繼承法」如出一轍，應該合乎列寧所定下的「批判地繼承」原則。但是，吳晗的「道德繼承論」不久遭遇到極左派的圍攻，認爲他口口聲聲講「批判地繼承」，實際上根本沒有使用馬克思主義的階級分析方法，去對剝削階級道德內容進行分析和批判，而是原封不動地把「忠」「孝」「節」「義」「民主」「自由」這些名詞或概念繼承過來，取其「字面意義」，實爲一種不折不扣而完全錯誤的「抽象繼承」。換句話說，「道德繼承論」取消了統治階級道德與被統治階級道德之間的原則界限，實際上是一種「合二而一」的矛盾融合論或階級調和論，有違毛的「一分爲二」矛盾論。我們又在這裡看到了，溫和派的大陸學者在探索與解決「哲學遺產的繼承課題」所遭遇到的種種挫折與困擾。

老一代的哲學工作者如馮友蘭、朱光潛、金岳霖等人，在文革以前早已被迫自我懺悔與自我批判多次，仍難過關，到了文革時期還得從頭學習馬列毛的理論教條，精神壓迫與負擔有增無減。金岳霖曾以《邏輯》一書聞名，在一九六一年再版該書之時，加印他的一篇「對舊著《邏輯》一書的自我批判」，自承「這本書從頭到尾，貫徹著資產階級的邏輯思想，流傳所及，發生過極爲有害的影響，我感到有進行徹底自我批判的必要」。他現在認爲，羅素等資產階級邏輯學家把形式邏輯絕對化、形上學化、唯心主義化，目的是在爲了他們的唯心主義哲學提供「理論」工具。他自已也曾「歪曲形式邏輯使它脫離具體的科學的認識，從而使它能够爲我自已唯心主義的世界觀和認識論服務」。「唯心論」與「唯物論」基本上都是形上學概念，金岳霖却盲目依從馬列敎條，一方面把唯物辯證法看成統制形式邏輯的「科學」方法論，另一方面又歪曲形式邏輯爲一種唯心論的「理論」工具，原來一個嚴格的邏輯學家受了馬列敎條的束縛之後，就如此蠻不講理，完全失去了學術研究的獨立態度，實在令人嘆息。

金氏在抗戰期間寫完一本《知識論》，日機空襲昆明的時候全稿遺失。抗戰勝利之後開始重寫，在一九四八年底終於完成，自謂「《知識論》是我花精力最多、時間最長的一本書」。此書在一九八三年正式出版，近一千頁，實爲一部力作。有趣的是，他在「導言」表示：「從反面說，本知識論旣不是唯心，也不是唯物的知識論。作者向來不贊成這種名詞，十多年前曾發表了一篇文章表示心物之爭底情感成分多而理智成分少。引用到整個的哲學上去沒有意義；引用到知識論去確有意義。但這種名詞流行太甚意義太泛，最好不用它們。無論如何，本知識論旣不唯心，也不唯物，不僅如此，本書沒有一章討論心物的，心物兩字也不常見」（該書第十七頁）。金氏此語極有見識，如將上述「自我批判」與此相比，不難想見馬列敎條如何腐蝕了他那原有的學術心靈。

文革以前敢予標出自已獨特的哲學思想，而與馬列毛理論對峙的，祇有一個，就是當代新儒家宗師熊十力。他接《原儒》（一九五六）之後，續寫《體用論》（一九五八）、《明心篇》（一九五九）、《乾坤衍》（一九六一）等書，臺北學生書局曾予重印（原係私印，分贈友好）。徐復觀教授逝世之前半年曾對我說，他很厭惡熊老晚年著作，旣無嚴格考證，又漫加自己成見，完全曲解儒家，毫無學術價值。但是，在《乾坤衍》(自謂「本書寫於危病之中，而心地坦然，神思弗亂，此爲余之衰年定論」)，熊老依據周易與禮運篇（謂係僞作，但保存孔子《禮運經》大道小康諸文）大膽推演孔子外王之道，斷定「孔子六經完全是革命思想」(第一四三頁)，主張孔子的儒家思想絕非「空想的社會主義」，而是具有實事求是的科學精神云云，言下實有敢予同時挑戰馬列毛理論與墨守成規的傳統儒家之意。如用我自己的慣語去做了解，已近黃昏的熊老仍意圖著「批判地繼承並創造地發展」孔子以來的儒家哲學（尤其外王之道的「價値轉換」)，如此精神，在中國大陸不做第二人想。(據說，今年年底將在北京擧辦紀念熊十力百年生誕的哲學會議。)

三、文革時期

我最近在「中國大陸馬列主義面臨的思想困局」(〈中國論壇〉第二十卷第三期）已分析過毛思想的深層結構與文化大革命的政治目的。這裡祇想指出，文革極左派在新當權派保護下步步强化馬列毛理論教條，而以依此建立的「解釋學」憑空揑造一套「儒法鬥爭史」，幾乎徹底破壞了整個傳統哲學的寶貴遺產。如此，「徹底決裂論」完全取代了「批判繼承論」，終於造成空前的文化虛無主義。老一輩的大陸學者每每回想那一場十年浩劫，難免猶有餘悸。

一九七一年九月，毛林兩派公開決裂，而林彪忽然暴死，暴露了文革的危機重重，已到不可收拾的地步。四人幫接著掌握思想文化的一切大權，開始發動「批林批孔」運動，同時嗾使包括馮友蘭在內的御用學者撰文批判孔子與儒家的一切，又以毫無根據而幼稚不堪的「儒法鬥爭史」理論處理中國哲學發展史的問題。文革初期的極左派主將關鋒（北大哲學系教授），在一九六七年由於「五・一六兵團」事件被毛親自整肅，不再露面。取代關鋒的地位而在「批林批孔」運動放第一炮的是另一主將楊榮國（廣州中山大學教授）。一九七二年楊在〈紅旗〉刊載「春秋戰國時期思想領域內兩條路線的鬥爭——從儒法論爭看春秋戰國時期的社會變革」，依據「春秋戰國時代是由奴隸制向封建制過渡的時代」這個看法，加上馬列毛的理論教條，主張儒法兩家在思想領域內的尖銳鬥爭，實質上就是當時新興力量對日趨沒落的奴隸主階級的階級鬥爭的反映，而秦始皇之取得統一以及厚古薄今的政治措施（如對詩書，對儒家的孔子和思孟學派所持的批判的與否定的態度等等），從當時思想領域內兩條路線鬥爭來看，完全是沿著法家路線適應時代前進的。翌年八月七日，楊又在〈人民日報〉登出「孔子——頑固地維護奴隸制的思想家」這一篇，濫罵孔子：「是頑固地站在日趨崩潰的奴隸制一邊，堅持反對新興的封建制改革的」。孔子的「仁」被曲解爲「殷周奴隸主階級的意識形態」，且引毛批判超階級的「人類之愛」之語，攻訐孔子的「仁者愛人」，說是「騙人的鬼話，他並不是要愛一切人（包括奴隸），他所愛的，僅僅只是奴隸主階級」。楊文的政治目的，當然是在借用「批孔」以便「批林」，鞏固四人幫爲首的文革極左派的理論基礎。從楊等御用學者的學術態度不難猜知，爲四人幫獻身服務的文革極左派份子的見識是如何低下的了。

當時年近八十的馮友蘭，好不容易渡過了文革初期的批鬥，突然發現自己「又成了革命的對象」，不得不再次批孔和自批，而在〈光明日報〉（一九七三年十二月三日）刊出「對於孔子的批判和對於我過去的尊孔思想的自我批判」，自承在五〇年代以講「中國哲學遺產的繼承問題」爲名，提出了所謂「抽象繼承法」以與馬列主義的階級分析法相對抗。又在一九六二年紀念孔子的濟南會議上散佈了《中國哲學史新編》中關於孔子的論點，說孔子是當時封建地主階級的思想代表，他講的「仁」有「普遍性的形式」，在當時有進步的意義，這都是加强了對孔子的「神化」，爲修正主義路線服務云云。馮在此文下結論說，孔子「確實就是沒落奴隸主的哲學家」。同年，馮又寫過「復古與反復古是兩條路線的鬥爭」與「從個人的體會談談批林批孔同團結、教育、改造知識份子的關係」這兩篇，套上馬列教條的解釋說：「儒家思想是沒落奴隸主貴族不甘心滅亡，垂死掙扎，以抵抗新興勢力的思想，它主張復古。法家思想則是新興的地主階級在對奴隸主貴族進行鬥爭和革命時期的思想，這時期它要變古」。從馮友蘭文革晚期的被迫自批，不難想見，「哲學遺產的繼承課題」已是胎死腹中，馬列主義與毛澤東思想終被神化，取代一切傳統哲學與宗教思想，變成幾近宗教狂信的「絕對眞理」，這就是文革時期的所謂「哲學研究」。

文革後期出現了幾本中國哲學史書，包括楊榮國的《中國古代思想史》(一九五四年初版，一九七三年再版)與《簡明中國哲學史》(一九七三)，以及任繼愈主編多人合寫的《中國哲學史簡編》(一九七三)，都套上了教條化的馬列解釋與評價，或不如說，馬列的評價取代了客觀的解釋，沒有甚麼學術價值可言。文革時期也有不少穩健派的教授學者儘量保持低調，默默耕耘，忍辱十年，而在四人幫垮台、文革宣告結束之後才漸漸拿出耕耘所得的研究成果，付諸印行，高亨的《周易大傳今注》(一九七九)即是一例，於一九七〇年撰成，九年後才正式出版，近七百頁，足以代表老一輩學者的功力。

四、文革以後

大陸學者在文革結束以後從事於哲學研究所獲得的成績遠遠超過前面兩個時期，部分原因是，中共當局在不放棄「四個堅持」的大原則下稍稍默認「解放思想」，以免重蹈文革的覆轍。首先，在哲學典籍的新式標點與校正注釋、哲學資料的分類重編、哲學史料學的注重、《哲學辭典》《邏輯學辭典》等等辭典編寫之類的哲學研究基層工作，有相當可觀的學術成績。其次，外國哲學的經典著述也有大量的漢譯出現，有關西方哲學與日本哲學的專著也陸續印行。但一方面由於馬列的框架未除，另一方面剛剛開始重新學習非馬列的外國哲學，水準並不够高。對於外國哲學的虛心學習與客觀了解構成最大絆腳石的，說來說去還是馬列主義的敎條，對存在主義、現象學、現代數理邏輯、新派解釋學等等動輒加上馬列批判，還未「讓原來哲學家說出自己立場」(Let the original philosopher speak for himself) 之前已迫不及待地想用馬列理論一棍子打死他。

根據我多年來學習外國哲學的經驗，沒有我所說「多元開放的思想胸襟」，決不可能消化外國哲學，遑論吸納它的正面資糧。大陸學者的「批判評價重於虛心消化」這個態度能否改善，以便提高哲學研究的學術水平，根本關鍵還是在中共當局有無膽識突破馬列框架，容許眞正的學術自由。

這些年來，大陸學者又從頭開始探討「哲學遺產繼承課題」的解決線索，首先所碰到的難題還是方法上的問題。一九七九年十月，由幾個哲學研究機構聯合發起，在太原擧行一次中國哲學史方法論問題討論會，共有一百七十一名各地代表，包括老牌專家，年輕一代的哲學史工作者，少數民族代表和外國進修生等。會後重要論文（共三十二篇）收成一書，題名《中國哲學史方法論討論集》。該書「前言」說明：「會上就中國哲學史的特點、對象、任務、哲學遺產的批判繼承、如何評價唯心主義、哲學與階級鬥爭等問題進行了熱烈討論，而哲學史研究中的方法論問題是這次會議討論的重點。」第一篇是汪子嵩的「談怎樣研究哲學史」，一開始就肯定：「哲學史方法論的問題，實際上也就是怎樣用馬克思主義的觀點和方法去研究哲學史的問題」。他提到蘇聯學者日丹諾夫的哲學史定義三十年來對於大陸學者的正反兩面的影響。依此定義，「哲學史就是唯物主義與唯心主義鬥爭的歷史」，亦即「科學的唯物主義世界觀及其規律底胚胎，發生與發展的歷史。」作者承認，此一定義對於中國哲學史的研究與繼承產生過不好的作用，出現了教條主義、公式化、簡單化、貼標簽等等情況。他建議說：「我們研究人類認識發展的歷史，爲的是要總結歷史發展中的經驗教訓。凡是對人類認識的發展起過積極作用的思想，卽使是唯心論或形而上學，也要加以肯定；當然不是簡單的絕對的肯定，而是肯定它們的歷史意義和價值。凡是對於人類認識的發展起過消極作用的，卽使是唯物論，也要作歷史的否定。」這等於說，在哲學史的研究與哲學遺產的繼承課題，要從文革時期的「徹底決裂論」回到列寧當初建立的「批判地繼承」原則。汪的建議，大體上代表了該書其他作者的基本態度。然而，依照列寧的原則，批判遠比繼承重要，永遠優先於繼承，因此還是解決不了學術研究的客觀性與獨立性的馬列難題。

依據上述極有限制的中國哲學史方法論去重新研究與繼承傳統哲學及其歷史發展，成績當然有限。不過這幾年來，確也出現了不少有相當份量的哲學史書，包括侯外廬主編的《中國思想史綱》二册（係《中國思想通史》再創作而成的縮寫本，一九八一年印行）與《中國近代哲學史》(一九七八), 任繼愈主編的《中國哲學史》四册(一九七九), 肖箑父與李錦全主編的《中國哲學史》二册(一九八二—八三)以及北大哲學系中國哲學史教研室編寫的《中國哲學史》二册(一九八〇)等書。

以最後一部爲例, 其「編寫說明」提出以下五點: ①針對四人幫泡製的「儒法鬥爭史」, 必須正本清源,「通過中國歷史上唯物主義和唯心主義、辯證法和形而上學這兩種思想發生、發展和互相鬥爭, 互相影響的歷史, 總結唯物主義和辯證法思想克服戰勝唯心主義和形而上學思想, 人類認識不斷向正確方向發展的規律和經驗教訓」; ②「中國哲學史的研究和教學要堅持爲社會主義革命和建設事業服務的方向」, ③「要闡明歷史哲學思想發展、演變與生產鬥爭、階級鬥爭、科學實驗之間的聯繫」; ④「引證適量的基本史料, 進行必要的基本理論分析」; ⑤「在學術問題上, 應當允許各抒己見, 百家爭鳴。中國哲學史上有許多問題在學術界是存在著不同看法的, 有待深入研究。本書對於這些有爭議的問題, 只採用其中一種看法, 不應視爲定論」。第④⑤兩點確是任何學術研究皆應具備的基本條件, 自無問題, 尤其第⑤點的强調與遵守, 實有助於培養多元開放的思想胸襟, 藉以克服馬列主義者的「單線條自我閉鎖心態」(simplistic, self-closed mentality)。但是, 在第①點的統制之下, 哲學史工作者如何能够堅持第⑤點始終如一, 遑論除去馬列枷鎖, 眞正推進所謂「百家爭鳴」的自由獨立的純粹學術研究氣氛?

現任中國大陸社會科學院世界宗教研究所所長的任繼愈教授, 最近又開始主編一部極具規模的《中國哲學發展史》, 共分先秦、秦漢、魏晉、隋唐、宋元明清(共兩卷)以及近代等七大卷。第一卷已於一九八三年出版, 第二卷剛出, 任氏來函告我贈送一本, 此刻還在水路, 這裡不及討論, 祇就第一卷先秦部分(將近八百頁)來看, 七卷完成之日, 恐將取代侯外廬主編的《中國思想通史》的學術地位。任氏在「導言」謂:「七卷既竟，如乘槎以窮河源，如匯百川而歸大海，事實既明，條理自見，哲學史規律亦將從此引出。……本書著眼於中國哲學邏輯的發展過程，所以稱之爲『中國哲學發展史』」。問題是在: 任氏以及其他大陸哲學史家所慣用的「內在邏輯」、「科學規律」等語，早已套有獨一無二的「科學的唯物論」解釋，豈能免於獨斷先入之見？從較有學術開放性的解釋學立場去看，我們在哲學發展史所能發掘的，並不是神化馬列教條而有的所謂的「內在邏輯」，而是（做爲創造性的解釋家的）我們自己探索所得的「思維線索」; 也不是甚麼「科學規律」，而是我們透過哲學思想的表面結構挖出其深層結構所能獲致的（前哲與後哲之間可能存在著的）「哲理關聯」。包括馬列主義者在內的任何哲學史家或解釋學家，都沒有資格扮演「學術上帝」的角色，以自己早已相信的「絕對眞理」（其實是似而非宗敎信仰）當做正確可靠的惟一規準（其實是未經省察的先入之見），去進行純學術性的哲學（史）研究的。

除上述《中國哲學發展史》之外，特別值得我們注目的是數人主編而衆多學者合寫的《中國古代著名哲學家評傳》四册（一九八〇—八一）及其《續編》四册（一九八二），與《中國近代著名哲學家評傳》二册（一九八二—八三），此套共有十册，洋洋六千三百頁，不可不謂工作繁鉅。所涉古今中國哲學家共一百十七位，始於孔子，終於胡適。可喜的是，《續編》補上一向不太被人注意的思想人物，譬如王符、仲長統、劉劭、楊泉、李覯、司馬光、吳澄、劉基、陳確、熊伯龍、唐甄、洪亮吉等人，而「近代」也包括洪仁玕、鄭觀應、馬建忠、唐才常、吳虞、陳天華、朱執信、鄒容等不太熟悉的思想家，如果除去帶有馬列批判的字眼，專讀平舖直敍的各家傳記，時代背景以及思想概要，仍有相當程度的參考價值。侯外廬爲《評傳》寫序，謂:「這部『評傳』

表現了這樣一些特色：重視廣泛徵引史料，對哲學家的身世、生平、經歷和學術活動，儘量作出科學的考證和完整的敍述，以顯示出哲學思想的時代氣息和發展脈絡，刻畫出不同哲學家的具體特點和獨特風貌。」但是，侯氏又謂：「《評傳》的作者們力求遵循社會存在決定社會意識的歷史唯物主義的基本原理，……所論思想，基本上避免了人云亦云的概念化和公式化的毛病」。其實，如從較開放的學術觀點去讀書中各家評傳，不難看出，由於馬列框架的制限，多半的作者仍無法免於「概念化和公式化的毛病」。

除哲學通史之外，這兩三年來也出現了幾部斷代史書，其中較令人注目的是侯外廬、邱漢生與張岂之三位主編的〈宋明理學史〉，已出上册（一九八四），約八百頁，內容相當豐富。侯氏在序中提到，一九五九年編著《中國思想通史》第四卷（隋唐宋元明思想）時，即開始進行宋明理學的研究，但到一九八〇年才眞正開始集體撰寫。上卷的第一點特色是强調長期不被重視的元代理學的研究，對於趙復、許衡、劉因、饒魯、吳澄等理學家的思想一一論介，以便了解宋代理學轉向明代理學的中間環節。第二點特色是注意到理學發展的內在邏輯與當時社會發展的關係。可是，本書批評「宋元學案」祇不過是歷史編纂學，而非科學的理學史之後，又聲明「我們的研究必須嚴格地置於馬克思主義理論的指導之下。馬克思主義是科學的世界觀和方法論……。只有以馬克思主義、毛澤東思想作爲指導，歷史的研究才能成爲科學」。侯氏此語，不但混淆了科學眞理與哲理（哲學道理）的區別，也混淆了科學形態的、哲學形態的以及幾近宗教狂信的意識形態化了的三種馬克思主義的分辨，因此減殺了可能具有的學術價值。

另外，蒙培元所著《理學的演變——從朱熹到王夫之戴震》（一九八四）一書，用力甚勤，材料亦極豐富，但馬列主義的單線條解釋與價值判斷太多。譬如作者在首章說，朱子理學體系之中有唯心論（理本體論）與唯物論（氣化學說）之間的矛盾。又說，朱熹哲學向「客觀唯心論」、「心學主觀唯心論」與「批判理學的唯物論」等三大方向發展。如此套用陳腐不堪的馬列範疇，不但沒有解釋學上的創見，反而動輒曲解原哲學家的眞意，對於理學的發展所抓住的「內在邏輯」也難免獨斷。

一九八一年十月，中國哲學史學會與浙江省社會科學研究所在杭州聯合舉辦了一次大規模的宋明理學討論會。據《論宋明理學一宋明理論討論會論文集》編者的「前言」，「討論會在馬列主義、毛澤東思想指導下，著重討論了：宋明理學的性質、特點、派別及其歷史地位；程朱理學及其評價；陸王心學及其評價；理學及反理學的鬥爭；理學研究的方法論問題等」。又謂：「遵照『百家爭鳴』的方針，我們在選編時，注意了選收觀點不同的文章」。然而，馬列毛的理論教條旣仍充當宋明理學討論的指導原理而無可動搖，則如何能有名副其實的「百家爭鳴」？如何能够促進獨立乎政治意識形態干擾的純學術性研究？不過，書中不少論文作者有意避免極左馬列論調，倒是事實，可以想見他們的學術掙扎。以馮友蘭的「略論道學的特點、名稱和性質」爲例，自始至終採取較爲平實穩健的學術態度澄淸道學或理學的哲學觀點，看他筆調有如回到當年撰著《貞元六書》（《新理學》到《新知言》）的時代，但仍無法完全避免「唯心」「唯物」等語。譬如他說：「道學家和玄學家中大部分都是唯心主義，但不能認爲道學和玄學就是唯心主義的同義語」，語氣曖昧，難於猜悉其中眞意。馮氏「點到爲止」的曖昧筆調，可以看成代表許多「心照不宣」的穩健派學者的學術苦衷吧！

馬列教條的束縛並沒有完全杜絕哲學專題（史）與各家各派的細心探討，在這些方面較有顯著的學術成績，包括張立文的《朱熹思想研究》（一九八一）與《周易思想研究》（一九八〇），肖箑父主編的《王夫之辯證法思想引論》(一九八四), 崔大華的《南宋陸學》(一九八四), 湯一介的《郭象與魏晉玄學》(一九八三), 方克立的《中國哲學史上的知行觀》(一九八二), 以及陳俊民的《張載闆學導論》(一九八五)等書。我們在這些書中偶能發現作者躍躍欲試學術突破的一番苦心, 但適可而止, 蓋有馬列教條的束縛之故。譬如湯氏的《郭象》一書很有功力, 也十分關注「批判的繼承」課題, 下面「緒論」所云已較以往溫和得多:「馬克思主義要在一個國家(民族、地域)生根、發芽, 從某種意義上說就必須與原有的傳統思想文化相結合, 或者說必須通過對原有的傳統思想文化進行批判的繼承, 否則就不能眞正起作用。因此, 研究馬克思主義和我國傳統思想文化的關係, 是不是也會豐富和發展馬克思主義呢?應該說是可以的」。問題是在: 所謂「批判的繼承」, 目的是在「豐富和發展馬克思主義」, 還是在「創造地發展」我國傳統文化與思想?讀者如再翻閱我的一篇「批判的繼承與創造的發展——有關中國學術文化重建的問答」《中國論壇》(第十九卷第五、第六兩期), 則不難了解我爲甚麼同時强調「批判的繼承」與「創造的發展」, 也不難了解爲甚麼大陸學者祇能片面地强調列寧以來的「批判地繼承」原則, 而還不敢大膽提出「創造地發展以儒道佛爲主的中國思想文化傳統」了。

五、結語: 回顧與前瞻

以上對於大陸學者三十年來環繞著「(中國傳統) 哲學遺產的繼承課題」所作的哲學研究試予概括性的論評, 指出由於馬列毛理論教條的種種限制,「創造的發展」遙遙無期, 而「批判的繼承」也常變成批判有餘而繼承不足的局面。據我觀察, 在馬列主義的束縛下, 哲學各大部門之中最難繼承的是宗教哲學與倫理學, 比較容易過關的是邏輯與美學。

首就宗教哲學言，中國大乘佛學的繼承問題從未解決，遑論發展。佛學研究最有功力的一位是任繼愈，爲已故湯用彤教授的得意門生，主著《漢唐佛教思想論集》在一九六二年初版，一九八一年第三版付印，對於中國佛教的否定態度無甚改變。以他對於禪宗哲理的評價爲例，在第三版仍攻擊禪宗說：「禪宗從客觀唯心主義向主觀主義的轉化，使它更深地陷入唯心主義的泥坑。它把一切存在（法）的客觀眞實性完全抹煞，採取了更粗暴、更獨斷、更主觀的極端唯心主義的認識論」（第一五八頁）。另外佛教學者郭朋，自一九八〇年起一口氣出版了《隋唐佛教》、《宋元佛教》與《明清佛教》三書，旨趣是在以歷史唯物論的觀點，表明「中國佛教不過是依附於封建統治階級的附屬物」。大陸學者所以不談中國佛教的繼承，理由很簡單，就是馬克思的一句話：「宗教是人民的鴉片」。

其次，我們已看到吳晗「道德繼承論」的遭遇。這幾年來又有「異化與人道主義問題討論」的盛行，主要目的還是要批判任何超階級的人性論與人道主義。「談談異化和人道主義問題」（一九八四）的作者靳輝明就說：「從理論上講，抽象的人道主義和『異化論』，不是馬克思主義，而是一種資產階級意識型態」（第五頁）。共產主義的道德信念既不准許動搖，近年來在大陸開始流行的「社會主義異化論」與超階級的人道主義之類，當然祇有掃蕩殆盡了。依此類推，孔子以來的儒家倫理又如何能够「批判地繼承」，遑論「創造地發展」？

至於邏輯研究方面，雖有唯物辯證法與形式邏輯之間的某些（馬列主義者本身自找麻煩而有的）「衝突」，大體上說，形式邏輯（與歸納法）的繼承與發展不太引起意識型態上的馬列反感，容易進行。因此近年來邏輯（史）研究相當順利，可由周文英的《中國邏輯思想史稿》（一九七九)、汪奠基的《中國邏輯思想史》(一九七九)等書窺見一斑。

整個地說,文革結束以後不但有批判的繼承,且有創造的發展傾向的是美學這一部門。這些年來美學以及文藝評論方面的著作出版一枝獨秀,包括朱光潛、蔡儀、宗白華等老牌美學專家的論集,葉朗的《中國小說美學》(一九八二),李澤厚的《美的歷程》(一九八一),周中明的《紅樓夢的語言藝術》(一九八二),楊辛與甘霖合寫的《美學原理》(一九八三)以及好幾本有關《文心雕龍》的書籍等等,美不勝收。我在美學這部門看到了一縷學術突破的小小希望。三月間,代表壯年的一代爲「批判的繼承與創造的發展」苦心奮鬥的李澤厚以航空寄我幾份自著論文,其中一篇「漫述莊禪」(一九八五年元月),在開頭標出全篇旨趣,謂:「莊子是最早的反異化思想家,他反對『人爲物役』,要求個體身心的『絕對自由』,提出獨立無待的理想人格;從宇宙觀、認識論去理解莊子,不如從美學上才能眞正把握莊子。魏晉玄學提出的人格本體論是莊子哲學的一種發展。禪宗則是援莊入佛的創造性的中國產物,它要求破除任何對概念、語言、思辨、修養、權威等的執著,才能從瞬刻間見永恆,超越時空因果,達到徹悟的人生境界。本文認爲,莊禪的審美直觀的思維方式值得進一步探究。」又下結語說:「無論莊、禪都在即使厭棄否定現實世界而追求虛無寂滅之中,也依然透出了對人生、生命、自然、感性的情趣和肯定,並表現出直觀領悟高於推理思維的特徵,也許,這就是中國傳統不同於西方(無論是希伯來的割裂靈肉、希臘的對立感性與理性)的重要之處?也許,在剔除了其中的糟粕之後,這就是中華民族將以它富有生命力的健康精神和聰明敏銳的優秀頭腦對世界文化作出自己貢獻時,也應該珍惜的一份傳統遺產?先別忙於肯定或否定,想想,再想想。」我又注意到,全篇未提「唯心」「唯物」等陳腐名辭,可見作者有意「擺脫」馬列的框架。然而,這種突破性的嘗試能否繼續下去?

再者，祇靠美學一門而無哲學研究其他所有部門的同時突破，會成功嗎？

我的結論很簡單：三種馬克思主義（科學的、哲學的與意識型態的）的混淆不清，以及誤認意識型態的馬克思主義（卽幾近宗敎狂信的馬列毛理論敎條）爲兼具科學與哲學雙層眞理性的萬靈丹，這是大陸學者的哲學研究始終停滯不前的主要原因。但是，牽一髮則動全身，那位大陸學者敢有膽識試「牽一髮」呢？

（一九八五年七月二十八日深夜於費城郊外，原載「中國論壇」第二十一卷第一期十週年專輯）

第 二 部

西東博議

天才是生命的試煉

——從魯賓斯坦之死談起

再度遊美，不覺已過二八寒暑。十六年來沒有適當的機會返臺探親、訪友或教書，鄉愁徒增而難解。去年七月初旬應邀去檀島參加恩師陳榮捷教授所主持的國際朱子學會議，得與韋政通、蔡仁厚、趙玲玲等幾位臺灣代表痛飲、暢談多次，無意間表露了多年來蘊結心中的自疚感:「離開臺大哲學系以來一直覺得自己是個逃兵，沒有留在本國為了培養下一代英才獻身服務。」會議期間也遇到中國時報駐美記者金恆煒君。會後歸來費城不久，恆煒打了數次電話促我中文撰稿。我因教學繁忙，也為了趕完一套英文叢書，一時不敢答應。二週前恆煒又催了一次，這才「痛下決心」準備撰寫環繞着後現代社會死亡問題、心理治療與宗教解脫的三姊妹篇，儘在新春前後寄去。但不久前在報上閱悉鋼琴聖手魯賓斯坦剛於瑞士逝去，頓想先寫一篇「天才是生命的試煉」，藉他的生死漫談天才問題，同時喚起讀者們對於未來中國天才教育問題的關注與深思。

那天獲知魯賓斯坦去世之後，立卽購買他的第二部自傳「我的許多歲月」，徹夜通讀了一次。讀後深覺魯氏是西方型天才之中屬於極少數的幸運兒。魯氏生於波蘭，十歲卽以神童姿態在柏林公開演奏，一鳴驚人。從此他的演奏生涯可以說是一帆風順，無甚挫折，獨霸琴壇幾有半個世紀，生平享盡了榮華富貴，確是歐美音樂界的第一寵兒。他在中年結婚以前有如雲美女拜倒琴下，中年以後奠定了鋼琴演奏的無上權威，數不清的賞譽源源而來，包括法意二國總統所頒最高藝術榮譽，奧斯卡電影特別金像獎，與甘迺迪總統同領耶魯大學名譽博士頭銜，福特總統親頒的自由勳章，在華府甘迺迪表演藝術中心與其他四位接受卡特總統所授與的第一屆美國表演藝術最高榮譽等等，不勝枚舉。畢加索爲他特別畫了二十四張素描留念；各國男女顯貴以結識他爲光榮；名指揮家托斯卡尼尼與他共同演奏之後贈他自照，並署演奏之日畢生難忘云云。魯氏在第一部自傳「我的早年」曾自認爲世界上最幸福的人，又在前年出版的「我的許多歲月」重說了一遍。他是名副其實的演奏天才，對於音樂生具超人的第六感，任何鋼琴曲譜都能卽時强記，而他的手指據說控制八個半以上的鍵盤足足有餘。尤令世人欣羡的是他那强韌旺盛的生命力，六十多歲還能生子，九十歲照常上臺演奏，九十過後雖然雙目幾盲而耳聽仍聰，通過唱片聆賞冥契莫札特天籟般的音樂作品。魯氏一生的鋼琴演奏集中在莫札特、貝多芬、舒伯特、舒曼、布拉姆斯、李斯特與蕭邦的作品，尤其彈奏浪漫派作品如蕭邦的鋼琴曲，據說無人能出其右。音樂鑑賞見人見智，不過據我所知，一般似乎公認魯賓斯坦爲本世紀鋼琴家之首，與他差堪比擬者俄人霍洛維滋一人而已。

魯賓斯坦雖未遭遇嚴重的挫折，却曾有過一次內在生命的危機。這個危機涉及兩點。第一，他在婚前耽溺社交與性愛風流，加上對臺下聽衆歡呼鼓掌的自我陶醉幾乎使他喪失了精神的集中與內心的平衡。這是西方型的天才屢見不鮮的危機：靈肉分裂，內外失調，心役於物而不能役物。第二，較他年輕的霍洛維滋漸露頭角，頗有凌駕他的聲勢。魯氏發現對方琴藝的精確性非自己可及。他在公開演奏時也不時發覺有誤彈一兩個音調的情形，卽使在場的音樂批評家聽不出來，也無法自掩自欺下去。尤其當他細聽自己灌過的唱片也偶爾發現誤彈的缺點。一般西方型的天才在一生之中總要經歷至少一次生命的試煉，從中克服內在的危機意識。音樂界的幸運寵兒魯賓斯坦也經歷過這個階段。他在四十五歲娶了二十二歲的波蘭美女，翌年生女，毅然退隱鄉間，徹底檢討自己的琴藝，夜以繼日地磨練彈奏技巧，精益求精，每天至少花八、九小時在鋼琴上面。他說：「我不能忍受我的子女有一天把他們的父親看成第二流的鋼琴家。」經過這番內在生命的嚴格試煉，魯氏終於恢復信心，重新發掘了鋼琴音樂的眞諦妙竅。數年之後擧家遷回巴黎，捲土重來，由是開始了燦爛無比的後半生演奏生涯。我在電視上分別欣賞過魯賓斯坦與霍洛維滋的琴藝；前者富於激情，浪漫情調外露無遺；後者含藏於密，外表近乎冷酷而內實傳神。兩者對比，眞可謂旗鼓相當，各有千秋。也許是氣質的關係吧，我個人偏愛魯氏沸騰宏美的琴音與溢乎琴外的奔放情熱。

魯賓斯坦的彈奏神技顯示我們，所謂天才必須具備三大要件：①先天的超人秉賦或才質；②堅忍不拔的奮勉精神，能將時時面臨着的危機或挫折當做一種內在生命的可貴試煉，步步加以克服或化除；以及③在眞善美價值的內容或形式創造有突破性的獨特成就。魯氏的第六感神妙手指與曲譜强記力等皆屬第一要件。依照某些心理學家的算計，天才的智力商數總在一百八十以上，最高可達兩百一十。德國大文豪歌德與英國哲學家米爾是打破兩百智商的超等天才的兩個佳例。歌德是膾炙人口的「浮士德」與「少年維特之煩惱」作者；米爾則是十九世紀自由主義經濟學主將，古典歸納邏輯的完成者，又是功利主義倫理學的創始人。魯賓斯坦的鋼琴神技還不算是音樂界最典型的天才，衆所公認的第一等音樂天才是莫札特。莫氏三歲就開始本能地學習鋼琴；他的耳聽靈到可辨別小提琴的調音是否低了八分之一的音調；只聽一次旋律，他就能够卽時複誦而毫無差錯。更令人驚訝的是隨便給他一個主題，他能就地創作並彈奏一首卽興曲調，長達半小時而無旋律節奏上的重複。莫氏享年僅三十有四，却創寫了無數的不朽作品，而在鋼琴、小提琴等樂器的彈技也是歐洲當時數一數二的演奏家。以上所擧的天才例子，限於學問與文學藝術方面。其實在現代工業社會裡，天才的意義與範圍已經擴大，學藝以外的百般行業諸如企業管理、計算機類的發明、人造心臟的製作等等都有天才存在。傳統中國對於一曲之士或雕蟲小技的鄙視偏見從現代化的觀點應該有所改變。現代社會裡天才範圍的擴大，也意味着天才不必是神童，所謂天生的獨特秉賦不一定非在幼少時表現出來。在美國，經常聽到壯年以後變成第一流文學家或六十歲以後學畫而躍居頭等女畫家這類令人興奮的故事。世說新語中的一句「小時了了，大未必佳」，或日本俗諺「十歲稱神童，十五爲才子，到了二十變常人」，一方面告誡神童才子不可自傲，另一方面勉勵自認庸常的我們力求上進，充分發揮每個萬物之靈天生具有的各別潛能。

天才的第二要件最爲緊要，因爲它顯現天才之所以爲天才的基本道理。魯賓斯坦在他中年面臨了一次內在危機，而了解到天才是生命的試煉，只有經歷試行錯誤（trial and error）的辯證過程才能磨練自己成爲某種行業的一流人物。這才使他收回放浪不羈失落散漫的自我，貫注了整個內在生命於琴藝的精進。眞正的天才都具有這種自我批判、自我磨練、自我超克的强毅意志與內在生命的凝聚力量。藉用梁啓超之語，天才必須「以今日之我克昨日之我」。擧例來說，舊俄大文豪托爾斯泰的傑作「戰爭與和平」人物上千，事件纏雜，托氏前後改寫七遍。一般讀者以爲他的文筆有如行雲流水，却不知此一傑作從構想到完成乃是一番辛苦不斷的生命試煉。晚年雙耳全聾的貝多芬反能創作出具有康德所謂「崇高美」的合唱交響曲與莊嚴彌撒曲，在音樂史上登峯造極，這絕不是天才的偶然。蕭邦的一百六十九首鋼琴作品之中劣作寥寥無幾，據「偉大作曲家及其作品」的作者羅斯所說，乃是因爲蕭邦自訂的作品標準特高，以此鞭策自己，而一般作曲家却缺少他那嚴厲的自我批評精神。他的愛人喬治桑記述蕭氏的工作習慣說：「有好幾天他會關起門來……掙扎、絕望、再嘗試、再改正。他寧願衹爲了一頁曲譜的創作耗費六個禮拜。」這些天才的事例證示了我所强調的一點：天才就是生命的試煉。大家都曾聽過兎子與烏龜賽跑的寓言。我們不妨重解此一寓言說，兎子具備天才的第一要件，烏龜則具第二要件，眞正的天才應是兎子才質與烏龜工夫的結合。我們還可援用傳統儒家的哲理深化「天才是生命的試煉」所應具有的眞諦。曾子在論語中說：「士不可不弘毅，任重而道遠。」孟子更倡「天將降大任於斯人也，必先苦其心志，勞其筋骨……所以動心忍性，增益其所不能。」傳統儒家的哲理基本上所着重的是道德實踐，我們在現代中國仍可推廣儒家哲理及於道德實踐以外（但非完全無關）的天才事業，提醒下一代的青少年親自領會「天才是不斷的生命試煉工夫」。

天才的第三要件關涉傳統思想文化、文學藝術乃至各般行業的承繼與發展的時代課題。天才在價値開拓上不僅批判地繼承傳統的成規成套，還要進一步創造地發展新穎獨特的內容或形式。西諺所云「時代創造天才（或英雄），天才創造時代」，正說明了個別天才與文化傳統之間不可分離的辯證關係。我們都知道一代天才領袖拿破崙如果沒有法國大革命的時代動亂與當時的思想文化背景，也是無法赤手空拳打出席捲全歐的天下出來。又如與莫札特齊名而在樂曲創作上無與倫比的貝多芬，他那中期以後的不朽作品如英雄交響曲、命運交響曲、激情鋼琴奏鳴曲、D大調協奏曲、皇帝協奏曲等等，如果不是莫札特集了古典主義音樂之大成在前，如果不是時代必然要求音樂創作從古典主義的巓峯轉進浪漫主義，也不可能有貝氏那劃時代的突破與成就的。康德曾界定天才爲「天生的心靈秉質，藉此自然賦與藝術的規則」。我在十七年前的舊作「西洋哲學史」(三民書局第六版) 加了附註:「他說只有藝術天才才合此種天才的規定，學問家不能算是天才。也許康德本人過分謙虛，不敢自稱天才。其實，學問的進步亦有賴乎學問的天才。」無論如何，康德規定天才的一個要件爲開創新規確有令人首肯的道理。現代社會裡百般行業的天才何嘗不是如此？至於開創新規之後的成就評衡則非一時一地所能決定。康德的開創新規說，實與孟子所言「梓匠輪輿能與人以規矩，不能使人巧」不謀而合。

總結上述天才的三大要件，如果我們了解「生命的試煉」是最主要的天才條件，我們做一個常人也就不必過分羨慕天才，也不必强逼子女以痛苦的代價試做天才。專就「生命的試煉」這一點說，天才與常人其實無分軒輊。以藝術創造爲例，就實際成就言，天才與常人似有天壤之別；但就體驗欣賞言，常人可以較天才有過之無不及。更進一步就「生命的試煉」態度言，誠如孟子所說:「舜（天才）何人也，予（常人）何人也，有爲者亦若是。」天才重創造，常人重鑑賞；常人不必能够創造，但可以深化欣賞體驗的工夫而有超過天才的可能。再就人生的究極意義而言，生命本身就是一種不斷的試煉。這就是爲什麼挨忍慘苦的集中營生活而倖存的維也納「意義治療」開創者弗蘭克爾規定態度價值爲三種人生價值——創造意義的價值、體驗意義的價值與態度意義的價值——之中最高而又最可貴。弗氏依據實存的態度價值觀强調「人的生命是一種任務」，極其類似傳統儒家所肯定的天命或正命，也就是我所說「生命的試煉」。我們的生命旣是一種試煉，做爲萬物之靈的每一人存在本身可以說是天才；換言之，每一單獨的實存天生具有負得起生命試煉的才質。眞正的天才不過是顯示我們一個生命試煉的好榜樣罷了。

天才不僅是個體生命的試煉，同時也是羣體生命的試煉——共命慧。統言之，天才是羣己雙層生命的共同試煉。苦難的祖國今日在思想文化，在文學藝術，在百般行業，在社會倫理面臨着莫大的時代考驗：我們如何適當地回應西方型天才的挑激，如何從事於未來中國的天才敎育，如何培養有助於產生更多的中國型天才的社會環境，如何羣己共同地開創未來中國的眞善美價值的新內容、新形式呢？

（一九八三年元旦於費城近郊，原載中國時報三月二日人間副刊）

從人造心臟談到現代人的死亡問題

一、醫學史科技史上的里程碑

去年十二月二日美國猶他州立大學醫院有位名叫克拉克的退休牙醫，來自西雅圖，因患有不治的心臟病，自願接受人造心臟的移植手術，就在該院外科醫師德布黎主持下順利完成。雖經三次補充手術，克拉克的身體情況尚稱良好，到目前爲止，生命安全似已不成問題。此次人造心臟移植的試行與成功，可以說是醫學史與科技史上具有里程碑意義的一大突破。人造心臟的構製已是精巧而又艱難，而以人造心臟的移植持續人的生命，更是上一代無法想像的驚人成就。美國目前除了交通事故之外，死亡率最高的算是癌症與心臟病了。但近年來的醫學研究與試驗已暗示我們各種癌症的治癒祇是遲早問題，而人造心臟的發明與使用更顯示着心臟病症的有效處治也爲期不遠了。如果我們可以借用人造心臟延長生命，就理論與實際言，當然也可以製作其他幾乎所有的內外人造器官取代已失功能的自然器官。

依據最近的醫學估計，下世紀的人類可望長壽，約自一百五十歲乃至兩百歲不等。傳統中國所注重的各種養生壽老術，諸如靜坐、內外煉丹、養命酒的嗜飲、藥草的採補等等，若與現代醫學相比，簡直是小巫見大巫了。日本的禪宗大師鈴木大拙生來體弱，却能享齡近百；近代中國禪宗首屈一指的虛雲和尚以一百二十的高齡圓寂。這些大德所依靠的不是西方的醫學，而是後天堅忍的禪修內功。現代醫學却藉着優越的西方科技正在創造新的生命奇蹟，普遍地助人養生延命，而爲下一世紀的人類造福。這類事實都使我們深深感嘆時代的變遷，古今的殊異。

二、「後現代」社會的興起

人造心臟的出現象徵着以美國爲首的高度工業發展國家已急速地從現代社會轉進所謂「後現代」(post-modern) 社會。在後現代社會裡，大小型的計算機可以解決幾乎所有的銀行交易、政府稅收、商品買賣、記憶留存、外文翻譯、寫作打字、遊戲發明等等諸般複雜的事項；機器人將不斷地替代技術工人從事於具有生命危險的工廠操作；家庭電視將會取代長途電話與電報來往，效果更彰著；微波電爐、冷凍食品、營養乾糧等等逐漸減除家庭主婦的厨房勞務；人造衞星的廣泛使用終將轉變全球成爲一大家庭。諸如此類，在不久的將來我們很可能親身體驗後現代的全面科技革命，而人們的生活習慣、思考方式、價值觀念、宗教信仰等等也將隨着科技革命產生極大的變化。

這兩三年來在美國出現了一批新書，專門討論後現代社會所可享有的醫藥、科學、技術各方面的新發明、新福利，足以徹底改變現代人的整個生活面貌。譬如兩年前的一本新書「突破」(Breakthroughs)，副題「你一生當中所將看到的醫學、科學、技術方面的驚人發展」，就列有許多令人欣奮的未來種種突破性的發明成果。不但歐美社會與日本正在邁進後現代世紀，世界上新發展中的工業地區如臺灣，也不久會步其後塵升爲後現代化的新社會。就壽命延長與生活享受來說，我們不難想像，後現代化的人間世將是什麼樣的地上樂園了。

然而後現代化地上樂園的建立並不意味着人類的精神生活也一定隨之美滿無缺。後現代社會的精神問題不僅沒有生理病症那麼容易解決，反有加深的傾向。在未發展的貧窮社會裡，由於經濟生活的重壓負擔，精神病症是一種「奢侈」，也不像民生問題的嚴重。但在美國爲例的高度工業社會裡，由於極端自我中心的個人自由主義滋長，個人與羣體（家庭與社會）之間的不協調性日益深化，而剎那性的自我快樂主義也很容易破壞傳統價值與社會共識。舊金山一帶特多的同性戀愛、換妻亂倫、集體性交等怪行，祇不過是其中一個小小的插曲而已。

三、孤獨的羣衆

八年前我在敝校天普大學自創一門新課「佛學、心理分析與實存分析」，算是美國大學獨一無二的課程，每年來自心理學、社會學、歷史、哲學、宗教等系選修此課的男女學生甚多。我教此課，習慣上在第一堂就開始分析美國精神問題，時以半開玩笑的口吻對學生說：「你們不妨捫心自問，在這自我利益爲主的高度消費社會裡，究竟誰能長期保護你們自己？嬌妻嗎，但明天很可能離婚。子女嗎，但他們一進中學，在思考行動上就開始獨立，將來也多半不會孝順父母。朋友嗎，今天親暱，明日有如異鄉人，傳統的高貴友誼而今安在？說穿了，長期保護你們的是人壽保險、殘廢保險、醫藥保險、汽車保險、房屋保險、水險火險、交通事故保險等等保險公司而已，祇要你們肯付錢下去。當年社會學家李斯曼的名著標題『孤獨的羣衆』，不是指的我們大家嗎？孤獨的你們有福了，能上我這門課，分析與了解美國社會的精神問題所在。」

我這段開場白一面逗得直率可愛的美國大學生們哄堂大笑，一面也引起他們淒切的同感共鳴。

後現代社會的精神危機可以說在極端自利主義與刹那享樂主義的形成與傳染。不少有心的美國大學生所以喜歡上我這種課，其他有關精神問題的課程，或東方哲學與宗敎有關精神磨鍊的課程，絕非一朝一夕之故。

專就醫學治療而言，人造心臟的移植不過是延續了外在生命，並不保證內在精神的同時保全或提升。事實上，近年來的醫學研究所獲得的一個重要結論是：多半的生理病症並非單獨現象，眞正的病源常是心理上的。正如英文名辭 psychosomatic illness 所示，多半的病症是身心相關或心理引起的，最顯著的例子是胃病（尤其是胃潰瘍）、濕疹等奇癢的皮膚病、神經痛、頭痛等，甚至痔瘡、癌症、突發性心臟病等的發生，也常被認爲與精神狀態息息相關。癌症的治療更被認爲絕對需要患者本人的生存意欲與精神健全。

四、「後現代化」的中心課題

從這一點看來，祇靠醫學科技的創造生命奇蹟而全然忽視內在精神的一面，是毫無根據的。俗諺有云：「健全的精神寓於健全的身體」。在後現代社會裡，我們反應强調：「健全的身體寓於健全的精神」。我們可以預言，極端個人主義的消費社會裡，隨着生活享受無窮盡的變換提高與刹那享樂主義的蔓延，各種不同的後現代精神病症也會同時滋生而加深。這就說明了除開計算機一類有關的新型行業，心理學、心理治療、精神醫學等等與精神問題不可分離的專業訓練，在美國這樣的社會也日益需要，供不應求了。這也同時說明了以內在精神的涵養功夫爲主的一般東方思想，尤其是禪宗與道家，爲何能在美國生根流傳。不久也將轉進後現代世紀的臺灣社會終不可避免類似美國的一些精神問題。

後現代化過程當中如何批判地繼承以及創造地發展傳統文化與思想的遺產，如何建立後現代化之後的社會共識與價值觀念以便應付種種新的精神問題，將會成爲一大熱門課題。

五、「向死存在」——死亡問題

在後現代社會的精神問題之中最嚴重而又最棘手的是死亡問題。正因爲人造心臟的移植成功可助壽命延續，科技的發達可增生活享受，後現代社會的人們更易利慾薰心，更易執着於地上樂園，因而面對不可知的死亡更具恐懼心理。矛盾的是，社會愈是後現代化、大都市化（如歐美與日本），一方面享樂主義所帶來的懼死症愈是滋長，另一方面自殺率也愈增高。我們不得不承認，在後現代化的地上樂園不論醫藥如何發達，希臘神話中那種永恆快樂的多神天國終是可欲而不可求。正如本世紀最偉大的實存哲學家海德格所說，人存在本來就是「向死存在」，也祇有人的實存才會面對死亡談自我的超越，講存在的勇氣，因而創造哲學與宗教出來。

如何了解死亡現象，如何精神上超克死亡，是後現代社會的一大精神課題。近二十年來在美國一般大學普遍開設流行的一門課程 Death and Dying 可爲例證。我也常教此課。Death 當然意謂死亡，但 Dying 這英文字很難翻譯，英漢辭典列有「垂死」、「臨終」等義，但都無法表達原字豐富的意涵。我們姑譯這門課程爲「死亡問題」。

二十多年前最早出版的有關「死亡問題」的一些書籍之中有一本叫「死的意義」，在五年前的增訂版書名改爲「死的新意義」，作者是死亡教育（Death Education）倡導者之一菲弗爾教授，是南加大醫學院的臨牀精神醫學資深教授。這是一本「死亡問題」課程的標準教科書，我個人也常採用。從本書的目次可以窺知美國大學「死亡問題」課程的內容一斑，包括現代美國的死亡問題，死亡與人生發展階段，臨床處置，死亡準備與親屬生存者的精神問題，死亡教育，不治患者對於死亡的回應與態度，死亡與文學藝術等等題材。除了這些題材之外，我時常加些美國學生喜歡討論的項目，譬如自殺問題，死亡問題與心理治療，死亡問題與宗教解脫，環繞着死亡問題的醫德與法律（例如醫生應否對於不治患者施行安樂死術讓他早死），以及其他頗爲複雜的有關死亡的問題。

六、精神上的死亡超克

費城郊外住有上千的中國家庭，週末常有派對聚餐。我的朋友們幾乎都是理工農醫出身，談話之間知悉我在天普大學執教「死亡問題」，個個好奇，問東問西。我們也常談及費城到紐澤西州一帶近年來不幸因患不治之症（尤其肝癌最多）而死亡的中國同胞，年紀多在三十五到五十之間。去年春節前夕我們在來自高雄醫學院的牙科醫生家裡聚餐。他說剛自臺灣省親歸來，就獲悉近郊一位也來自臺灣的好友已經逝世，從患上肝癌直至死亡不過半年左右。他這位好友是個婦產科醫生，事業很成功，剛進中年，新添了一棟豪華的別墅，正想從此好好享受人生，却很不幸發現已患有肝癌。據說這位婦產醫生在最後半年閉門拒見一切友人，病痛之餘，時抱怨天之意，因爲他無從了解上天爲何偏要選他辭別人間。

幾年前的暑假，我們帶了兩個小孩南下，逛遊狄斯耐樂園。回途坐了火車，就在火車站牆上的當地報紙讀到一則令人感動的新聞。一位俄亥俄州的壯年婦女患了癌症，醫生診斷的結果是不出半年就會死亡。然而這位女士不聽醫生的勸告，爬出病牀，積極地開始大事活躍，上電視臺講她自己罹患癌症的前後體驗，又同時獻身於種種社會工作。她那強毅的生活意志終於創造奇蹟，時過兩年有餘，連她的醫生也無法找出醫學上的根據，祇有驚嘆不已。

以上擧出兩個不同的事例，不外是要提醒大家，後現代社會的醫學科技仍解決不了包括死亡問題在內的種種精神問題。最近我應中國時報的邀請爲該報撰寫的第一篇「天才是生命的試煉——從魯賓斯坦之死談起」，其中的基本觀點亦適用於現代人的死亡問題，因爲精神上的死亡超克，也可以說是一種生命的試煉。上述俄州女士實存的勇氣，就是生命試煉的良好例證。

七、人生而平等

美國獨立宣言首段有一膾炙人口的名言：「人生而平等。」此句的原意是政治性的，我教「死亡問題」課程時，却常藉用它來深化死亡在哲學與宗教上的眞諦。

我特別提醒美國學生們，此句一方面告示我們，一切人存在是「向死存在」，故而一切人類絕對平等，不論貧富貴賤，不論種姓異同；另一方面促起我們實存的覺醒，而使我們深深體驗到，祇因人必死亡，才有生命的試煉，也才有眞善美價值的創造。如果沒有死亡現象，如果人類社會無始以來就是希臘神話般的多神天國，又有什麼生命的試煉抑或眞善美價值的創造可言？孔子的「朝聞道，夕死可矣」，孟子的「生亦我所欲也，義亦我所欲也，二者不可得兼，舍生而取義者也」，莊子的「上與造物者遊，而下與外生死無終始者爲友」，大乘佛學的「生死即涅槃」，張載西銘的結語「存吾順事，沒吾寧也」，乃至其他東西聖哲的種種哲學或宗教的高度智慧，豈非變成無病呻吟的閒言贅語了嗎？

對於現代人的死亡問題，消極的解決有賴於心理治療，積極的超克則在乎培養哲學或宗教的智慧。我將在兩姊妹篇「意義治療法與健全的生死觀」以及「生死智慧與宗教解脫」分別漫談，敬請時報讀者期待。

（一九八三年春節於費城近郊，原載中國時報三月二十二日人間副刊）

【作者附記】患者不幸於三月二十五日逝世。

弗蘭克爾與意義治療法

——兼談健全的生死觀

最近我在中國時報寫了一篇「從人造心臟談到現代人的死亡問題」(三月二十二日)，文中提到在敝校天普大學所講授的兩門姊妹課程。其中一門是「死亡問題」，算是目前美國各大學的熱門課程之一；另一門是我在八年前自創的「佛學、心理分析與實存分析」一課，這兩門課的內容與旨趣息息相關，一方面我得訓練來自各系的選修學生從不同的角度了解死亡問題，分析死亡現象，另一方面指導他們層層挖深心理治療（日人則稱精神療法）的理論基礎而連貫到哲學宗教的人生智慧，讓他們通過批評的比觀，各自尋求合乎現代人需求的健全而有實存意義的生死觀，以便適爲解決包括死亡問題與懼死症在內的種種後現代社會的精神課題。幾年來選修這門課程的男女學生，都能配合他們已有的本行知識，諸如心理學、社會學、哲學、比較宗教學、醫學護理等科，分別獲取足以滿意的結論。最值得我們注意的是，大多數的選修學生對於西方的心理治療與東方哲學宗教（尤其着重心性涵養功夫的中國思想）之間，理論與實際的雙層相輔相成的可能性，興趣特濃。我在課堂上也時常暗示東西心理治療，哲學思想與宗教解脫在後現代社會所能會通發展而有助於健全的生死觀建立的種種線索。

一、意義治療法的創始人弗蘭克爾

我在本文想對時報讀者介紹我在「佛學、心理分析與實存分析」課程經常與美國學生討論的一種心理治療，叫做「意義治療法」(logotherapy)，並順便申論中國哲學與宗教對於意義治療法的深化與建立健全的生死觀，所能提供的精神資糧。

美國目前流行的一般心理治療，幾乎千篇一律地祇顧及到如何治癒日常世俗生活中由於失業、孤獨、性冷感、家庭失和、人際關係的失調等等所引起的心理病症，而對死亡問題、宗教解脫等等高層次的課題敬而遠之，規避不談。美國一般心理治療專家都認爲此類課題與他們的實際職責沒有直接關係，應予分開。祇有意義治療法算是例外，反以積極地幫助心理病症患者建立健全的生死觀爲心理治療最爲緊要的一項職責。

意義治療法的創始人是維也納第三心理治療學派主將弗蘭克爾(Viktor Frankl)，多年來爲維也納大學醫學院精神醫學資深教授。他經常說他的意義療法是一種「醫學牧師的職事」(medical ministry)，一方面要求科學的現象學觀察與分析，另一方面又要打開銜接高度精神價值領域（涉及實存的生死觀、人生的終極意義、宗教解脫或救濟論等）的向上門。難怪一些有心的美國知識份子，尤其是與基督教教會工作有關的心理治療專家、社會工作者乃至牧師神父們，都很願意接受或應用此一療法，配合他們個別已有的宗教信仰。

二、奠定第三維也納治療學派的地位

意義治療法的產生背景極富悲劇性的精神意義。弗蘭克爾年輕時曾在心理分析鼻祖弗洛依德親自指導下接受心理分析的嚴格訓練。他又深受實存主義（又稱存在主義）哲學的影響，始終認爲心理分析的理論與實際有其本身的局限與弱點。第二次大戰期間，由於他屬猶太人種，全家被納粹抓去，挨受慘不忍睹的集中營生活。盟軍解放集中營後他獲悉所有親屬早已全遭慘殺。因爲他是心理治療專家，納粹留他有用，故得倖免殺身之禍。戰後他回到維也納，開創意義治療法，根據在集中營的敏銳觀察與生活體驗寫出了成名的處女作「從死亡集中營到實存主義」（修訂本書名改爲「人對意義的探求」，副題「意義治療法導論」），從此奠定了第三維也納心理治療學派的地位。

三、存在的終極意義

他在這部小書提到，某日黃昏與其他一樣疲累不堪的囚伴從郊外的挖壕工作回到集中營，一路上坐在大卡車上擧頭望明月，低頭思妻兒，幻想着家人的團聚，重享天倫之樂；却不知關在同一集中營的親屬那時已全部死去。戰後他從意義療法的觀點分析當時的精神狀況說，他所以能够挨忍那幾年的地獄般生活而不自殺，乃是由於做爲實存主義的心理治療專家，他深深體驗到，人存在終極意義的肯定，是在生死交關的極限狀況下，足以支撐人的生存勇氣與生命試煉的最後精神支柱；而他那時對於未來可能重見家人的一縷希望也形成了個人實存的生活意志的具體因素。如果缺少了生活的希望與積極肯定終極意義而建立起來的實存的生死觀，弗氏自己恐怕也會像多數的集中營囚件一樣，不等納粹的屠殺先已斷棄自我的生命了。

弗蘭克爾在處女作中，對於集中營獄囚的一般精神狀況做現象學的記述時，特別注意到一件極有意味的事實。在生死交關的極限境況，維繫生存的眞正要素不是體力上的强弱，而是精神力量的充足與否。他發現到，身體原來强韌的獄囚由於內在精神的頽落，無力抵制死神的威脅；反之，平常軀體看來弱不禁風的獄囚，因具高度的精神力量（譬如堅固的宗敎信仰或無我的人類愛），反能面對死亡勇敢地生存下去。這些具有高度精神力量的獄囚對於生死的眞諦有其深刻的體認與實存的抉擇。

四、人有探求人生意義的自由意志

意義治療法的基本理論並不複雜，可以概括爲三層，每層又分三個側面。第一層的三側面是：①意志自由，②意義（尋探的）意志，與③人生的意義。意義療法原是（人存在低層次的）心理分析與（高層次的）實存分析之理論的結合，到某種程度也接受心理分析的決定論，承認過去種種身心條件對於人的現在心理具有相當的決定力量。但在人性的高層次，弗氏肯定人存在具有超越心理層面的實存意義的自由，能在人生的緊要關頭（如生死交關的極限境況、道德行爲的抉擇等等）顯現出來。實存的自由意志，乃是一種不斷尋探意義（meaning）的意志，而這裡所謂「意義」一詞則指謂人間世生命歷程當中，足以構成精神支柱的種種眞善美的價値取向與內涵，小如夫婦情愛或藝術欣賞，大如社會改造或國際合作等是。

總結意義療法第一層的三面，弗氏肯定了每一個人的具有探求富於種種眞善美價值的人生意義的自由意志。站在第三維也納學派的立場，弗氏一方面駁斥古典心理分析所倡「(以性欲滿足爲主的追求) 快樂的意志」，另一方面也批判阿德勒的第二學派 (即個體心理學學派) 所强調的「權力意志」。弗氏所說的「意義的意志」是要實存地尋探人生的意義而找出人之所以能有又應有快樂幸福的道理。換言之，人生意義的探現與人生樂趣的道理在前，實際的快樂幸福的獲得在後；並不是先要實際的快樂幸福，然後才去發現人生的意義與道理。

五、「實存」的意義與儒學的會通

弗蘭克爾曾在「醫師與靈魂」一書中說：「實存分析敎導人們把人生看成一種任務或使命。」弗氏此說與孟子的性善論及正命說不謀而合。弗氏的意義意志類似孟子在人性的高層次肯定超越自然本能的本然善性，而他「人生乃是一種任務」的實存意義觀，亦會通著孔孟以來儒家所體認的正命或天命，亦即「人生是天賦善性所不得不弘顯的道德使命」。而弗氏通過實存的意義分析勸導厭倦人生，意欲自殺的心理病症患者重新發現並抉擇生活的積極意義，亦極脗合孟子正命之說。孟子在盡心篇說：「莫非命也；順受其正。是故知命者不立乎巖牆之下。盡其道而死者正命也，桎梏死者非正命也。」肯定人生是一種任務或天命的人不會輕易厭世，也不太可能自殺，因爲正如弗氏與儒家異口同聲地所說的，人生之樂不是人生意義的原由，而是人生意義的道理發現之後自然帶來的歸結。這就是爲什麼孔子要說「飯疏食飲水，曲肱而枕之，樂亦在其中矣。不義而富且貴，於我如浮雲」(述而篇)。他又自述「其爲人也，發憤忘食，樂以忘憂，不知老之將至云爾」(述而篇)。

六、以「態度價值」深化儒道佛的心性論

意義療法的第二層指涉弗氏所說人生意義的具體義蘊，分三側面，亦即三種價值：①創造意義的價值，②體驗意義的價值，與③態度意義的價值。創造價值是個體生命所能給予世界的諸般大小不等的眞善美價值，如藝術創造、工業發明、房屋建築乃至各種勞心勞力的日常工作。體驗價值就人生意義言高過創造價值。譬如一個爲國抗戰犧牲右手的鋼琴家不再能够創造美妙的琴音以饗聽衆，但他仍能體驗各種眞善美價值或生命的意義，包括音樂欣賞、天倫之樂、道德的同情同感等等。弗氏更認爲，態度價值還要高於體驗價值，因爲眞正規定人生爲一種任務或使命的最高而最可貴的價值乃不外是實存的態度本身。每一人存在對於生死問題所取實存的態度，乃是決定做爲萬物之靈何適何從、求生求死的根本關鍵。弗氏所說的態度價值如能藉用中國儒道佛三家的心性論予以深化，很可以發展一套適當可行的中國式精神療法出來。

七、人存在的極限意義

意義療法的最後一層亦分三側面，可以說是態度價值的具體挖深：①受苦，②責疚，與③死亡或無常。這三側面也可以說是構成人存在極限境況的主要意涵。受苦指謂人間世種種難於捱忍的極端苦痛，包括身心兩面。佛教四聖諦的第一苦諦「一切皆苦」最能深切地表達受苦的意義。責疚則意指人生當中無法挽救的嚴重失敗或人存在本身的局限性所導致的罪責或內疚。譬如眼看一個嬰孩將溺於水而不及救出，抗戰期間有善心的日本士兵無法勸止司令官下令屠殺無辜的中國人民，具有基督

敎良心的德國公民阻擋不了納粹的横行等等，都是弗氏所云責疚的佳例。至於死亡或無常，更是包括人類在內的一切存在事物所避免不了的最可怕的經驗事實，佛敎三法印之一「諸行無常」，孔子所嘆「逝者如斯夫，不舍晝夜」，或莊子所云「一死一生，一僨一起，所常無窮，而一不可待」，皆不外是古人對於生死無常的深切體驗所表達出來的哲理，足以應證弗氏對於集中營一類生死交關的極限境況所賦與的實存義諦。

八、人生乃是一種任務的體認

弗蘭克爾的意義療法因採取實存主義的立場，尊重個別患者的自由抉擇，故不向患者直接提示他所需要的生活意義究竟是什麼。意義治療專家祇能藉助於實存的意義分析點醒患者去了解，人生是一種任務，每一人存在都應依據自己的生活背景尋求適當的特定意義，以便完成個別不同的任務。假定有一患者，原以天倫之樂爲他最重要的生活意義，由於一次意外頓失愛妻子女，罹上嚴重的厭世症，且有自殺傾向。在這種場合，意義治療醫師應用實存分析，使患者逐漸恢復實存的自由意志，同時使他了解，如果他仍願意生活下去，他必須重新尋求新的生活意義，譬如獻身於有益的社會工作等是。在人生旅程上特定的生活意義可有改變，肯定人生乃是一種任務的態度，本身却不能改變。

弗蘭克爾進一步認爲，人生乃是一種任務的體認，如就更深一層透視，則必須建立在超越諸般現實生活意義的所謂「終極意義」上面。肯定人生的終極意義，等於承認在人存在的高層次有超越的宗敎性或精神性。不過意義治療專家不能藉用特殊的宗敎信仰如基督敎來解釋終極意義的具體涵義。他祇能夠通過實存分析提醒患者，人之所以不輕生死的道理終必涉及終極意義的肯認。至於終極意義的內涵爲何，端看患者本人實存的宗教體驗如何而定了。

九、人能弘道非道弘人

弗蘭克爾曾說:「意義療法不能踰越心理治療的界限, 却要保留一條通達宗教之路, 而由患者自己決定是否應該走進宗教的門戶」。雖然如此, 弗氏在他著作之中隨處提及「無意識中的上帝」、「對於終極存在或上帝的信賴」等等比較接近西方一神論甚或神秘主義的宗教立場。他在近年來的論著偶爾提到禪宗思想, 但如多半的西方學者或思想家, 從未對於東方思想(尤其中國儒道佛三家)下過一番苦功。如果他曾鑽研過中國思想, 當會了解中庸所云「極高明而道中庸」, 易傳「知幽明之故, 原始反終, 故知死生之說」, 大乘佛學的「生死即涅槃」, 乃至莊子與禪宗所倡無心無念、自然無為之說, 都是建立在超世間的精神性(道或天命)與人間世的實存性(眞常心性)的終極合一上面。中國思想所賦與終極意義的哲理實可以用來深化弗氏意義治療的精神價值。弗氏又說:「心理治療不僅僅是一種醫術, 它可以說是一種藝術; 它越過純粹科學指點智慧之道, 但智慧不是最後的字詞。……如無人的點潤, 智慧也不可能存在的。」弗氏此語, 實與孔子所說「人能弘道, 非道弘人」一脈相通。

十、期望中國本位的精神療法出現

弗蘭克爾意義療法的德文原著多種, 在日本與美國早有譯本。弗氏自己多年來也常以英文發表論文, 顯揚意義療法的理論與應用的價值。曾是戰敗國的日本, 在戰後幾年迷失精神方向, 歐洲盛行的實存主義一時形成熱潮，幾乎取代了日本固有的思想傳統。弗蘭克爾的意義療法對於日本的精神醫學與精神療法也曾引起深遠的影響。反觀中國學術界，過去幾乎沒有人注意到意義療法的存在與價值，遑論德文原著的中譯了。我在本文論介意義療法，主旨是在提醒國內有心人士的關注，希望能在不久的將來看到中國式精神醫學與精神療法的開創，就西方的精神醫學與精神療法，尤其意義療法，取長去短，而與中國心性論與涵養工夫熔爲一爐。鄰邦日本，已有數種現代化的精神療法，與傳統的禪宗思想以及坐禪、靜坐等工夫打成一片。譬如目前不少日本精神醫院所應用的森田療法卽是一例。森田療法已在美國加州等地開始生根。我們自己又如何去結合傳統心性論與現代化的精神醫學，創造出具有普遍應用價值的中國本位的精神療法呢？

(一九八三年春假期間於費城近郊，原載中國時報五月十二日人間副刊)

（附）傅氏來臺之鱗爪及其他

——項退結

弗蘭克爾中文姓名係傅朗克

突然接到「人間副刊」編輯的電話，希望我替傅偉勳先生對傅朗克的介紹補充幾句。由於傅朗克曾於民國五十八年二月間來臺北作了二次演講，而當時我扮演了邀請人的角色，所以就一口答應這件事。

首先應指出，Frankl 教授在臺大心理系演講以後，王堅厚教授建議把他的姓譯爲「傅朗克」，傅氏詳細諮詢每一個字的意思之後才同意。王教授事後還特別刻了一方印章送給他。因此「傅朗克」三字應該算是他正式的中文姓名。

與傅氏通信

我之所以和傅氏通信，是因爲想要翻譯「從集中營到存在主義」一書，準備先在現代學苑月刊刊登，然後出書。記得當時我邀約了丁貞婉教授從事這項工作。事情進行了一大半，始知光啓出版社早已譯竟，而且馬上要出版。這樣丁教授的譯稿就被束諸高閣，至今仍令人耿耿於懷。我當時堅持的原則是，出一本翻譯的書，事前一定要徵求原作者同意。這樣我就和傅氏有了數次書信往返。民國五十七年年底，突然接到他來信，說要赴美國、日本演講，希望乘機來臺灣，並聲明旣不接受演講酬勞，也不需要招待。這樣難得的機會，我當然不願輕易放過。其間發生了簽證的一些小麻煩：他曾去捷克斯拉夫及東德演講，護照中有二國的簽證，我國當時駐日大使館因此不願簽證。不得已，祇好去外交部辦理一些手續，這樣他才順利地於二月一日抵達臺北。

傅氏夫婦訪臺

傅氏和他的太太在臺北祇作了二天的勾留；二月三日上午一場演講過後，立刻就經以色列逕返奧國。我起初替他們訂的大約是南京東路的一家旅館（已記不淸是那一家）。原以爲他們的房間有相當的高度，不至於太吵。不料第二天他們說這旅館太吵，結果搬到圓山飯店。搬妥了，他們便建議逛街。爲了體會老百姓的日常生活，他們首先要逛菜市場。對於菜市場的亂七八糟，以及汽車的橫衝直撞，傅朗克太太簡直吃驚不已。以她的感覺而言，我們已接二連三地靠近了車禍的邊緣！我們那時也參觀了敦煌書店，因爲那家書店翻版了「從集中營到存在主義」一書的英文本。老板倒很大方，贈送了兩本給原作者；而傅氏也在其中一本上簽了字，送還給老板。也許這是他表達抗議的一種方式吧！

意義治療法會通了東西哲學

傅氏所倡導的意義治療學（維也納第三學派），二十九年以前，我在奧地利音士布魯克實習時，早已耳熟能詳。與傅氏通訊，始知美國哈佛大學的克倫包（J. C. Crumbaugh）曾用「生活目標測驗」(Purpose in Life Test)，試圖對他的學說加以實證研究。根據當時克倫包給一千二百人所做的測驗，美國大學生覺得生活無意義的——卽所謂存在的空虛——比例約佔百分之六十。傅氏在演講中曾經指出，據他自己的經驗，奧地利大學生感到存在空虛的佔百分之二十五，捷克斯拉夫大學生的百分比則超過美國。傅氏的信念是：人的基本意義旣非如佛洛依德所云的快樂，亦非阿德勒所云的權力，而是在於超越自己，找到一個比自己更高的生活目標；權力衹是達到目標的方法，快樂是超越自己時所發生的副產品。因此，把快樂本身當作目標，反而得不到快樂。只有追求一個超越自己的目標，人才會眞正得到快樂和滿足。意義治療學透過精神病的治療而能發現這與東西方哲學同其久遠的眞理，實在是了不起的成就。在强調人追求生命的更高意義時，傅氏又指出這就是人的宗教層面：人，不可否認的有其「飲食男女」和權力之慾的層面，但旣然追求人生的意義，所以也有這宗教層面。站在精神科醫師的立場，傅氏當然不可能越俎代庖，替病人指定何者爲應遵循的宗敎信仰。但宗敎信仰在人追求意義時扮演着不可替代的角色，這却是傅氏所堅決肯定的。

國人更需要社會「治療」工作

中華民國自從經濟起飛以來，物質方面的成就可謂有口皆碑。但於思想敎育和道德敎育的失調，年輕一代精神生活的問題越來越嚴重。傅朗克一再强調的生活意義，此時此刻實在很値得我們提倡。光啓出版社在十餘年前已印行了傅氏「從集中營到存在主義」一書的譯本。儘管譯筆不很忠實，但據說那本書一直頗爲暢銷。卽此可見社會大衆的需要。

最近聽說光啓出版社要重譯此書，準備以新面目問世。這當然是一個好消息。誠如傅偉勳先生所感慨，中國學術界確實對意義治療學介紹得不够徹底，更遑論中國本位精神治療學的發展。當然，這需要同對具有哲學素養和宗教熱忱的精神科醫師來推動。

也許我國目前更需要的是廣泛的社會「治療」工作。現代社會中有一些精神失調的人需要精神治療，而傅偉勳先生提倡中國本位的精神治療法，也是件極富意義的事，國人不像美國人那麼普遍地熱衷於精神治療。我國社會更需要的，或許是大衆傳播工作者、精神科醫師、社會科學及哲學界人士從事於認眞的科際交談與研究，以期形成工業時代生活意義之共識，並採取適當的「治療」與預防措施。我的意思是：在這生活方式急激轉變的時代，許多人對生活意義與目標的體認往往青黃不接，迷失了方向，亟需有人指點迷津。「張老師」的普遍受社會重視，就是因爲切合這個需要。但「張老師」所及的範圍非常有限。我這裏所說的毋寧是指更廣泛的社會教育工作，而且是預防勝於治療。鑒於我國目前的情況，不禁焚香祝禱這股力量的早日形成。

（原載中國時報一九八三年五月十四日人間副刊）

意義治療與社會治療

人間副刊在五月十二日與十四日分別登過拙文「弗蘭克爾與意義治療法」與項退結先生的「傅氏來臺之鱗介及其他」，據說曾引起了相當熱烈的讀者反應。(根據項先生的報導，意義治療法開創人的姓名中譯，應從「弗蘭克爾」改爲「傅朗克」。) 項先生在他的回應文章提到兩點，很值得大家關注：第一點是，在目前的臺灣，精神敎育沒有好好配合急速的經濟發展，顯出失調，年輕一代精神生活的問題日益嚴重。另一點是，國人對於心理治療並不太熱衷，也許我們所應强調的是預防勝於治療的一種廣泛的社會「治療」工作，亟需大衆傳播、精神科醫師、社會科學、哲學等各方面有關的專業人才共同探討。我想藉這個再回應的機會，針對項先生的上述兩點，伸舒聯貫到中國傳統哲學智慧的意義治療更廣義的蘊涵，並提示意義治療與社會治療之間的相輔相成。

關於第一點，據我所知，經濟發展與精神敎育不成比例的社會病態，並不是臺灣所特有，而是曾經歷過高度科技現代化、生活都市化的所有戰後社會所必然付出的代價。北歐各國的社會福利盡善盡美，而那裡的青少年常因無所事事的存在空虛感而動輒自殺；日本每到春季，就有不少高中畢業生由於大學入試榜上無名，而以自殺方式從家庭與社會的雙層重壓中自求「解脫」；美國年輕一代的酗酒吸毒、離家出走、墮胎與性病的蔓延等等，更是衆所週知的事實。這些都不過是現代社會病態的部分實例而已。很顯然，我們現代人的精神生活並沒有隨着物質生活的提高而更加豐富。而今天在精神教育還多少能起中流砥柱作用的，仍是傳統哲學或宗教的一股力量。在歐美，在日本，都是如此。拙文强調建立中國本位的精神療法，與意義治療等現代療法熔爲一爐，也許會引起誤會，以爲意義治療或中國本位的精神療法祇是爲了精神病症患者而設。我在這裡應該補充更重要的一點：廣義地說，意義治療不啻是一種精神療法，它毋寧是人人可以應用的自我精神分析方法，幫助我們培養適當可行的現代生活智慧，建立健全的人生態度。而中國傳統的哲學智慧，經由適當的現代化，也可以當做一種廣義的意義治療，供給任何常人自我分析的精神資糧。大家知道，英文「哲學」(philosophy)一辭，源自古希臘字，意謂「愛好智慧」，乃係蘇格拉底的名言；他的另一名言則是，「了解自己」(know thyself)。「了解自己」關涉人生旅程中的向上向下，何適何從，是任何人皆應具有的自我責任；至於「愛好智慧」，則是了解自己最有自受用意義的必需步驟。拙文强調很有需要建立容納意義治療的中國本位精神醫學與精神療法，所注意的是比較「消極」的一面。這裡我所强調的是，廣義的意義治療與現代化之後的中國傳統哲學智慧更積極的一面。我國今天所面臨着的精神教育課題，涉及如何踐行儒道佛三家哲學智慧的現代化工作，以便供給自我教育與社會教育的雙層資糧。

(原載中國時報一九八三年八月三十日人間副刊)

生死智慧與宗教解脫

一、進一步深探中國固有的生死智慧與解脫之道

死是威脅人類最大的自然現象，也是科學知識無法解開的超自然隱謎，這就是死的弔詭性 (paradox)。

對於有限的人存在來說，死是永恒的神秘。死的眞相究竟是甚麼？個體死後何去何從？永生是否可能？靈魂是否可以不朽？人應如何面對死亡探求生死智慧與解脫之道？甚麼是人存在的終極意義？生與死的關聯性又是甚麼？這一連串的謎題幾千年來困惑了代代無數的東西宗敎家與哲學家，然而今天我們仍不敢武斷地說，死的神秘幻幕已經揭開，唯一絕對的解脫之道亦已擺在眼前。

我最近在中國時報寫了兩姊妹篇「從人造心臟談到現代人的死亡問題」與「弗蘭克爾與意義治療法」，曾暗示過以心性論及內在涵養工夫爲主的中國儒道佛三家思想對於生死問題所能提供的精神資糧。我在本文想進一步深探中國固有的生死智慧與解脫之道，藉以顯揚中國傳統思想在科技第一的現代社會仍具有着的普遍道理與說服力量。這也算是環繞着傳統與現代化之間的一大精神課題。

二、「死的真諦」殊難參透

記得當年就讀省立新竹中學高中二年時，曾有一次午飯過後與班上同學雜談。談話之間有位同學忽然問起:「到底甚麼是死，死後世界又是甚麼？」一時衆皆默然。稍後同學們紛紛要我回答，因爲他們總覺得我是小哲學家，或能道出所以然來。我卽刻煞有靈感地吼叫:「死就是一片大黑暗。你們知道嗎？死後甚麼都不存在，一切虛無。」當時在場的同學們一聽我魔鬼般的狂喊，個個幾乎心驚膽裂，面無生色。兩年之後我考進了臺大哲學系，從此專攻西方哲學，直至兩度遊美獲取學位爲止。在俄亥俄大學哲學系開始兼敎東方思想之後我才逐漸轉向中國哲學，包括大乘佛學與禪道。今日回想少年天眞的我瞎猜死後虛無而嚇壞了無辜的班上同學，不覺好笑又內疚。

其實一般人與當年的我一樣，對於死的眞諦並不了透；佛敎三法印之一「涅槃寂靜」常被誤爲一無所有，便是顯著的例子。多半的思想家也對死亡問題常不知所措，甚或規避不顧。擧例來說，古代快樂主義的哲學家伊比鳩魯皮面地規定死爲知覺缺如的現象，且勸我們:「死並不算甚麼。因爲我們生存之時，死未來臨；當死來臨之時，我們已不存在。」伊氏此語膚淺不過，毋需我們詮釋。又如心理分析鼻祖佛洛依德，晚年開始承認除了性愛本能與自我保存本能之外另有所謂死亡本能，足以破壞積極的生命衝動，譬如自殺。但他誤稱死亡本能爲「涅槃原理」，完全曲解了佛敎涅槃的原義，也同時暴露了他那死亡本能說的局限性。無怪乎以心理分析爲理論基礎的美國一般心理治療，多半規避超克死亡的精神課題。

三、分析死亡現象最爲深透的西方哲人海德格

據我所知，分析死亡現象最爲深透的西方哲學家，是七年前逝世的實存哲學大師海德格。他那劃時代的名著「存在與時間」尙無中譯，日譯本却至少有四種之多。此書措辭獨特而思路艱深，卽使哲學本行也常不克卒讀。在本書他以現象學或解釋學的存在論爲奠基，對於死亡現象試予實存分析，其中有三點特別耐人尋味。第一，人之存在，一生下來卽步向死亡。「向死存在」或「歸終存在」構成人存在的實存必然性，而此實存必然性又同時弔詭地彰顯實存的自由。每一人存在終必死亡，也正因爲人必死亡，才有實存的自由可言，而能面對死亡時時刻刻企劃人生，尋探意義、抉擇價値、超越自我等等。海德格規定人的實存爲「向死存在」，對於西方神學、宗教哲學、存在主義、精神醫學、心理治療乃至人文社會科學的現代發展極具深遠的影響。最明顯的例子是基督教神學家田立克，他能跳過傳統的耶教圈子，從高一層的普遍宗教哲學觀點，透視宗教成立的根據在乎人存在的終極關心；由於終極關心而有人生終極意義的探求；由於終極意義的探求而有終極存在的體認。

田立克深受海德格實存哲學的影響，因此他所肯認的終極存在已非傳統耶教信仰中的上帝或人格神，而是超越創造主意義的「存在以上的存在」或「神以上的神」。難怪維護耶教正統的神學家們將他看成異端，而東方思想家們却可以從他的實存神學覓取會通佛教與中國哲學的可能線索。譬如已故徐復觀教授在「中國人性論史」所提示的憂患意識——孔子所云「憂道不憂貧」可爲佳例——便是代表儒家的終極關心；孔孟以來存仁心而養德性，盡人事以俟天命的成聖之道，乃是儒家終極意義的具體表現；至於儒家所肯認的終極存在，則不外是貫通天人的心性仁

體或天理良知了。再就大乘佛學言，其終極關心在乎如何幫助一切衆生永離生死苦海；其終極意義則在通過眞常心性（佛心佛性）的肯定與覺醒徹悟「生死卽涅槃」或「平常心是道」；至於大乘佛學所認同的終極存在，乃不外是一切如如的眞空妙有，具現化於日常世界的「一色一香無非中道」（天台宗）、「事事圓融無礙」（華嚴宗）或「日日是好日」（禪宗）。其實不論儒家或中國大乘，終極意義與終極存在乃是一體的兩面，有別於神人對立的耶敎信仰。我們對道家（尤其莊子）亦可作如是觀。

四、面對死亡的挑戰，落實於「終極存在」的認同

第二，依據海德格的實存分析，死並不構成特定的恐懼對象，有如洪水或猛獸。死旣無法捉摸，絕不可能加以對象化、概念化，變成一種物事。但一般人誤解死爲特定物事，由是產生心理上的恐懼。其實，死是終極存在的無性（Nothingness）開顯，有如無底的深淵；人存在面臨無底而不可測知的深淵，頓覺整個生命基盤根本動搖或滑失過去。這裏所引起的決不是甚麼恐懼感，而是人存在的暈眩、實存的不安。死是形而上的無性，開顯於人的實存之前，而超越我們平常所了解的「有」（事物的存在）與「無」（事物的不存在）的二元對立。

海德格所提終極存在的無性開顯已有突破西方傳統形上學的傾向，而接近於破除實體概念化理路的中國形上學思想，諸如道家的「無無」或無名無爲之道，大乘佛學的諸法實相或眞空妙有，宋儒的「無極而太極」或周易繫辭傳無方無體、陰陽不測的生生之化等是。

第三，海德格通過「向死存在」的透視，分辨人存在的實存本然性與非本然性。本然性表現在「向死存在」的積極肯認，依此肯認單獨的實存勇敢地面對死的挑戰關心生死問題，尋獲生死的終極意義，而落實

於終極存在的認同。非本然性則表現在「向死存在」此一必然性的忘却，生死問題的逃避不顧，以及實存的自由在時間流逝之中的埋沒放失。非本然性的實存既沒有終極關心或良心的呼喚，又不屑於終極意義的探求，更遑論終極存在的體認了。

五、看破生死念頭方是盡性至命之學

海氏就人的實存所作本然性與非本然性的分辨，寓意極深，耐人細思。實存的本然性理路，對於深受儒家陶冶的一般中國人不算陌生。中國人自古以來特別講求養生送死、善終善後；中國文人更善於製輓聯，吟悼詩，撰寫行狀，刻墓誌銘，對於生死問題與蓋棺論定鄭重其事。論語曾子所云「人之將死，其言也善」，漢書司馬遷傳「死有重於泰山，或輕於鴻毛」，淮南子「生無廢事，死無遺憂」，諸葛亮後出師表「鞠躬盡瘁，死而後已」等語，也處處顯示中國人一向終極地關切生死問題，而對「向死存在」的實存本然性具有相當親切的了解。

問題是在：人存在要從非本然性轉化而為本然性，在道理上如何可能？所謂實存的自由，它的成立根據又是甚麼？學例來說，大家也許都看過一部令人感動的日本電影，原題「活下去」（生きる），敍述戰後東京近郊一位老翁在人生最後關頭的生命轉變，從實存的非本然性（平凡孤單而無意義的人生）轉變成為本然性（「人生乃是一種任務」的終極了悟）。他在獲悉自己患有不治癌症之後帶着日落黃昏般的無限傷感又經過了那片荒地，又看到了那羣天眞無邪的小學生們在荒地上遊戲。他忽然靈機一動，決意要在所剩無幾的日子裏把這塊荒地變成兒童公園。他告別人間的那天也正是小公園完成的一天。有心的電影觀衆不得不問：這位老翁那來的實存的自由，從非本然性轉向本然性？海德格在

「存在與時間」及其他著作都沒有提示令人首肯的答案；我們却可以在中國哲學的生死智慧找到有力的答案。

從中國哲學的觀點來看，實存的非本然性轉向本然性的可能性關鍵是在人存在高層次的心性肯定與覺醒。首就儒家而言，一般學者偏重儒家的道德實踐與禮教的一面，却有忽略儒家宗教哲學（亦卽生死智慧）之嫌。我近年來秉攻儒家（尤其宋明理學）與中國大乘佛學所獲致的個人心得是：如果撇開純歷史的發展而專就哲理的步步推演言，儒家與大乘佛學一樣，本從對於人類生死問題的終極關心出發，建立以心性論爲奠基的生死智慧，因此導出道德實踐與涵養工夫的結論。依此看法，本體論地深化孟子性善論而成的王陽明致良知教，可以說是總結了儒家哲學的根本義諦。據王陽明年譜所載，陽明二十七歲時「偶聞道士養生，遂有遺世入山之意。」四年之後「漸悟仙釋二氏之非」，但仍徒具對於生死問題的終極關心而未能尋獲破生死關的終極意義。陽明首次建立堅固不移的生死智慧，是在三十七歲困居龍場之時。此時陽明「自計得失榮辱皆能超脫，惟生死一念尚覺未化。……因念聖人處此（「此」指生死交關的極限境況），更有何道？忽中夜大悟格物致知之旨。……始知聖人之道，吾性自足，向之求理於事物者非也。」傳習錄卷下敍述陽明終於正式標出致良知教，做爲儒家生死智慧的眞常心性論奠基，而又依此智慧打出「本體卽工夫，工夫卽本體」的涵養實踐方面的儒家頓教。陽明故云：「學問功夫，於一切聲利嗜好俱能脫落殆盡，尙有一種生死念頭，毫髮掛帶，便於全體有未融釋處。人於生死念頭，本從生身命上帶來，故不易去；若於此處見得破，透得過，此心全體方是流行無礙，方是盡性至命之學。」

六、掌握儒家生死智慧，自能獲致「朝聞道夕死可矣」的解脫

陽明衆多弟子之中最能契接他那良知本意的算是王龍溪了，因他能够直透陽明學說的眞諦是在基於良知醒悟建立而成的儒家生死智慧上面。龍溪語錄有云:「若夫生死一事，更須有說。有任生死者，有超生死者」。又云:「良知虛寂明通，是無始以來，不壞元神，本無生，本無死。」龍溪又常强調:「先師自謂良知二字自吾從萬死一生中體悟出來。」推陽明、龍溪之意，儒家道德實踐與涵養工夫的眞正考驗是在生死交關的極限境況，而不是在日常世界的禮敎遵守；因爲人存在的終極意義於此境況最能彰顯，而此意義的肯認端在生死交關之際良知的徹底醒悟。當代大儒熊十力極力主張，論語首句「學而時習之，不亦說（悅）乎」中的「學」字理應讀爲「覺」字，亦是依循陽明心學理路而有的慧識。陽明致良知敎卽是孔孟以來的儒家對於「實存的自由成立根據爲何？人存在如何能從非本然性轉向本然性?」此一西方哲學難題的最强有力的回答，毋需憑藉任何有待證實的哲學假設（西方哲學所謂「第一原理」）抑或超越科學哲學知識領域的純粹宗敎信仰。上述那位日本老翁在他人生最後關頭的本然性頓現，如用孟子或陽明之語，便是良知的直接彰顯、當下醒悟了。

我們再從陽明心學回到原始儒家重新體會其中哲理，則不難發現孔孟之道的根本着眼點可以說在生死智慧的建立。這就是說，有了破生死（心性徹悟）而又任生死（天道自然）的哲學智慧，我們卽能够據此智慧一方面打出人間世道德實踐的向下門，另一方面又同時通達超世間宗敎解脫（卽安身立命、樂天知命）的向上門。孔子「未知生，焉知死」一語不必排除印度敎的靈魂輪迴、基督敎救濟論的永生或永罰等純粹宗

教信仰。但他以爲，死後世界雖可以存而不論，却不必費神憂慮，因爲一旦有了儒家的生死智慧，我們自然會去了悟人生是一種任務或使命，同時會在不斷地貫徹人生使命（卽天命或正命）的短暫生命歷程（卽氣命或命數）當中獲致「朝聞道，夕死可矣」的解脫之道。

七、孟子、莊子與慧能是儒道佛三家在生死智慧與解脫之道上的代表人物

孟子千古不朽的哲學貢獻，是在對於儒家所建立的生死智慧予以眞常心性論的奠基。他所肯認的心性基本上是內在道德的仁心善性，但這並不等於說，他的心性論祇不過是爲了說明人倫道德的成立根據而形成的。陽明致良知教所以成爲孟子性善論的必然歸結，乃是因爲孟子性善論本身已有傾向突破道德實踐的局限性，而深化儒家道德實踐爲終極的生死智慧之故。陽明致良知教可以說是爲了對應大乘佛學（尤其禪宗）的生死智慧而重新標出的儒家生死智慧，而儒佛二家各自建立的生死智慧，都是根基於眞常心性——不論是偏重道德的或超越道德的——的絕對肯定與醒悟。儒佛二家所合所分的關鍵卽在於此。總之，我這些年來鑽研陽明心學與大乘佛學所得的一個結論是：儒家哲學的根本義諦亦在基於心性醒悟的生死智慧；儒家道德實踐與涵養工夫的終極意義由此智慧而得充分彰顯。孟子在告子篇所提出的捨生取義之說，就可以依此看法重新發現其中深意。

再就大乘佛學而言，上述的結論更能適用。明代憨山大師在他「夢遊集」有一段法語，謂：「從上古人出家本爲生死大事，卽佛祖出世，亦特爲開示此事而已，非於生死外別有佛法，非於佛法外別有生死。所謂迷之則生死始，悟之則輪迴息。……所以達摩西來，不立文字，只在

了悟自心。以此心為一切聖凡十界依正之根本也。全悟此心，則為至聖大乘；少悟卽為二乘；不悟卽為凡夫。」憨山此說，可謂總結了整個中國大乘佛學（尤其以明心見性為唯一法門的禪宗）的根本義諦。吉藏三論宗集龍樹空宗之大成，祇講無所得空的八不中道，而不及問人存在如何能够了悟無所得空而破生死大關。玄奘法相宗亦集印度唯識論之大成，欲以轉識成智的說法解決人的實存從非本然性轉向本然性的問題，却不及提出人之所以能够轉識成智的眞常心性。三論、法相二宗皆未能突破印度佛教的局限性，打開心性論理路而為佛教生死智慧奠基。就眞常心性的肯定與醒悟這一點來說，眞正代表中國佛學的應該算是起信論（如來藏系統）、華嚴圓教與禪宗了。其中慧能所開創的中國禪，正式打出本心本性頓悟成佛之道，可以說是總結了整個中國大乘佛學的究極成果，而與承繼孟子一路的陽明心學並駕其驅。這裏值得我們注意的是，慧能的「本心」或「本性」等辭源自孟子。雖然慧能與孟子沒有直接關係，中國大乘一到慧能能够正式標出本心本性，而以心性之肯定與醒悟為佛教生死智慧的根本義諦，不能不說耐人尋味。慧能以後的中國禪進一步貫通禪與道家，而契接莊子無心無念（超生死），自然無為（任生死）的境界，更表現了中國特有的生死智慧與解脫之道。如就心性肯定與醒悟而言，孟子（以及陽明）、莊子與慧能可以說是分別代表儒道佛三家生死智慧與解脫之道最有成就的超級哲學家了。

八、終極的解脫不外是小我的徹底破除

中國固有的生死智慧與解脫之道不但教導我們心性（實存本然性）的肯定與醒悟，也同時强調，我們如要了悟生死的終極意義，如要超生死而又任生死，則絕不能執着於我們自己的個別生命，因為終極解脫卽

不外是小我的徹底破除。早年大打孔家店的胡適也了解到，儒家所講的三不朽（立言、立功、立德）乃是社會的不朽，而非個人的不朽。不但儒家是如此，道佛二家亦是如此。莊子豈不曰「至人無己，神人無功，聖人無名？」慧能臨死之前豈不云「葉落歸根，來時無日？」四年前我的天主敎同事白克敎授喪母，哀痛異常。我以英文短簡安慰他說：「落葉必定歸根，不論是道家的根，儒家的根，或耶敎的根。」白氏讀後大爲感動，回了信說：「你是同事之中最能了解我心境的人。」五年前夏天我曾去肯州美田大學參加中西哲學會議。某晚我們數十位學者在一家中國餐舘聚餐。當時張尙德君（臺大哲學系低我兩班）代表臺灣團隊贈送美田大學一張禪畫。有位來自愛荷華州立大學的哲學教授與我同座，問我畫上三個方塊字的涵義。當我英譯了「何處覓」這三字後，這位美國敎授忽然低下頭來，默然良久，神色極爲嚴肅。我發現他已正在走進中國生死智慧與解脫之門了。

中國哲學當然不是萬靈丹，尤其在外王之道以及知識論、方法論方面有待批判的繼承與創造的發展。然而中國哲學在生死智慧與解脫之道所具有着的不可磨滅的道理與說服力量，我是深信不疑的。時報讀者們！你們對於「何處覓？」的答案又是甚麼？

（一九八三年五月於天普大學宗教系，原載中國時報六月十八日與十九日人間副刊）

鈴木大拙二三事

一、鈴木禪學吸引歐美思想文化界人士的興趣與注意

鈴木大拙無疑是本世紀首屈一指的禪學大師，享齡近百的禪修內功且不說，他對日本禪學的現代發展，對同窗好友西田幾多郎所開闢的京都學派現代哲學，以及對全世界性的大乘佛學與禪宗研究，具有深遠的影響，功業不朽。今天在歐美與日本，成千成萬的知識份子所以能够日日擴大他們的精神視野，將禪佛敎聯貫到心理分析、精神醫學、精神療法、存在主義、宗教哲學，乃至文學藝術的創作，多半是靠他們研讀鈴木著作所獲取的心得或靈感。

據說實存哲學家海德格在他晚年偶讀鈴木禪書，感嘆一句:「如果我對鈴木的了解不差，他在書中所說的，也正是我這一輩子在自己的論著所想表達的東西。」海氏此語似有誇張之嫌，因爲他爲了超克傳統西方形上學的難題而自創的「存在」(Being) 思想，畢竟仍與禪宗所倡無心頓悟、見性解脫的境界隔了一層，不能混爲一談。不過這也顯示了，幾十年來鈴木禪學如何吸引歐美思想文化界人士的興趣與注意。

鈴木大拙著作等身，不下百册。戰後由他弟子古田紹欽所編成的春

秋社「鈴木大拙選集、續集、別卷」總共二十六册，而後來岩波書店所重編出版的定本「鈴木大拙全集」更有洋洋三十四大卷。一般公認，鈴木禪學最有代表性的日文著作是，「論無心」、「淨土系思想論」、「日本的靈性」與「佛教大意」。鈴木寫完「論無心」之時，已近古稀，就在二次大戰行將爆發之前。「佛教大意」則是戰後不久他在日本皇宮單獨面授天皇的講稿。至於其他二書，則是大戰期間他在日本軍閥猖狂的情況下默默耕耘而成的名作。

鈴木所有的日、英文著作，我都讀過，頗覺他的英文表達尤其流暢，妙筆生花而又深入淺出，足可雅俗共賞。鈴木文筆最獨特的一點，是在他那禪學的現代化表達底層有他深刻無比的禪悟體驗，無形中流通到讀者的內心，而使讀者能在字裏行間涵詠體會言外禪意。他在二十三歲時，隨他老師釋宗演赴美參加在芝加哥擧行的世界宗教會議，擔任老師的英譯。兩年後年底，在釋宗演所住持的鎌倉圓覺寺見性悟道，由師賜與「大拙」稱號。再過兩年，重赴芝加哥，擔任出版社編輯，前後有十年之久。

二、跳過「島國根性」，對中國思想與文化表達無限敬意

鈴木在而立之年出版「大乘起信論」英譯，算是大乘佛學移植西方的嚆矢，時正一九〇〇年，很有佛教在本世紀步步進入歐美各國的象徵性意義。鈴木的英文著作有三十左右，其中最有代表性的是，「禪佛教論文集」（共三卷）、「禪與日本文化」、「楞伽經」英譯以及「楞伽經研究」。「禪佛教論文集」已被奉爲現代禪學第一書；「禪與日本文化」重新修訂擴充之時鈴木已是八十老翁；「楞伽經研究」涉及早期中國禪宗

史，鈴木因此學術貢獻獲得日本文學博士頭銜，這時年已六十三歲。

「大拙」稱號源自老子「大巧若拙」一語，而老子所云「大器晚成」又是鈴木禪學自我發展的最佳形容了。據我所知，這些年來在臺灣出現的鈴木作品中譯，不過一二，爲數實在少得可憐。我衷心期望，旣有遠見又有氣魄的書商能在不久的將來一一出版鈴木作品的中譯，至少包括我在上面擧出的日、英文論著。這對關心中國禪學現代化課題的許多中國學者與讀者來說，將是出版界文化界的一大貢獻了。

鈴木雖是現代日本禪學的開拓者，他畢生所信服的還是慧能以來的中國頓悟禪，尤其是「碧岩錄」與「臨濟錄」是他百讀不厭，死而後已的第一禪書。他是屬於明治時代的古典人物，漢學的根柢絕不在老一輩中國學者之下。很少日本學者能像鈴木那樣，跳過所謂「島國根性」，對於中國思想與文化表示無限的敬意。鈴木自家掛有英文門匾，意謂「世界卽是我的國家，行善卽是我的宗敎」(The world is my country, To do good is my religion.)，很能表現他那超越國界與宗敎派系的偉大精神，而與莊子的「博大眞人」或孟子的「天民」今古契合。

三、「要向歐美各國人民，宣揚東洋思想與東洋感情」

鈴木生前曾經旅行中國大陸兩次。首次是在民國五年，他帶了一批日本學生到泰山、曲阜、北平等處參觀名勝古跡。其中有位學生在戰後撰文回憶當年情景，說他自己畢生難忘出發之前鈴木對學生們的一段訓辭:「你們將到另一國家參觀。到了那裏，你們對於當地人民所尊重崇敬的東西，也要同樣表示十分的敬意才行。」第二次是在民國二十三年，專爲尋訪中國佛敎古跡而去大陸。鈴木在他九十歲時的口述體「也風流庵自傳」中提到，他曾去過太虛大師的佛寺，與之會談；也參觀過古老的中國禪堂，緬懷古代中國祖師，獲益良多云云。

中國讀者恐怕不太知道鈴木夫人是美國白人，閨名比亞特麗斯（Beatrice），也是虔誠的佛教徒，著有英文「大乘佛教」等書。鈴木與她結婚之時已是四十一歲。據他自己說，他們結婚之後的生活目標，是「要向歐美各國的人民宣揚東洋思想與東洋感情。」（日文「東洋」一辭，廣義指謂東方，尤其中日；狹義則單指中國而言。）鈴木夫妻都是以慈悲爲懷的佛教徒，曾共同創辦了「動物愛護慈悲園」。他們在自家也養有七、八隻貓，又時有野貓進來，隨處亂跑，自由自在。更有趣的是，鈴木夫人每每看到馬在斜坡上被不耐煩的馬車夫酷使，就强拉他到警察局「查辦」。警察與車夫都不解英語，也祇有從她來勢洶洶的模樣去猜測她的用意所在了。

四、人世常情與眞人境界同時存在

鈴木待妻，有如慈愛的老翁讓小女孩撒嬌。六十九歲喪妻之後，他還守寡了二十多年，而在一九六六年（民國五十五年）仙逝。鈴木曾描敍過夫人臨死之時自己內心的兩面：一面是盡情悲歎的自己，另一面是平靜地觀察自我悲歎的自己。鈴木的自述，多少類似莊子喪妻時的心境；人間世的常人之情與悟道解脫的眞人境界是可以同時存在的。

鈴木雖是一代禪宗大德，却有一件家庭的不幸使他終生苦惱。通過自我的生命試煉而見性悟道的他，竟找不出辦法教育他的兒子，兒子長大之後終以斷絕父子關係結束家庭的悲劇。當他兒子年少之時，鈴木常特別拜託他的學生岩倉政治，在暑假期間帶去鄉間，藉農家勞動之便磨練一番。他對岩倉說：「這樣下去就完了。到了晚間，以爲他在樓上乖乖唸書，原來早已爬出窗口，溜出去看西部武打片。」鈴木與子斷絕關係之後，岩倉回顧當年，很有感慨說：「通過這不幸的事件，我在鈴木先生極其溫暖的心地之中，又發現到毫不妥協的嚴厲性格。這也許是一種禪的精神吧。」

五、鈴木的禪式坐睡相當有名

鈴木有他獨特的養生之道，踐行了數十年如一日。在八十六歲時有弟子問他養生壽老之術。鈴木淡然答謂：「據說我出母胎過早而身體弱小，大家都深怕我長不成。我並沒有存心爲了健康壽老而活。不過却有一點：我從不去想念過去，却祇想到未來的計劃，譬如讀那本書，寫這本書之類。」弟子再問更具體的强健法，鈴木的回答很簡易，說道：「疲累就睡，想睡就睡。」鈴木的禪式坐睡相當有名，不論在任何派對或應酬，他能就地坐睡片刻，當場養精蓄銳一番。光就這一點說，鈴木確有資格承繼臨濟禪的衣鉢。臨濟義玄豈不曾云：「佛法無用功處，祇是平常無事，屙屎送尿，著衣吃飯，困來卽臥。愚人笑我，智乃知焉。」鈴木自青年時代見性成道以來，養生有術，故在八十過後更能返老還童，日日活躍，時往哈佛或哥倫比亞大學等處講學，時飛世界各地隨處旅遊。九十過後鈴木仍以日日讀書、執筆、講學爲樂；九十一歲時應印度政府之邀曾去印度；在九十四歲那年居然還有精力參加在檀島擧行的第四次東西哲學家會議，成爲轟動一時的新聞人物。論生命力的强靱旺盛，鈴木還在本世紀鋼琴聖手魯賓斯坦之上。

六、二十世紀大徹大悟的極少數禪宗大德之一

鈴木給人的一般印象是，外表謙和，乍看平淡無奇，內實剛毅無比，在禪道的堅持不讓半步。他那內剛的氣性可從他的書法窺見一斑。依稀記得二十二年前在夏大上稻田龜男（Kenneth Inada）先生的佛學課時，他在課堂好舉鈴木所贈「無」字書法，藉以說明龍樹空宗八不中道之旨；這是我個人開始探索鈴木禪學的因緣。

後來，稻田師與我分別在紐約州立大學與天普大學主持博士班佛學與東方哲學研究。九年前他邀請我去紐大哲學系演講現代倫理學課題，當晚就在他家邊嚐日式火鍋，邊談佛學心得。談話中間稻田師忽指牆上一張書法，我抬頭一看，原是鈴木所書馬祖道一禪師的「平常心是道」五個雄渾大字。稻田師說，這張書法特別珍貴，乃是鈴木仙逝的一年之前在鎌倉自家當場揮毫贈他做爲留念的。我們就環繞着鈴木本人與「平常心是道」暢談禪宗眞髓。我們當時異口同聲地感嘆：「當今又有幾人悟得我們的平常心即是禪心道心」？我却深信鈴木大拙是二十世紀大徹大悟其中妙諦的極少數禪宗大德之一，可與我國以一百二十的高齡圓寂的虛雲和尚比爲雙璧。時報讀者們，你們又如何感悟「平常心是道」的簡易旨趣呢？

（一九八三年六月二十日於費城近郊，原載中國時報八月七日人間副刊）

瑪莉亞·卡拉絲的生命二重奏

——本世紀歌劇女神的愛與死

一、情愛糾葛與藝術精進，交織成「生命二重奏」

一代金嗓子瑪莉亞·卡拉絲（Maria Callas）六年前在巴黎自宅逝世的那一天（九月十六日），全球各地的報紙、電臺與電視紛紛報導這位傳奇巨星的死訊；成千上萬的音樂界人士與表演藝術愛好者，爲她致哀，爲她哭泣。各國報紙登載頌辭悼語，一連數天，源源不絕，不論敵友，都蓋棺論定她是二十世紀最有風采而又最有突破性成就的歌劇「女神」(La Divina)。英國的兎木爵士讚謂「當代最偉大的音樂表演家」；巴黎歌劇院總管利巴曼則說「女神永不死滅」；紐約大都會歌劇院的負責人貝因爵士也感慨「我們再也看不到如此出色的演員了。」卡拉絲死後，她灌過的幾十張唱片一直暢銷，歷久不衰；數不清的卡拉絲迷仍憶念着她，聆賞她那天籟般的歌劇女高音。廣播電臺與電視也不時設有紀念性節目，俾便年輕的一代了解與欣賞她的演唱藝術。

卡拉絲不僅是表演藝術史上的傳奇性天才，又曾以情愛糾葛與藝術精進交織而成爲所謂的「生命二重奏」，是轟動歐美幾有二十年的頭號新聞人物。有關她的演唱藝術與生平軼事的長篇短論且不說，光是她的傳記，就有一打以上。最近兩年又添加了卡拉絲前夫麥納基尼所寫的「我的愛妻瑪莉亞・卡拉絲」，以及劍橋大學出身的希臘女作家斯塔西諾珀羅斯（Arianna Stassinopoulos）精心撰成的英文暢銷書「瑪莉亞・卡拉絲——傳奇背後的女性眞相」（Maria Callas-The Woman Behind the Legend）。此書已被英美各大報章雜誌一致推許，算是卡拉絲傳記的標準定本，很值得譯成中文，以饗中國讀者。

上述兩本傳記對於卡拉絲如何死亡的說法，並不一致。後者依據一般報導，說是卡拉絲死於心臟病突發，前者則斷定她自殺而亡。曾與卡拉絲因簽約糾紛製造了不少新聞的貝因，在他前年出版的第二部自傳「一個歌劇騎士」中很有感觸地說：「她沒有把歌喉保持得够久，她的結局是個悲劇。雖然我的證據並不充分，我總覺得是她自己斷送了她的生命。從世界頂峯跌到巴黎的極端孤寂，這很可能是她無法忍受下去的。」據我個人的觀察，卡拉絲究竟死於自殺抑或心臟病，都不是問題所在。我們如果借用弗蘭克爾的意義治療法（見時報人間版五月十二日拙文），對於卡拉絲的愛與死試予深一層的實存分析，則可以下個結論：她所深愛的船業大王歐納希斯（Onassis）在一九七五年去世的一天，也正是她開始喪失生存意志與生活意義的一天。她那兩年「實存的空虛」（existential vacuum）狀態，可以說是提早她的生命萎縮乃至悲劇性結局的主要原因。換句話說，卡拉絲的肉體死亡，卽是她頓失生命支柱之後精神逐漸死亡而自然導致的結果。我們如此應用意義治療法的實存分析，而去仔細透視卡拉絲的愛與死，當可獲取足以發人深省的精神病症可貴資料。

二、母親・前夫・情人影響她的命運

一九二三年八月，卡拉絲的父母帶著她的姊姊自希臘移民美國，四個月後她在紐約誕生。卡拉絲自幼卽顯演唱天才，十三歲時在全國性的電臺歌唱比賽獲取首獎。她的母親雄心勃勃，決意把她培養成爲歌劇巨星，就在這一年帶著她與她的姊姊離別不太和睦的丈夫，回到希臘雅典，尋得名師指導她的演唱技巧。卡拉絲曾說，她從未有過正常幸福的童年時代，也沒有好好受過正規的學校敎育，因爲她的母親只一心一意要她變成巨星，當她練唱時才稍體會到帶有條件的母愛。

由於母親的影響，卡拉絲只學到了如何奮鬥掙扎，如何博得喝采與名聲，却沒有學到如何圓滿地處理人際關係，如何尋獲適當的人間溫暖與慰藉。等到二十歲成名之後，卡拉絲逐漸厭離她的母親，終於斷絕來往。她的母親在一九六〇年出版了「我的女兒瑪莉亞・卡拉絲」，公開責罵，更加深了母女之間的仇恨。我們也許可以說，她的母親如果沒有自幼逼她練唱，如果沒有帶她回去希臘强加歌劇演唱訓練，卡拉絲很有可能依自己小時候的志願變成牙醫，也很可能變成平庸的家庭主婦，享受一般所謂天倫之樂了。不過，這只能算是事後的猜想。

當她遇到歐納希斯之後，卡拉絲才眞正嘗到男女性愛的滋味，也時有生養子女的渴望，强過包括歌劇演唱在內的其他一切。據一般的猜測，她曾懷過孕，只因歐納希斯的反對，忍心墮胎了事。但是，麥納基尼在「我的愛妻瑪莉亞・卡拉絲」中首次公開，卡拉絲根本沒有懷孕的能力；也同時否認他曾勸過卡拉絲爲了藝術放棄生養小孩的念頭。無論如何，我們在卡拉絲的生命二重奏中不難發現，愛情與藝術，或家庭幸福與事業發展，相尅相背，永不協調。

卡拉絲母親的存在，可以說是決定歌劇女神一生命運的一個因素。另外兩個因素則是前夫麥納基尼（藝術精進上的從旁協助）與情人歐納希斯（男女情場上的掙扎挫折）完全對瞟的兩位男性。但從實存分析的觀點去看，卡拉絲本人永不協調的兩重性格才是眞正決定她求生求死、何適何從的根本關鍵。如用中國傳統的陰陽消長之理去解釋，她的兩重性格卽不外是陽剛與陰柔的相等相尅。陽剛的一面表現在她那藝術精進的强韌性，陰柔的一面則顯示在男女情愛的脆弱性。西諺有云，「個性決定命運」，實有令人首肯的道理。

三、對自己的雙重個性無知

二次大戰期間，卡拉絲在雅典演唱幾齣歌劇，博得小小名氣。戰後不久轉去意大利，謀求新的發展，遇到了愛好歌劇的企業家麥納基尼。麥氏一見卡拉絲，立卽發現她那女神般的魅力與歌劇演唱的無限潛能，不久自動擔任她的經理，應付她所無法承擔的簽約等等瑣碎問題。

一九四八年他們不顧雙方家庭的反對結了婚，夫妻之間年齡相差三十歲。麥氏熱愛卡拉絲，爲她獻身，從旁協助她的演唱精進與事業發展。十年之後，就在行將迷戀歐納希斯之前，卡拉絲還帶着衷心的感激公開表示對家庭生活的滿足，說道:「我隨時都願意爲他犧牲我的生命。從結婚那天開始，我就深深了解，我再也尋找不到更慷慨體貼的男人了。……如果他曾有意思要我的一切，我早就毫無悔意地放棄我的藝術生涯了，因爲一個女性的生活中愛情總比藝術的成就更爲重要。」卡拉絲這番話不但過份誇張她與丈夫之愛，也同時暴露了她對自己兩重性格的無知，因爲她一碰到歐納希斯，卽不能自制地紅杏出牆，終致離婚，釀成一段家喻戶曉的國際新聞。由於兩重性格的相等相尅，卡拉絲在男女情愛上只走極端，從無中庸之道。她對麥納基尼有如女王指使臣僕獻身服侍，顯她陽剛的一面，但與歐納希斯墮入情網之後，她對歐氏服服貼貼，由他隨意控制，毫無抵抗之力，這又表現她那陰柔的一面。

在一九五〇年代，差不多有十年左右，卡拉絲是米蘭市拉斯卡拉

(La Scala) 歌劇院最紅的首席女高音，她在這世界最著名的歌劇大本營奠定了歌劇女神的鞏固地位，也時常巡廻歐美各國演唱多達五十齣左右的歌劇，其中維爾第（Verdi）的「茶花女」、普西尼（Puccini）的「托斯卡」、貝里尼（Bellini）的「諾瑪」與多尼澤第（Donizetti）的「盧姬亞」等齣，是她的拿手好戲。她在這幾齣的演唱，出神入化，無人能出其右。以「諾瑪」此齣來說，她在八個國家唱過九十次，到處轟動，迷醉聽衆。

四、三項突破，獲得了藝壇驚人成就

卡拉絲的歌劇演唱所以具有突破性的驚人成就，主要是下列三點：

第一，她是本世紀眞正跳過以優美歌喉爲首要的傳統定規，而强調劇情（戲劇的眞實）與表情（演唱的逼眞）並重的第一人。這就是說，通過演唱的逼眞表現戲劇的眞實優先於歌聲的美妙。卡拉絲曾說：「光有優美的歌喉是不够的。當你演唱歌劇，你是在解釋一個劇中角色，你必須能有一千個表情去生動地表達幸福、歡樂、悲哀、恐懼等等。如果光有優美的歌喉，你怎能够演唱逼眞？即使偶爾唱得稍稍刺耳——我有時就這樣，那也是動作表情上的需要。即使聽衆當時不太了解，你還是要這樣。但他們遲早會了解你的，因爲你的演唱打動了他們的心弦，引起他們同感共鳴的緣故。」

第二，卡拉絲雖然强調「演」優先於「唱」，她並不忽略歌喉的優美與歌唱的技巧。事實上，她的突破性成就之一，就在於敢重新發掘並嘗試十九世紀前半期所盛行的一種純以優美圓潤取勝的歌聲風格（意大利文是 bel canto）。維爾第以前的意大利三大歌劇作曲家羅西尼（Rossini）、多尼澤第與貝里尼的作品，譬如上述「諾瑪」、「盧姬亞」等齣，特具此一風格。以「優美歌聲」風格爲主的此類歌劇，首重優美的音樂旋律與女高音的優美而富於花腔技巧的歌喉，劇情與演情則屬次要。

此種演唱技巧是女高音最艱難的一種，多半的女高音根本不敢嘗試。卡拉絲是戰後第一位領先嘗試而加上個人獨特的演唱表情的天才女高音，充份證明了她在「唱」與「演」都是首屈一指的。今天在「優美歌聲風格」方面最有成就的女高音巨星，如澳大利的撒熱蘭（Sutherland）與西班牙的卡芭葉（Caballe），都多少受過卡拉絲的直接指點或間接啓發。卡拉絲的最大成就，可以說是在以優美風格取勝的歌劇之中，把花腔女高音的演唱技巧與逼眞的動作表情融化而成已故方東美師所云「乾坤一戲場，生命一悲劇」。譬如一九五四年一月，她在拉斯卡拉歌劇院演唱「盧姬亞」，到了最後女主角發狂而死的那一段悲劇場面，她那響徹雲霄的花腔女高音與如泣如訴的動人表情把所有臺上演員與臺下聽衆帶到另一境界，全場鴉雀無聲，人人沈醉於十幾分鐘卡拉絲的獨自咏嘆方才個個醒覺過來，眞可謂表演藝術的極致，令人嘆爲觀止。

一位意大利著名的舞臺導演曾經談到卡拉絲的演唱訣竅說：「緊張與鬆弛的交織是卡拉絲魅力的要訣所在。看看她演盧姬亞發狂那個鏡頭的手勢吧，她的兩個手臂有如一隻大鷹的翅膀。當她徐徐上擧的時候，看來很沈重，不像舞蹈家輕巧的手臂。等她到了咏嘆曲調的最高潮，她的手臂就開始鬆弛下來，很自然地帶到下一手勢，直到另一高潮爲止，之後開始平靜下來。……她的演唱，她的動作，使我覺得完全出於自然本能，而不是理智硬逼出來的。她的演唱極具獨特風格而又極有古典風味，同時又顯得很有人性，是幾近崇高的一種高層次的人性。」

第三，卡拉絲的歌喉有驚人的幅度，不但花腔女高音所能唱到的最高音她都能夠應付自如，女中音的低沈歌喉她也一樣具備。卡拉絲沒有在臺上演過比才的歌劇「卡門」，但從她灌過的「卡門」唱片不難聽出，她那富於誘惑性的中低音歌喉，在技巧上絕不亞於任何第一流的女中音。卡拉絲遇到歐納希斯之後很奇怪地漸失花腔女高音的金嗓子，但在女中音反有精進，在一九六〇年代曾有一度認眞考慮過從女高音轉向女中音。可惜的是，她那藝術精進，强韌意志已因情愛枷鎖蕩然無存，毫無東山再起的可能性了。

五、寧直不屈，表現陽剛的一面

卡拉絲陽剛强韌的個性不但在藝術精進的奮勉過程可以看出，尤在待人處事更加明顯，徹頭徹尾表現她堅持自己的藝術原則而毫不妥協的强硬態度。譬如戰後不久，卡拉絲有個機會在紐約大都會歌劇院演唱貝多芬的歌劇「費得莉娥」與普西尼的「蝴蝶夫人」。但因演唱條件包括以英語替代原來的「費得莉娥」德語歌詞，卡拉絲拒絕簽約。那時她才二十二歲，正需有此良機一鳴驚人；但她寧守自己的原則，放棄了這個機會，這對一般人來說，是不可想像的事。

她首次去該劇院演唱，是在一九五六年，那時她已經是全世界最出名的歌劇巨星；貝因爲了爭取她的合同，不惜破例照給她所要求的酬金。她也在芝加哥抒情歌劇院演唱數次，該院全靠她的演唱，得以復興，變成第一流歌劇院，直至今日。卡拉絲簽約之前開價奇高。但她提及自己的藝術哲學時却說:「每年我都想比前一年更加精進，不然我就退休不唱了。我並不顧慮金錢，我只關心藝術，只願爲藝術獻身。」

又有一次在一九五八年，她在拉斯卡拉歌劇院演唱「諾瑪」的數小時前自覺歌喉不太暢順，就在那晚演完第一幕後，拒絕繼續上臺。義大利總統夫婦當時也在場觀賞，卡拉絲事後只寫了一封短簡向總統夫人道歉了事，全義大利報紙却大肆攻擊她的人格。還有一次在歐納希斯的遊艇上面，貴客之一的邱吉爾親自求她演唱一段歌劇，當場被她拒絕，說是時地皆不適宜，她在遊艇是爲享受，不爲演唱云云。卡拉絲這種陽剛膽子，中外古今實不多見。

更令人驚奇的是，一向好吃發胖的卡拉絲在一九五四年忽然下了決心，要從幾近臃腫的「醜小鴨」減肥成爲婀娜多姿的美人兒。果然一年之間她一共減了六十二磅（卽二十八公斤），各國報紙稱爲「一種神妙的蛻變」。從此，卡拉絲不僅是歌劇界的頭牌巨星，同時一躍而成爲時裝界的鋒頭人物了。更有趣的是，當她看了「羅馬假期」，這部電影中女主角奧黛麗・赫本的細腰之後，決意把自己的腰圍「調整」到比赫本的更細。結果她成功了。

以上這些事例，足以證示卡拉絲還未墜入歐納希斯的情網之前，是個能够獨立自主而果決果斷的絕頂人物。

六、愛情解除了她强毅的個性

一九五七年夏天，卡拉絲在某次舞會初見長她二十歲左右的希臘億萬富翁歐納希斯。他對風華絕世的這位名女人當然不想放過，雖對歌劇毫無興緻，却下了決意搶她過來。過了一年多，歐納希斯夫婦邀請了卡拉絲夫婦，以及幾對顯貴，包括邱吉爾夫婦與摩納哥國王及其王妃（卽最近因車禍不幸去世的葛麗絲・凱莉）等等，到他們的豪華遊艇小住；歐納希斯本人的眞正目的是要挑逗卡拉絲的芳心。果然不出幾天，卡拉絲深深愛上了他，不久告訴可憐的麥納基尼她已移情別戀。

這件事變成國際新聞，終以正式離婚了事。歐納希斯也因此被迫離婚，但沒有進一步與卡拉絲結婚。從此卡拉絲的整個生命有了一百八十度的轉變：歌喉開始不靈，原有的强毅個性轉變成爲完全服從情人的脆弱性格，而歌劇演唱的次數也隨之大減，一九六五年以後再也沒有上過歌劇臺。

當歐納希斯開始追求已故甘迺迪總統的遺孀賈桂琳時，卡拉絲陷於極端的痛苦狀態。歐納希斯與賈桂琳結婚之後，卡拉絲的精神危機已到生不如死的程度。曾有幾度她想捲土重來，挽回她的藝術生涯，但已失陽剛一面的她祇能徒然掙扎，接受挫折的苦楚了。一九七四年她曾試過一次全球性巡廻演唱，却半途而輟，悄然返回巴黎。

歐納希斯婚後不久，就發現了自己毫無辦法應付賈桂琳，但已後悔莫及。當他最後決定離婚之時，已病入膏肓，終於怏怏而死。臨死之前歐納希斯當能感悟到，在他一生中眞正全心全意深愛過他的，還是那位曾經傲睨一切的絕代女神。卡拉絲自己曾說:「沒有那麼多的男性敢接近我。過分出名也是一種障礙。我又有一個極其活動的腦袋，再加上我的强烈性格，我就這樣嚇跑了好多男人了。」

七、生命已空虛，傳奇生涯遂告結束

歐納希斯死後，卡拉絲深居簡出，幾與外界自我隔絕，時有語無倫次、意志游移的現象。死前不久曾去希臘，在歐納希斯墳墓之前跪下，默禱數小時之久。

卡拉絲死後出殯的那一天，希臘、法國總統等各國顯貴以及全世界各大歌劇院代表都爭相獻花。卡拉絲生前沒有留下遺囑，却留下了一千兩百萬美元的遺產，唱片的豐富版稅還不在內。她的母親與前夫麥納基尼爲她遺產開始了爭奪戰，最後在法庭之外「和平」解決，平分了事。

卡拉絲死後三個月，有人偸走了她的骨灰；她的母親公開指責麥納基尼說:「人都已經死了，麥納基尼還想纏住我的女兒。」幾小時之後骨灰又偷偷回到公墓。兩年之後，卡拉絲的骨灰被送回故國希臘，以國禮撒到愛琴海上。那位希臘女作家寫的卡拉絲傳記以下列幾句做爲結語:「(在古代希臘) 他們問了臨死的蘇格拉底應如何葬他。他回答說，祇要能捉摸到他，怎樣葬他都無所謂。瑪莉亞的骨灰現已漂失在她所心愛的海中。她仍活着，就像每一偉大的精神，是我們（凡人）永遠難以捉摸的。」

卡拉絲演唱歌劇的輝煌時期，前後不過十多年，但她在無數卡拉絲迷的心目中，永遠是個女神，而她所灌過的唱片無疑也會永垂不朽。曾與卡拉絲爭吵多次的貝因，在他的「一個歌劇騎士」中說:「甚麼是人格 (個人風格)？這是很難描敍的。……我始終認爲邱吉爾代表了最顯著的人格。當他走近房間，旁邊的所有人等於不存在。卡拉絲也有這種人格，即使她不在演唱，也是一樣。……她的舉措是優美遲緩的。她的穿着恰到好處，無懈可擊。她從不講一句粗話，確是名副其實的典型淑女。我時常說，我們無法去『尋覓』一個卡拉絲出來。這樣的絕頂人物我們祇能等着『發現』。要發現到這樣的人，在我們的一輩子裏頂多也祇有一兩次。」

八、為今日女性留下彌足深思的課題

卡拉絲的生命二重奏，她的愛與死，向我們提供了下列三個問題:（一）愛情（或家庭幸福）第一，抑或藝術（或個性與事業的發展）第一？如何才是盡善盡美的生命二重奏？（二）生命本身的意義是甚麼？生死的終極意義又是甚麼？卡拉絲死前，痛苦之餘想抓住一樣宗教甚或狂信支撐自己的餘生，但已太遲了，還未尋得自己的生死智慧與解脫之道就告別了人間。這裏的問題是：盡善盡美的生命二重奏，需不需要一種健全的生死智慧與解脫之道？（參閱時報人間版六月十八、十九兩日拙文)。（三）卡拉絲墜入情網之後，失去了自己原有的一切，充份顯示連這樣絕頂的才女也跳不出傳統女性觀的框架。卡拉絲的生命悲劇實與社會、歷史的種種條件限制息息相關。今天在世界各地，尤其美國，正醞釀着大大小小的女權運動。卡拉絲的生命二重奏，也許對於新時代的職業婦女可做借鑑，足資參考。最近臺北的姪女來信告訴我說，今日臺灣的新一代女性已與二十年前大有不同。我憑自己的想像也可以了解到這一點。這裏最後的問題是：現代化而又健全的中國女性觀應該是甚麼？新時代中國女性的生活觀、人生觀又應該是甚麼？我自己是個過了時的男性，祇能提出問題，不够資格答覆問題。時報的女性讀者們，妳們自己的答案是甚麼？

（一九八三年七月十五日於費城近郊，原載中國時報九月七日與八日人間副刊）

也談「可憐的」沙特

——馬森先生「可憐的沙特」讀後

一、從哲學思想的角度看「可憐的沙特」

人間版主編金恆煒兄日昨打來長途電話，問我稿件的事。我說剛剛寄去「如淨和尚與道元禪師——從中國禪到日本禪」，同時正在撰寫「沙特與西蒙・德・波娃——一對存在主義的標準情人」，將儘早寄去。恆煒又問我有沒有看到最近人間版上刊載的「沙特談文學、哲學與政治——與西蒙・德・波娃的對話」（十月十四日到十六日），我說看了，很有意思。電話掛斷之後不久，郵差送來人間版近期一疊，我立即翻閱，發現有馬森先生的一篇「可憐的沙特」（十月二十一日）。馬先生專從文學藝術的觀點表示他對沙特的一些感想，我在這裏想從哲學思想的角度觀察「可憐的」沙特。

讀了馬先生文後，再讀一遍上述「對話」，頗有感慨，也為當時已屆古稀之年（一九七四年）而雙目已盲的存在主義大師難過。「對話」裏的沙特自述，並不太脗合他在代表作「存在與無性」（Being and Nothingness）以及其他純思想性論著所標榜的存在主義論調。首先讓我們考察一下沙特對於自己文學與哲學作品的自我評價。沙特在「對話」

中有意貶低他哲學作品的價值，因爲他覺得哲學本身沒有絕對的價值。對他來說，文學較哲學佔有優位；他很「希望能藉文學而不朽，哲學是達到這種不朽的手段」。

難道沙特竟忘了他的文學創作所需要的源源不絕的靈感，幾無例外來自他那存在主義的哲學思想與實存的心理分析嗎？難道老邁的他已無法了解，他的文學作品如果脫離了他的哲學思想，就會失去整個意義與價值嗎？難道畢生高倡實存的抉擇與自我超越而反叛上帝，挑戰死神，且爲維護人存在的絕對自由而完全拒却所謂「永恆」、「絕對」或「不朽」的沙特，到了生命盡頭居然變成追求「不朽」的軟骨頭了嗎？難道他爲了文學史上的「不朽」地位，寧願全然放棄他所倡導的存在主義思想嗎？

二、理性壓倒感性，沙特文學作品難臻不朽

我十分同意馬先生的評語，認爲沙特在法國(甚至世界)文學史上難於企及巴爾扎克、福樓拜、紀德、普魯斯特等文壇巨匠的不朽地位。我的理由是，文學與哲學雖在思想層面可以有溝通之處，兩者的創作動機與目的有本質上的區別。文學是感性的，訴諸讀者的內在感受，引起他們的同感共鳴；哲學是理性的，作者在哲學作品之中正面提出（而不停留在文學性的暗示）他所積極肯定的眞理或道理，期以論辯講理的方式說服讀者接受他的思路或結論，並進一步啓發讀者依此逐漸改變他們的世界觀與人生觀。理性壓倒感性或思想性說敎過多的所謂「腦袋文學」所以難臻不朽，就是因爲哲學理性動輒干預文學感性，易於扼殺文學作品所特有的眞善美感意識的緣故。這就說明了爲甚麼作者的思想或政治立場極端顯明或暴露的文學作品很難經得起時間的考驗，終被後世淡忘

厑淘汰。

沙特期望讀者看重他的文學作品甚於哲學作品，就沒有了解到，我所說的「腦袋文學」不足以代表文學創作的眞正本質。沙特自己在「對話」中坦白承認，他的長篇小說不太成功（其實他寫的劇本也是一種腦袋文學，轟動一時之後漸被淡忘），但特別提到他戰後出版的一系列論集，總題「境況」(Situations)，最有可能流傳後世。我覺得沙特這裏的自我評價並不精確。

「境況」論集共約十册，收集沙特縱横馳騁地暢論文學、藝術、當代思想文化乃至政治社會問題的各種長篇短論，文體簡潔而筆鋒精銳，確能證示沙特關於時代批判的寫作天才。但是，「境況」論集不能算是純粹文學作品，祇能看成沙特哲學與政治思想以及他那實存（的心理）分析的實際應用；而且「境況」論集的內容多半限於我們的時代(課題)，下一世紀的讀者恐不會有興趣去閱讀欣賞，遑論「永垂不朽」了。不過，「境況」論集至少證明了沙特是當代數一數二的思想啓蒙家，實存地獻身於個人（主體性）與社會（相互主體性）的雙層解放工作，我們不妨把他看成二十世紀的伏爾泰（Voltaire，1694-1778)。將來的史家當會評爲思想啓蒙上的不朽人物。

三、顚倒優先次序，特別期望文學創作能夠傳世

我認爲沙特所有作品之中堪稱不朽的是那部哲學名著「存在與無性」，可與海德格的劃時代名著「存在與時間」媲美。當然後者遠較前者更有開創性意義，因爲沒有海德格的哲學奠基，沙特無法在「存在與無性」另闢一面，建立他那現象學的存在論（phenomenological ontology）與存在主義的絕對自由理論（an existentialist theory of absolute freedom）出來。

大家知道，胡塞爾（Husserl）所創立的現象學派，以及存在主義哲學，是當代歐洲哲學的兩大主流。從現象學到存在論（或稱存有論）的轉向過程當中沙特的哲學地位僅次於海德格，而在法國現象學派的形成與發展，沙特是第一個具有哲學獨創力的開拓者；著名現象學史家斯比格勃克（Spiegelberg）在他的兩大册傑作「現象學運動」（The Phenomenological Movement）肯認沙特在現象學派的不朽地位。至於戰後從歐洲蔓延到南北美洲與遠東（尤其日本）的存在主義思潮，眞正的帶頭人物就是沙特自己。他在第二次大戰結束之前完成的「存在與無性」，今天已公認爲此一思想運動的首部哲學古典名著；而他戰後公開演講紀錄而成的小册子「存在主義卽是人本主義」（Existentialism is a Humanism）更是人人傳誦的存在主義「聖經」了。那句著名的存在主義口頭禪「（人的）實存先於本質」（Existence precedes essence）便是出於這本小册。

奇怪的是，老邁的沙特完全顚倒了他的哲學與文學作品的優先次序，特別期望他的文學作品有「永垂不朽」的機會。問題是在：沙特爲何不那麼看好他的哲學作品？他爲何不能承認，他的所有作品之中，最有不朽希望的是他的哲學主著，而非其餘？

四、垂垂老矣，一反自己對「實存主義」所堅持的態度

最令人奇怪的是，生命快到盡頭的沙特竟開始大談「不朽」與「絕對」（文學有絕對性，哲學則無）。沙特的口頭禪意味着，人首先是實存（現實存在，眞實存在）着的，然後才去創造傳統的哲學或宗敎所謂的

「本質」;「本質」指謂固定的人性、價值等等觀念。根據沙特的存在主義，人的實存卽不外是無性的意識，意識本身空無內容，它的惟一功能是絕對自由地追求意識以外的存在，構成意識本身的種種對象，而種種「意義」亦由是而生。意識（卽人的實存）所以是絕對自由，乃是因爲追求甚麼樣的存在，構成甚麼樣的意識內容，又創造甚麼樣的意義，完全在乎無性的意識如何向非意識的存在投企自己，却與非意識的存在本身毫不相干。所謂人生，就是無性的意識依其實存的絕對自由不斷地自我投企，不斷地自我超越的有限歷程;而所謂死亡，就是個人實存的絕對自由之消失，如此而已。

沙特所以畢生反對宗教，拒談永恆或不朽，就是因爲他完全不承認單獨實存的絕對自由以外的任何固定不變的善惡人性、價值理想、哲學眞理或宗教信仰。他所以標榜無神論的存在主義，乃是由於他把「上帝」看成無性的意識與非意識的存在之終極合一;然而他說，終極合一是絕不可能的，因無性的意識不得不絕對自由地追求非意識的存在，無限制地構成意識內容，也無止境地創造新的意義與價值。總之，「上帝」、「永恆」、「不朽」等等觀念，完全是我們自己不勝負荷實存的絕對自由而自逃自欺所由產生的無謂妄念。沙特認爲，實存的絕對自由與個人的全面責任原是一體兩面;但是我們自己由於不願承擔全面自我責任，就編造出種種固定不變的「本質」，故而陷於一種實存的自欺。存在主義的教育工作就在規導我們從實存的自我欺瞞（非本然性）覺醒過來，充分還出我們實存的絕對自由（本然性），面對世界，面對死亡，不斷地創造生命的意義與價值。這就是沙特存在主義的根本眞諦。

既然如此，沙特又何必關心他的作品能否流傳後世甚或永垂不朽？難道「可憐的」老人沙特，由於自知雙目已盲，死期不遠，故而喪失實存的勇氣繼續肯定絕對自由，拒談「不朽」或「絕對」之類嗎？

五、懷疑哲學的絕對性，對早年建立的存在主義絕對自由論，似也無甚信心

沙特在「對話」中提到他當年拒絕接受諾貝爾獎金等各種榮譽的理由，也不脗合上述存在主義的基本立場，令人搖頭太息。其中一個理由，據他說是他的實際成就早已超過各種榮譽，而贈送榮譽的人根本就沒有資格贈送。難怪馬先生評謂:「沙特却毫不掩飾地承認自己也具有芸芸衆生無法擺脫的那種企圖不朽的妄想，看來彷彿是欠缺一點禪宗的薰陶，不曾認眞地看破紅塵，這就未免顯現出像你我一般的渺小與可憐相了。」記得當年（一九六四年）我在臺大哲學系講授新課「存在主義與現代歐洲文學」的第一堂，開頭就提到沙特拒絕接受諾貝爾獎金的事，大大讚美沙特所做實存的抉擇。還記得我特別提到沙特的一句話——「對我（主張「實存先於本質」的存在主義者）來說，諾貝爾獎金與馬鈴薯又有甚麼差別」，在一百多位大學生前費盡了口舌爲他辯護。而今讀了沙特在「對話」裏擧出的拒絕理由，我只有苦笑自己當年爲他辯護的天眞氣概了。

馬先生感嘆沙特「欠缺一點禪宗的薰陶」，我也很能同意。當年講授上述新課的我是百分之百的沙特信徒，相信個人實存的絕對自由，除此之外一無所是；也以沙特的存在主義觀點講解陀斯妥也夫斯基的「卡拉馬助夫兄弟們」，卡繆的「異鄉人」與「黑死病」，以及紀德，卡夫卡等人的文學名作。後來再度來美，在伊利諾大學哲學系撰寫博士論文「現代倫理自律論——沙特與黑耳（英國解析倫理學家）的比較與批評」之時，才開始擺脫沙特存在主義的影響，從更廣更深的哲學角度透視自由論與決定論孰是孰非的古來西方人性論難題，而終於獲致沙特存在主義的絕對自由論遠不如莊子與禪宗所倡無心無爲、自由自在的結

論。沙特所云「絕對自由」只能當做近代西方人夢寐以求的人性理想，他却進一步哲理化爲實存的本然性。

然而特從知行合一，心性醒悟的中國哲學觀點去看，西方人所探討的所謂「自由論與決定論孰是孰非」的問題，本來並不是只供空談的純粹理論問題，而是心性醒悟（與否）與日常實踐（與否）的生命課題。沙特本來可以站在實踐優位的立場倡導實存的自由或本然性，但他也像多半的西方哲學家，把「人是否或能否自由」當做客觀的眞理問題，藉自己一套現象學的存在論想在哲理上「證立」或「推演」本質上應屬實踐工夫意義的「絕對自由」出來，沙特在「對話」中懷疑哲學的絕對性，實暗示着他對早年建立的存在主義絕對自由論已無甚信心。難怪晚年的他改變初衷，只求文學作品的「不朽」了。

六、在馬克斯主義和共產主義圈內，沙特始終是個異鄉人

其實，沙特已在一九五〇年代開始懷疑他那存在主義的絕對自由論，頗有空談無益之感，而逐漸傾向馬克思主義，終在一九六〇年出版未完成的哲學大著「辯證法的理性批判」(Critique of Dialectical Reason)，以馬克思衣鉢的眞正繼承人自居。這部宏著的不朽可能性僅次於「存在與無性」，端看此後西方馬克思主義的研究與批判工作如何進展而定，目前一時尙難逆料此書能否留傳後世。在一九五九年沙特所出版的一本「方法問題」，在首章「馬克思主義與存在主義」開頭宣言一切哲學是實踐性的，同時又說存在主義只不過是一種「意識形態」(ideology)，也是一種「寄生在知識邊緣的體系」，當時驚動了整個西歐思想文化界。然而，沙特去世之前並沒有徹底解決馬克思主義與存在

主義孰佔優位的問題，因爲他無法放棄馬克思主義所一向鄙視的個人實存的自由。做爲一個典型的知識分子與獨立自由的作家，沙特無法變成徹頭徹尾的馬克思主義者；這是沙特晚年徘徊在十字路口的政治悲劇。

不過沙特至少遵從他所自定的存在主義自由原則，從未正式參加法國共產黨，也從未撕毀甚麼黨證。沙特在馬克思主義或共產主義圈內始終是個「異鄉人」。馬先生在他文中說沙特參加過共產黨，與事實不符，我們應該加以澄清。

（一九八三年十一月七日晨三時於費城近郊，原載中國時報十一月二十日人間副刊）

（附）可憐的沙特

——馬　森

一、在每一個社會運動的關鍵上，從沒有置身事外

一個人的成就感，除了受文化傳統的影響外，同時出於一己的主觀判斷。越是特立獨行的人，越有能力擺脫文化傳統的影響，而由自己的主觀願望來判定一己之成敗。所以說在熱衷功利的中國社會，仍可以出現不爲五斗米折腰的陶淵明。一時衝動起來，不計得失利害拂袖而去，並不是件難事，難的是終生在他人的冷遇與白眼中仍能堅守自己特立獨行的信心。陶淵明的可貴處正在其堅持淡泊功利的價值觀而終生不悔。

沙特（Jean-Paul Sartre）也是屬於特立獨行一類的人。在他認爲共產主義代表了一種新興的革命力量的時候，他加入了共產黨；在他眼見共產黨轉化成一種藐視人權、侵凌弱小、剝奪盡個人之自由的惡勢力的時候，他就毅然地撕毀黨證，公開跟共產黨決裂。在戴高樂領導法國人抵抗德國的侵略時，他是擁戴派；戴高樂在一九六八年代表當權者壓制學生運動時，他又是反戴派。沙特並沒有出爾反爾，行爲改變的是別人，而不是沙特，沙特始終是站在受欺凌受壓迫的一邊。沙特之所以在法國，甚至於全世界，有如此大的聲譽和吸引力，除了他在哲學與文學

上的成就外，實在也因爲他是個行動家，是個社會運動的參與者，在每一個關鍵性的社會運動中，他從沒有置身事外或臨陣退却過。

二、「沙特？大概就是拐角上那個賣魚的小販。」

在沙特於一九八〇年四月十六日孤寂地死在他巴黎那所老舊而狹隘的公寓裏的時候，我正好重訪巴黎，竟好像是有意安排爲這位我素所景仰的骨鯁老人去送葬的一般。沙特雖是國際聞名的大人物，一般巴黎的小市民竟多半不知道他是何許人也。記得沙特逝世後，「世界晚報」的報導，當記者訪問他的左鄰右舍及街上的行人時，有的瞠目不知所對，說從未聽說過沙特這個名字；有的則不大肯定地說：「沙特麼，大概就是拐角上那個賣魚的小販。」沙特同時代的人尚且如此，百年後，千年後，還有幾個人再記得沙特的名字呢？難怪連自信心特强的沙特，對自己身後的不朽也沒有十分的把握了。

在「人間」載沙特生前與西蒙・德・波娃（Simone de Beauvoir）的對話中，旣意外又意中地讀到沙特希望借文學而不朽，却把哲學看作是達到這種不朽的手段。法國本來就有這種特重文學的傳統，考何奈伊（Pierre Corneille）、莫里哀、哈辛（Jean Baptiste Racine）、沙都布雷央（Vicomte de Chateaubriand）、斯湯達爾、巴爾札克、雨果、福樓拜、左拉、都德、莫泊桑、羅曼羅蘭、克勞代（Paul Claudel）、紀德、瓦樂希、普魯斯特……這一長串熠熠閃光的人物，不但是家喻戶曉的名字，而且簡直是法國人心目中無上崇高的偶像。莫怪法國前任總統德斯坦（G. d'Estaing）嘗言：「因自思才不足以寫小說，只好去競選總統了。」像康德、叔本華、黑格爾等純重思辨的哲學家，恐怕只能在德國的文化傳統中成長；至於在法國文化系統中的伏爾泰、盧騷、柏格森等則無不沾濡了文學的氣息。沙特又何能例外呢？這是沙特秉承了文化傳統的一面。但沙特之所以爲沙特，却在於他特立獨行的另一面。他自有主見，從不人云亦云，却也並非譁衆取寵。他輕視世間的榮譽，是唯一拒絕諾貝爾獎的獲獎者。當然他自己也明白，諾貝爾獎並不能使他原已享有的聲譽再增加分毫。但在世間的芸芸衆生蒐集起功名利祿來不厭其多的情形下，沙特的作爲却自然有些與衆不同了。不過沙特却毫不掩飾地承認自己也具有芸芸衆生無法擺脫的那種企圖不朽的妄想，看來彷彿是欠缺一點禪宗的薰陶，不曾認眞地看破紅塵，這就未免顯現出像你我一般的渺小與可憐相了。

三、沙特企圖以文學而不朽，是押錯了寶

在我們旁觀者的眼裏，沙特實在對哲學比對文學用功更勤，卓見更多，貢獻也更大。二十多年前初讀沙特的作品時，吸引我的不是他的表現形式，而是他的思想。我當時的感覺也正如沙特初讀胡塞爾（Edmund Husserl）的書一般，「啊，我所有的想法他都已發現了。」自然使我無法按捺住那種酒逢知己的喜悅。但在多讀了沙特以後，我的文學的心靈便不能不對他老人家沾沾於傳達思想的文學作品抗議起來。他的劇作固然在宣揚某種他認爲接近眞理的思想，他的一連串的通向「自由之路」（Leschemins de la libert′e）的小說也是如此。卽使在文學技巧上最成功的「噁心」（我不知道爲什麼有人把 La Nausee 譯作「嘔吐」，原意只是一種噁心的感覺，還沒到嘔吐的程度），也不免仍有「載道」的企圖。比起卡謬（Albert Camus）的「異鄉人」來，在文學的表現方式上就自然差了一截。如果沙特先生地下有知，聽了我對他如此大膽地肆意月旦，恐怕不僅要悻悻然，也必定要大傷其心了，因爲這一下叫我踩

中了痛脚。一向爭强好勝的沙特，絕不肯向卡謬認輸。沙特之所以拒絕諾貝爾獎，據說正是那麼一點因素，當年該獎先頒給卡謬而忽略了他老人家。可是不管沙特多麼地不願聽這樣的批評，他都無法阻止或改變後人對他的看法。當日他的劇作「無路可出」和還記得尤乃斯柯（Eugene Ionesco）的「椅子」同晚上演所給予我的感覺。沙特灌了我一腦門子的思想，而尤乃斯柯却給予我更多的藝術享受。沙特的作品擊中的是我的理性，尤乃斯柯擊中的却是我的感性，因此我仍然不得不說尤乃斯柯在戲劇的表現上比沙特棋高一着。如果把沙特的劇作拿來跟貝克特（Samuel Beckett）的相比，那恐怕更要差一大截了。他們雖然同以存在主義爲基調，沙特是在滔滔地爲存在主義而辯護，顯見得他還對存在主義不十分放心，貝克特却並不爲存在主義辯護什麼，因爲他的作品本身就是十足的存在主義。你愛與不愛、信與不信，各隨尊便，多言其有益哉？

我爲沙特可悲的是沙特企圖以文學而不朽，不但是押錯了寶，而實在也是押錯了心，押在自己的傷心之上了。我這樣說，實在是因爲我對沙特具有十分的同情，因爲我自己也有類似的處境。我雖然沒有進入哲學的廟堂，可是我也有一個相當强韌的理性的自我。這個理性的自我引導我接近了社會科學。但另一個感性的自我却像沙特一樣緊抱藝術的心靈，使我更看重自己在文學與戲劇上的成就。不幸的是環境却使我在理智思辨上比在感性的呈露上花了更多的時光和精力。在我的生命中有一個階段，把主要的時間和精力都集中在思考和撰寫碩士、博士以及其他什麼會議的論文上，只有在厭倦疲累了的時候才拿寫小說、做劇本來做爲心靈的慰安與潤澤。我有一個短篇小說集就完全是在撰寫社會學博士論文時候的副產品。就我的初衷與願望而言，豈非是本末倒置？直到現在，仍免不了喋喋不休的發表議論、寫雜文，眞是精力的浪費呀！因此我不免恨起那個理性的「我」來了。在我批評沙特的時候，其實我也批評了我自己。雖然我在批評沙特，我却同時也很感謝沙特，他給我做了前車之鑑，使我在從事文學創作中盡量努力地把那個理性的我壓伏下去，免得去討後人的厭。到底那個感性的我能够有多少呈露，却是我自己也沒有把握的事了。

四、一邊輕視名利，一邊熱衷不朽

你看，本來該談的是沙特，談來談去却扯到自家身上來了，這恐怕正因爲芸芸衆生都不過是些自我中心的動物，沙特與你我皆無能倖免。沙特一會兒把自己看得無人可比，一會兒又把自己看成是與衆人無異的平凡與渺小，正是這種主觀的「自我中心」與客觀的「自我定位」之間的矛盾反映。沙特的可愛處是從不曾虛矯地掩飾其內心中這樣的或那樣的矛盾。他一邊廂輕視名利，一邊廂又熱衷於不朽，可見他也並不想自描成一個大師，看起來倒更接近卓別林式的妄自尊大的流浪漢或馬歇馬叟的小人物畢普。這跟孔老夫子一忽兒要做待沽的美玉，一忽兒又視富貴如浮雲一樣的廹人發笑。只是孔老夫子不及沙特幸運。沙特有一個紅顏知己，在他身後把他的眞面目顯示給了世人，使我們不致把他供上香案。孔老夫子却被他那些在「老人文化」中薰染成性養成了尊老敬上的奇癖的門徒們渲染成道貌岸然的夫子了。因此對沙特我們還敢胡言亂語，因爲他有些像我們身邊的朋友；對孔夫子我們只能燒香上供，因爲他已經是不食人間煙火的聖人了。可是在情感上我却不能不偏愛一些我可以訾議和批評的人。

如果讓我擧一個二十世紀對我影響最大的人物，那就是沙特；但是沙特却遠不是我所私淑與欽佩的作家。我覺得諾貝爾文學獎頒給卡謬與貝克特，都會讓人心服口服，覺得評審委員們的鑑賞力的確高强。但把文學獎頒給沙特，而不曾頒給尤乃斯柯，却未免使人覺得諾貝爾獎金會的評審委員們實在有些趨炎附勢之嫌，因爲此獎一頒，榮幸的不是沙特，而是諾貝爾獎。沙特大概也看中了這一層，才狠狠地給他一脚，讓這羣趨炎附勢之徒也吃一點苦頭。這一點十足表現了沙特的狡黠與智慧。但有一點不能不說沙特也相當愚昧，他竟說「如果我們的後世是中國人，那他們（對我沙特的成就）是不會怎麼重視的。」沙特並不瞭解喜歡趨炎附勢的中國人並不見得多過於西方人，不然那不爲五斗米折腰的陶潛何能在中國流芳千古呢？可憐的沙特，他那裏想到如果將來的後世都是中國人的話，他不朽的可能性反倒會更大一些哩！

（原載中國時報一九八三年十月二十一日人間副刊）

沙特與西蒙・德・波娃
——一對存在主義的標準情侶

一、同居了整整五十年，相敬相愛，無疑是世所罕見的一對理想伴侶。

存在主義大師沙特（Jean-paul Sartre,1905—1980）與法國首席女作家西蒙・德・波娃（Simone de Beauvoir, 1908—）依循他們的絕對自由原則從未正式結婚，却同居了整整五十年，相敬相愛，無疑是世所罕見的一對理想伴侶。他們在哲學思想與政治行動上又是志同道合，步調一致的「親密戰友」。沙特是以哲學與文學創作爲唯一終身工作目標的稀世天才，飽滿自信而又特立獨行。就哲學思想言，沙特一直是波娃所敬佩的唯一導師，她完全接受前者的存在主義自由論與倫理觀。就文學創作言，二者旗鼓相當；沙特是諾貝爾文學獎金得主（但他拒領，斥如馬鈴薯），而波娃也獲有包括龔古爾獎（法國最高文學榮譽）在內的種種獎譽多次，實際成就不在沙特之下。

沙特在一九六四年以他小著「文字」（The Word）獲諾貝爾獎；此書雖係自傳體裁，內容却僅限於幼少時期。沙特善於哲理性的抽象思考，顯然對於自傳之類無甚興趣，也很少公開他與波娃之間的私事。女性作家的波娃則不然，喜歡坦率地描敍直感性的個人生活體驗，因此除了幾部長篇小說以及其他體裁的文學作品之外，曾出版過四部自傳，分別題名「溫順女兒的回憶錄」(Memoirs of a Dutiful Daughter, 1958)、「盛壯年代」(The Prime of Life, 1960)、「情勢的力量」(Force of Circumstances, 1963) 與「一切道盡行盡」(All Said and Done, 1972)。波娃的自傳是她的所有作品之中最受歡迎的傑作，部份理由是她在自傳裡毫無隱瞞地寫出她與沙特的共同生活與掙扎。波娃完成最後一部自傳時已是六十四歲，她在書中回顧寫過的許多作品，說到她的作家使命，是要直截了當地傳達她個人生活的所感所思。以下我依照這些自傳的年代次序，簡介他們之間極不平凡的愛情結合與共同一致的思想與行動，且進一步講評他們的倫理思想與政治觀念。

二、波娃說：「我無法想像沒有寫作的人生，他却只為寫作而生活。」

第一部自傳的主題，是一個順從父母的乖女孩（波娃自己）漸從保守的天主教布爾喬亞（資產階級）家庭解放自己，而變成自由獨立的現代化女性的前因後果。波娃遇到沙特之前已經開始懷疑上帝的存在，開始厭惡布爾喬亞的生活定規，以及一成不變的傳統價值觀念。已失天主教信仰的她轉向文學探求與創作，想以文學的「不朽」取代她所棄絕的宗教永恆。

波娃在一九二九年初遇沙特，兩人那時都在報考法國政府所主持而最有聲譽的哲學教授資格考試，放榜結果，波娃緊隨沙特，名列第二。在那兩個禮拜的考試期間，他們一見如故，始終聚在一起討論問題，暢談人生。

波娃認識沙特不久，即已發現他那無與倫比的知性與自信，在「溫順女兒的回憶錄」末尾，約有十頁描寫波娃對於沙特知性與個性的敏銳觀察。沙特是註定成爲哲學家的典型人物，除了睡眠時間之外幾乎無時不在思索。他厭惡公式化的腐儒思想，他的腦神永遠警覺，永遠尋求嶄新的論點。最令波娃感動的是，沙特對她的深切了解與知性上的旁助。波娃說：「沙特以外的朋友們總是想從他們自己小小世界的觀點來了解我分析我。沙特則不然，他懂得如實觀察我的所感所需，順著我已具有的價值觀與態度來理解我。……不論在甚麼情況下，我總想要保持我最好的一面，這就是說，我對個人自由的愛好，我的生命熱情，我的好奇心，我想變成作家的決意。他不但鼓勵我，也儘量從旁協助我去達成這個願望。沙特長我兩歲多，當然具有更深更廣的知識。但他眞正超過我的一點，却是他那旣冷靜而又幾近瘋狂的寫作激情。……我曾以爲我是個例外者，因爲我無法想像沒有寫作的人生。他却祇爲寫作而生活。」這一小段寫照，充分暗示這一對情侶總有一天會在寫作方面出人頭地的。

三、光就從事寫作的生命熱情而言，他們實在是令人羨慕的天生一對。

波娃又描敍沙特不平凡的個性說，他恨死一切形式化的東西，鄙視職業化了的文人，對於世俗名利不屑一顧，也永遠不想結婚，組織家庭。浪漫不羈的他總夢想着自由自在旅遊世界各地，而與三教九流交友認識，譬如在君士坦丁堡與碼頭工人結交，到紐芬蘭與那裏的漁夫們打開窗口親熱一番，或在邪惡世界與白種奴隸主，拉皮條之流混在一起痛飲沉醉等等，因爲這類生活體驗能够啓發他的寫作靈感。沙特堅信，文學藝術作品本身乃是一種絕對目的，而創作家卽是唯我獨尊的立法者。

總之，沙特的整個生命，就是爲了寫作，其餘皆無關緊要。沙特這種「寫作至上」的自我使命感當然更刺激了二十歲的文學女青年波娃的寫作雄心了。光就從事寫作的生命熱情而言，他們實在是令人羨慕的天生一對。

波娃又發現到，沙特與她在追求眞理的眞摯態度，藐視世間名利的淸高氣質，以及專以文學爲個人「救濟」的强烈意願等等完全志同道合，無分軒輊。沙特毫不在乎世人的褒貶毀譽，却極關心他的思想終會證明優越殊勝。沙特深信「眞理」必定通過他的文筆呈現出來，因此格外覺得他有向社會倡導「眞理」的人生使命。波娃也毫不懷疑沙特的生命力，自信與幽默足够幫他自己經得起一切未來的生命試煉。她對沙特天才般的知性更是五體投地，承認「在我的人生當中，這是第一次使我感到我在知性上差人一等。……從早到晚我想盡了辦法鬥過他，但在我們每次的討論，我根本不是他的對手。」

日後沙特開拓無神論存在主義的哲學理路，波娃毫不猶豫地信奉他跟隨他，且助他宣揚其說。她在第一部自傳總結了她對沙特的感覺說：「沙特完全符合我十五歲以來一直夢寐以求的伴侶。在他身上我發現到我自己的一切熾烈的渴望與抱負，幾乎到了白熱點的程度。從今以後我永遠能够與他分享一切。當我在八月初旬向他說聲再見之時，我知道他永遠不會跳出我的人生圈子了。」

四、他們不循世俗正式結婚而以同居方式結爲伴侶。

第二部自傳「盛壯年代」敍述波娃自一九二九年至一九四四年的一段歲月，整部自傳充滿着她與沙特之間多彩多姿的浪漫生活。兩人都對寫作雄心勃勃，要求各自的絕對自由，無意建立定型的家庭生活，遑論養育子女；因此他們不循世俗正式結婚，而以同居方式結爲伴侶。更妙的是，在一九二九年沙特向波娃提議，他們以君子協定的方式，試行同居兩年，然後再看是否繼續「簽定」兩年；總之，每次「簽約」，兩年爲期。波娃完全接受這個條件。兩人又同意，他們之間的愛情旣是必然不可或缺，彼此分別「偶尋他歡」亦無妨礙，祇會使他們自己的人生更加豐滿有益。而且他們每年會在不同的校園擔任哲學教授，勢必將有長期的分離，以君子協定方式試行同居，實在適當不過。

然而不到兩年「契約」期滿，兩人都深深了解到，他們命裏註定終身結爲伴侶，毋需「續約」了。當他們在不同地方分別獲得敎職之時，沙特倒是提了一次結婚的事，但兩人細想之後還是決定遵守原來的自由結合原則，而不受世法的羈絆。一九三六年兩人都回到巴黎敎書，正式開始長久同居，直至沙特在一九八〇年逝世爲止。他們各自「偶尋他歡」，前後曾有數次，構成三角或四角的微妙關係，對高倡絕對自由的他們來說，算是一種實存的考驗。比觀兩人的態度，沙特較有能耐應付波娃的「臨時愛人」，也從未吃醋；波娃則自認嫉妬過一兩次，但終於克服了這種「布爾喬亞」般的傳統心理。在「盛壯年代」，波娃敍及她自己的女學生娥爾嘉（Olga）如何打進他們兩人的感情世界，構成了三角關係，然後又如何與沙特逐漸斷離了性愛關係。這種情愛糾葛雖曾一度引起了波娃患得患失之感，結果反而更深化了她與沙特之間的尼采所云「命運之愛」。而娥爾嘉後來也一直成爲他們的終生好友之一。波娃說：「我對他的信賴是百分之百，而他也眞正給我一種我的父母或上帝曾給我過的絕對不移的安全感」。

五、沙特的文學作品處處反映出强烈的哲學思維，波娃的作品則脫不了女性的直感性描寫。

在三〇年代中期，剛從德國回到巴黎的好友雷蒙・阿宏 (Raymond Aron) 告訴他們有關胡塞爾 (Husserl) 的現象學派，引起了沙特的好奇心。阿宏對沙特說:「如果你是現象學家，你能談到眼前的雞尾酒，而由此創造哲學出來。」波娃描寫沙特當時的表情，說沙特聽得激動到臉都發青。胡塞爾的現象學對於意識與意識對象（如雞尾酒）不可分離的關係做如實的現象學記述，沙特一向對於這種如實記述最有興趣，如今聽了阿宏的話語，祇有更加刺激他對現象學的研究興趣了。阿宏當時任職設在柏林的一個法國文化機構，他自動提議把他的職位轉讓給沙特。沙特於是去了柏林一年，專修現象學，由是開始了他那現象學的存在論 (phenomenological ontology) 探求，寫了幾本嘗試性的現象學小著之後，終在一九四三年出版了劃時代的哲學名著「存在與無性」(Being and Nothingness)，奠定無神論存在主義的哲學基礎，同時藉以超越胡塞爾的現象學、海德格 (Heidegger) 在「存在與時間」(Being and Time) 所建立的「解釋學的基礎存在論」、以及弗洛依德 (Freud) 的心理分析。

波娃的哲學思辨功力不及沙特之强，但也受過自德國回來的沙特的薰陶而開始研究現象學。沙特的初期文學作品，如一夜成名的「嘔吐」(Nausea)，可以看成現象學的實存分析在文藝創作上的應用；波娃的早期作品也有類似傾向。祇是沙特的文學作品處處反映出强烈的哲學思維，波娃的作品則脫離不了女性的直感性描寫，哲學腦袋化的意味並不顯著。

五、波娃說女性天生不善於哲學思考，不是自欺之談嗎？

波娃提到沙特對她的讚美，說她把握包括現象學在內的哲學思想比他又快又更精確。波娃解釋說，這是由於沙特研讀哲學著作時每每套上他自己的假設或看法，她則順其自然，祇求如實的了解而已。她承認自己雖有相當程度的消化能力與批評眼光，但不能算是哲學家。她說:「我自知我所以能輕易地鑽入哲學作品的核心，就是因爲我缺少自己的獨創力。在哲學這一門眞正的創造性天才是如此稀少，因此問我爲何也不加入哲學精銳之列，是沒甚麼意義的。……我曾說過，女人的天性是不會着迷哲學系統化的思維的。……我想表達的是我個人經驗中的獨特因素。爲了這種表達的成功，我知道我必須在文學奠定我自己。」古希臘哲學家蘇格拉底有句名言:「了解你自己！」(Know thyself)。波娃能够如此了解自己有甚麼沒有甚麼，似乎具有蘇格拉底般的生命智慧，無怪乎傲視一切的沙特也自願與她厮守終身了。不過波娃這裏所云女性天生不善於哲學思維，似與她日後所寫「第二性」(The Second Sex)的基本論調相左。在「第二性」(意即女性)中波娃想盡辦法證明女性在一切方面(譬如智力)原與男性完全相等，實際表現出來的男女優劣都是後天的歷史社會條件所限制而形成的。既然如此，波娃所說女性天生並不善於哲學思考，不是自欺之談嗎？或者做爲女性的波娃，與沙特自我比較之下，多少承認男女智力發展的方向天生有所不同嗎？最有資格代表女性智力的波娃，據我所知，沒有眞正回答過這個問題。

沙特與波娃因從布爾喬亞的傳統思想文化與生活方式自求解放，一向關心老大法國何去何適的政治問題，大體上比較傾向反守舊反布爾喬亞的左派政治路線。但波娃在自傳中談到他倆的內在矛盾，一方面極力厭惡布爾喬亞所控制的法國政局，另一方面他們所追求的理想生活仍跳不出布爾喬亞的一套，包括個人自由、個體發展，寫作爲樂的生活方式等等。他們的另一矛盾是，他們對那時的法國共產黨抱有「善意」而又無法忍受法共的獨斷論調與毫無實效的做法。他們與法共之間愛恨交織的微妙關係一直保持到六〇年代，而在一九六八年終與法共完全決裂。大家記得，那年五月巴黎一帶的激進左派學生運動蔓延到全國各地，釀成全國工人總罷工，法國政局一時陷於癱瘓，差點搞出第五共和出來。沙特與波娃也加入了學生運動，而沙特親自訪問坐牢的學生領袖一事也變成國際新聞。由於法共袖手旁觀，整個左派運動終歸失敗，而沙特自己的政治生涯也因此悲劇性地宣告結束了。

六、個人體驗多少影響了沙特自己人生觀與世界觀的逐漸改變。

無論如何，波娃在「盛壯年代」敍述，希特勒所發動的歐洲大戰喚醒了沙特與她那自由自在的個人主義美夢，從此更加關心法國的政治命運，也更熱衷於現實的政治活動。沙特在大戰初期從軍，做過納粹的俘虜，不久僥倖逃出；這種個人體驗多少影響了沙特自己在人生觀與世界觀的逐漸轉變。此一轉變自然逼使沙特(與波娃)步步參與實際政治了。

波娃的第三部自傳所涉及的年代始於歐洲大戰的結束而終於一九六二年的訪俄，書名「情勢的力量」象徵着沙特與她戰後在國際政治舞臺的大事活躍。這部自傳不但毫無保留地描敍他們繁忙色彩的著述活動與政治參與，也同時反映着戰後世界極其複雜的政治情勢，足可提供研究現代政治史的學者許多有關當時歐洲高等知識份子的意識形態與思想動向的第一手寶貴資料。

七、沙特的演講吸引了數不清的聽衆，有些婦女甚至當場昏倒不省。

一九四五年世界大戰終於結束，這時沙特與波娃在法國文壇已開始成名。那年九月，他們與著名文人如卡繆（Camus）、阿宏以及現象學家彌勒龐蒂（Merleau-Ponty）等組織新刊雜誌「現代」（Les Temps Modernes）的編輯委員會；這個雜誌在以後幾年對於法國思想文化界很有影響力量。但政治意見的歧異迫使該委員會解散，祇剩下沙特（與波娃）擔任主編了。

十月，沙特應邀公開演講「存在主義即是人本主義」，面對天主教與法共雙方代表首次標出存在主義的倫理觀，其唯一的規範原理是個人實存的自由擁護與相互主體性的連帶責任。「存在主義」（又稱「實存主義」）一辭從此變成口頭禪，而演講辭與有關辯論也集成小册，人人傳誦。據波娃的記述，沙特的演講吸引了數不清的聽衆，很多人擠不進去，一時造成窗口坐椅壓碎的狂亂局面，有些婦女甚至當場昏倒不省，可見沙特當時的聲名與魅力了。波娃自己也作了有關小說與形而上學的演講。沙特聲譽的日日提高也無形中幫她享受文壇上的盛名。

八、好幾小時不停的寫，惟恐他的運筆速度趕不上他腦中的一層層觀念。

「情勢的力量」所述及最重要而又最發人深省的一點是沙特與馬克思主義（以及法共）的若合若離，又愛又恨的微妙關係。波娃在開頭提到，沙特亟欲脫離小資產階級的個人主義，自然容易左傾；然而他是極端獨立自由而一切爲寫作的思想家，在根本上的意識形態與馬克思主義格格不入。沙特認爲，馬克思主義壓制個人自由，而他自己則無法放棄他在「存在與無性」一書所定立的單獨實存（現實存在、眞實存在）的絕對自由。

一九四七年，沙特出版「甚麼是文學？」，在這本書沙特再次强調，文學創作的目的是在喚醒讀者從實存的非本然性（實存的自欺或自我逃避）轉化而爲本然性，肯認人的實存乃是絕對自由，而絕對自由與全面責任則是一體兩面。差不多時候他在「現代」雜誌批評「史大林的共產主義政策與誠實的作家行業勢不兩立」，認爲此種政策無異混淆文學與政治宣傳。當時歐洲各地的共產主義者齊向沙特大肆反擊。布爾喬亞早已不信任沙特的政治立場，而法共所控制的一般勞工羣衆又遺棄他，已享盛名的沙特從此祇剩下了愛好他的廣大讀者了。

波娃這裏的記述已暗示着，沙特（與她）爲何遲早會與共產主義與法共完全決裂，而沒有羣衆基礎的他們到了晚年爲何悽慘地結束了他們長年的政治活動。

到了一九五〇年代中期，沙特强逼自己在思想上更進一步接近馬克思主義，日日捧讀馬克思的「資本論」，痛下決心寫出一部「辯證法的理性批判」。

以馬克思的唯一繼承人自任的沙特開始瘋狂地撰寫此書，夜以繼日，身心交疲，乃至酗酒而不能自制。波娃記述沙特這一段寫作生活說，「他寫這本書，不像以前的習慣，却好幾小時不停地寫，惟恐他的運筆速度無法趕上他腦中的一層層觀念。……到了下午快要結束，他的整個精力就耗盡無遺，他的一切精神集中力量忽然鬆懈下來，他的表情動作變成模糊不清，而又時有語無倫次的情形。……晚間我們在我的房間休息，他一喝威斯忌，酒精就冒衝他的腦子。我對他說『够了』，但他總覺不够，我祇有再給一杯，他就再要一杯。兩年前他不是如此喝法的，但今天他却失去了對於講話與動作的自我控制，我不得不再說

『够了』。有兩三次我發大脾氣，把酒杯扔到廚房地板上面。但我發現，與他吵架太耗費心神。我又知道他需要酒來幫他放鬆，換句話說，他需要它來步步毀滅自己。通常四杯以前我不太强烈反對，但當他搖搖擺擺離去時，我就責備自己。」

一九六〇年「辯證法的理性批判」第一部（沙特終未完成，英譯本就有八百頁以上）出版，右派當然批判他，共產主義者更激烈地攻擊他，但歐美一般哲學家們倒是對於沙特的功力表示敬意。沙特在這本書裏設法綜合存在主義與馬克思主義，但並未成功，個中理由，可從波娃上面所述，窺見一斑。（關於「沙特與馬克思主義」，因問題極其複雜，我將在另文論評。）

九、沙特雙目失明時，波娃時時刻刻為他唸書，為他執筆。

我曾說過，依照沙特與波娃當初的「君子協定」，雙方同意容忍對方「偶尋他歡」。沙特自己向來善於結交異性，加上傳統的男女觀念較有利於男方的性愛自由，對他來說，「偶尋他歡」自然容易得多，對於波娃，却是一種極大的考驗。大戰結束後不久，沙特訪問美國，熱愛一位美國女性，準備此後每年同居兩三個月。娥爾嘉那次的考驗已把波娃訓練成爲不再嫉妬的女人，因此當沙特簡單明瞭地對她說「她對我雖然重要，我跟你是一起的」，她相信了他的話。兩年之後波娃自己也訪問美國，而在支加哥與美國作家阿格倫（Algren）熱戀，難解難分；阿格倫就是那部五〇年代著名影片「金臂人」所依據的小說原作者。阿格倫與她的關係已不是普通意義的性愛，也維持了好幾年，但最後還是仳離了事。她描寫離別那時的自己心情說，她在火車，在飛機上，一直哭泣不停。

總結沙特與波娃極不平凡的愛情結合，我們可以說，我們傳統以來所謂「男人是事業第一，女人是愛情第一」的老觀念仍多少影響了這對存在主義的理想伴侶在情場上的掙扎與解脫。據我的了解，思考與寫作就是沙特人生的一切，波娃的存在對盛壯年代的他來說可有可無；如此完全獨立自主的鐵漢，當然對於波娃與阿格倫的熱戀不致患得患失，更不會產生嫉妬心理。波娃則不然，她曾經歷痛苦與掙扎，最後才從「愛情第一」的傳統觀念解放自己。

令人感動的是，到了七〇年代老邁的沙特雙目全盲（他自幼右眼不靈，祇靠左眼）而無法看書寫作，精神生活幾等於零；這時已是堅强無比，徹底解放的「第二性」波娃反能時時刻刻爲他唸書，代爲執筆，照料一切，變成沙特晚年唯一的依賴。沙特死前必定深深體會到，他多麼幸運能够遇到如此絕代女性陪他終身。如果沙特再生，是否應該修正他那存在主義思想的大前提「人的實存先於本質」，補充一句說「永恆不變的男女愛情算是例外」呢？

十、「三十多年來，我們晚間上床，祇有一次貌合神離。」

波娃自己在「情勢的力量」結尾肯定地說:「我的人生有一絕不可疑的成功，那就是我與沙特的關係。這三十多年來我們晚間上床，祇有一次貌合神離。在這些共同度過的歲月，我們對於彼此的談話從未減少半點興趣。我們的一位女友曾觀察說，我們經常很細心地去聽彼此的話語。而我們又經常互相批評。改正並印證彼此的思想，因此我們幾乎可以說是想法一致。……我們經歷同樣的內在路程，而同時獲致我們的結論，這是第三者所無從理喻的。我們在對方的作品裏發現類似的語調時，也不再驚奇了。我最近讀到沙特一九五二年寫過的筆記，我一直沒有注意過，這段筆記與我在十年後寫出的『溫順女兒的回憶錄』中一段記述幾乎字字相同。我們的性癖，我們的方向，我們過去的決定，不盡相同，但是我們的作品就整體而言幾無不同。……我自己的作品需要許多果斷與掙扎，以及艱苦的探求，忍持與勞作。他曾幫我，我也幫他。」

因我手邊此刻沒有波娃的最後一部自傳，無從根據此書敍及沙特與波娃在一九六二年以後的共同生活。不過我想提提他們訪問日本的事。一九六六年九月十六日，淑兒（內人）與我分別辭去臺大圖書館系與哲學系的教職，再度飛往美國，途經東京國際機場。很巧合，同一時候沙特與波娃也剛從巴黎飛往東京機場，應慶應大學與人文書院（刊行日譯「沙特全集」與「波娃著作集」的一家出版社）的邀請，首次訪日，停留一個月。

在日期間，兩人分別演講三次，經由紀錄與日譯，集成兩本小書「知識份子的擁護」（沙特在日講演集）與「女性與知的創造」（波娃在日講演集）。沙特與日本知識份子的代表也在日本廣播公司對談過，播放全國各地。沙特與波娃那時在日本所享的盛名已達顚峯，他們在日期間的演講如何轟動日本，不難想見。上述對談，錄音之後譯爲日文，也由人文書院出版，書名「與沙特的對話」。

十一、即使我的政治立場接近共產黨，也不能聽從黨的指令去做哲學思索

在「對話」中有人問沙特關於他在一九五二年左右的思想轉變。沙特回答說，他那時撰寫的厚書「聖吉涅」(Saint Jenet) 象徵着他從觀念論形態的參與 (engagement) 轉變到實踐性參與的過渡時期。他坦

白承認，他在戰後與法共建立的微妙關係曾對他的存在主義思想產生過極大衝擊，使他無法繼續高倡個人主義本位的絕對自由與實存的抉擇。

沙特在一九四三年出版的「存在與無性」下了結語說，他在不久的將來要依本書所定立的絕對自由論及實存（的心理）分析推演一套存在主義的倫理出來，但在撰著「聖吉湼」時放棄了整個計劃。沙特在「對話」中說:「我曾擬過兩千頁左右的『倫理學』一書草稿，但終於放棄。那堆草稿已經遺失，我毫無悔意。也許那些草稿仍有一些價値，但就整體來看，寫得太觀念論化，還幻想有建立所謂倫理學的可能性。我今天却認爲，唯一可能的倫理是『鬥爭』二字。」沙特此語十分暴露他在五〇年代初期漸從存在主義轉向馬克思主義的明顯路線。沙特又說，（西方）哲學在黑格爾與馬克思之後意義全變；哲學已不再是眞理的觀照，而是從事於改變世界的一種「實踐」(praxis)。

然而沙特在「對話」中接着解釋他爲什麼始終沒有加入法共。他說:「哲學家一方面依循政治路線，同時要求眞理與客觀性；由於他要求政治路線與（哲學）原理的一致，矛盾就不斷產生。哲學家始終認爲，政治社會的實踐必需絕對眞理。……這就說明了我爲什麼從未加入共產黨，如果入黨，我也早就跳出來了。主要的理由是，做爲一個哲學家，我的任務是依照自己的眞理信念去思索，卽使我的政治立場接近共產黨，也不能聽從黨的指令去做（哲學）思索。」沙特在這裏表明兩點:其一，他已逐漸懷疑他那存在主義的眞理性，且已開始批判他的絕對自由論是一種個人主義的觀念論而已，缺少實踐性參與的時代意義。其二，他仍無法徹底放棄存在主義而完全接受馬克思主義思想，因爲現階段的馬克思主義仍獨斷地否定個人實存的自由，而他自己更不可能變成共產黨組織的小小「螺絲釘」。

沙特一生的政治悲劇就在左右皆不逢其源，左派斥其不够徹底，帶有布爾喬亞的遺毒，右派則罵他違背自己所倡導過的「存在主義卽是人本主義」。沙特所以始終成爲法國左派政治運動中孤寂的「異鄉人」，乃是由於他的存在主義自由論與壓制個人自由的共產主義根本上格格不入的緣故。沙特令人敬佩的地方，是在「知性的誠實」(intellectual integrity)，敢於依照自己所思所信採取行動，不怕左右兩派同時攻擊他。他令人嘆息的地方，是在做爲特立獨行而標榜絕對自由的典型（法國）知識份子的他未曾體認到，他三生有幸在法國；他如生在共產主義的大本營蘇聯，他還有自由寫作的機會嗎？他豈不變成第一個砍頭或進入「瘋人院」的犧牲者嗎？

十二、存在主義的倫理是一種「處境倫理」

沙特沒有寫成「倫理學」的書，波娃却在戰後不久寫了小書「兩義性的倫理學」(The Ethics of Ambiguity)，有意代替沙特標出無神論的存在主義倫理觀。當她告訴沙特她的想法，沙特立卽鼓勵她說，「你非寫不可！」在這本書波娃基本上依循沙特在「存在與無性」所建立的絕對自由論，主張存在主義的倫理是一種處境倫理；在不同的道德處境惟一的行動規準是實存的本然性抉擇。實存的抉擇在消極方面不容許自我逃避與自我欺騙，在積極方面擁護個人（主體性）與他人（相互主體性）的自由與尊嚴。

依照存在主義的處境倫理，固定不變的本質性倫理規範（如十誡）是不存在的；所謂「絕對客觀」的道德行爲是不可能的，這祇不過是一種理想而已。在任一處境，我們所做的抉擇與所採取的行動，祇有實存的本然性(實存的絕對自由之呈現)或非本然性（自欺自逃）意義，却無「絕對客觀」的本質意義。這就是波娃所云存在主義處境倫理的「兩義性」(ambiguity)。

但是，波娃後來在「情勢的力量」加以自我批評說：「在我所有作品之中，這本小書今天最使我感到不安。……我那時（戰後不久）以爲我能規定一種獨立於社會（實踐）脈絡的（個人本位的）倫理道德；我這種想法是錯誤的。」

然而，波娃與一九八○年去世的沙特一樣，一直沒有再進一步展開足以超克存在主義與馬克思主義各別理論限制的新倫理學說。關于這一點，我希望在不久的將來另外評論。

（一九八三年十一月十五日於費城近郊，原載中國時報十二月十五日與十六日人間副刊）

宗教系所的設立與宗教研究

——一個學術研究的新課題

一、國內正式設立宗教系所的意義

去年報載教育部首次核准國內各大學可以正式設立宗教系所（宗教系、宗教研究所或宗教學院），最近又有中國文化大學已着手策劃我國第一所宗教學院的消息，而創辦國內第一所佛教大學的籌備工作據說也在進行。我國一向忽略純學術性的宗教研究（academic studies of religion），這一方面顯然瞠乎落在歐美各國與印日二國之後。宗教系所的新設，當有助於人文社會科學部門之中一項不可或缺的學術研究工作的未來發展，意義甚鉅。

我以西方哲學的專長曾在臺大與俄亥俄大學哲學系教書，逐漸轉攻東方哲學與宗教之後，又從俄大改任費城天普大學宗教系，在龐大的該系研究所（有一百六十位以上的學生）主持佛教與中日思想部門的博士班研究，已達十三年之久。根據個人操哲學與宗教「二刀流」的特殊教學經驗，甚願藉此機會談談宗教系所的設立課題與宗教研究之種種，聊供讀者參考。

我們不妨借用某些西方學者所提出的「大小傳統」之說幫助讀者了

解上述的特有現象。依照此說，中國思想與文化係由兩種傳統形成：一是以儒家（孔孟荀至宋明理學）、道家（老莊至魏晉玄學）。大乘佛學（自力聖道門）以及墨、法等家爲主的哲學傳統；另一是包括孔敎（儒家的宗敎化）、道敎、佛敎（專指他力淨土門）以及民間信仰在內的宗敎傳統。前者是「大傳統」(The Great Tradition)，乃第一流思想家（如孔孟老莊）所開創，而由後世知識份子的精英（如宋明理學家）所繼承與發揚；後者則爲「小傳統」(The Little Tradition）乃各種宗敎思想、民俗（如祖先崇拜)、神仙煉丹術、輪廻觀念、因果報應說甚或迷信所折衷雜湊而成，未經批判的省察，而爲廣大的民衆所信奉。眞正影響或決定中國的思想文化模型與政治社會結構的是少數精英（士）所代表著的大傳統，而非一般老百姓（農工商）所信奉的小傳統。大小傳統的分辨，多少說明了爲甚麼在我們的社會宗敎力量始終顯得特別薄弱，也同時說明了爲甚麼我國政府與學術機構向來不太鼓勵或發展宗敎研究，當做人文社會科學研究的一環。

二、宗教動輒攸關世界各國政經動向，我國却視之為無關輕重

稍具宗敎史知識的讀者都知道，我國以外的世界各國，宗敎產生的影響是旣廣且深，遠非哲學可比，幅度涉及思想文化、政治社會、日常習俗等各大層面。歐美各國向稱「耶敎國土」(Christendom)；回敎早已席捲整個中東，勢力伸至北非、巴基斯坦、馬來西亞、印尼等地；至於佛敎，則是思想文化上貫通了整個亞洲的惟一東方宗敎（亦是哲學），近年來更進一步滲透到美國西部與東海岸各州。耶敎、回敎與佛敎構成了世界宗敎的三大主流。印度可以說是世界上最古老的宗敎國

家，以印度教爲主，而以耆那教、回教、佛教等爲副。日本傳統基本上也是一種宗教文化，固有神道、傳統佛教（如淨土宗、淨土眞宗、禪宗、眞言宗等），以及戰後方興未艾的種種新興宗教（如創價學會、立正佼成會等）深入民間，動輒影響整個國家政治與社會的動向。哲學在日本的實際作用向來微不足道，一般民衆且不說，多半的日本知識份子對於宗教（尤其生死解脫問題）的興趣遠較哲學爲濃。獨獨我們國家，宗教在思想文化、政治社會等等層面所產生的作用與影響，如與孔孟老莊以來的傳統哲學相比，幾有天壤之別；而一般中國知識份子偏重哲學之餘，常有鄙視宗教的傾向，有時甚至視如迷信。（我個人再度遊美之前就有如此偏見。）宗教在我國的歷史文化上總被看成無關輕重，這是我國思想文化傳統特有的現象。

三、連無神論的存在主義大師也受到耶教十誡影響

但是，我們如要「知己知彼」，非得强調宗教研究不可。我個人轉到宗教系教書之後，才逐漸發現到，系中代表耶教、猶太教與回教的十多位教授，在美國社會與政治的影響力强過哲學系教授好幾倍；他們經常往來歐美、中東等地，活動範圍並不限於學術研討會。美國的報刊雜誌以及一般百科全書的年鑑設有「宗教」一欄，至於哲學則無此「特權」。我們如要了解歐美各國，我們必須研究它們的宗教發展史、教會史、耶教與猶太教之間的愛憎關係、耶教在近代政治與社會倫理所扮演的角色等等。連無神論的存在主義大師沙特都不得不在「存在主義即是人本主義」中公開承認，他那存在主義的處境倫理，就是爲了超克「卡拉馬助夫兄弟們」中主角之一伊凡所提「上帝旣死，人就可以胡做胡爲」的虛無主義而構想出來的，可見耶教的十誡在西方社會是如何重要的

了。我們如要了解阿拉伯到印尼的許多回教國家，我們更應好好研究回教文化，因爲回教在這些國家具有潛顯兩面的無比力量。說來慚愧，我們一般中國知識份子甚少關心他國的宗教文化與現象，遑論學術性的宗教研究了。試問：我們與鄰邦日本，在戰場、在商場、在學術文化場面打了不少交道，然而有否跳過我國的思想文化，虛心研究該國的佛教、新興宗教之類？我們總以爲，日本在經濟與貿易所表現出來的集體精神與其他美德，根源於我們的儒家倫理；很少中國學者察覺出，固有神道對於一般日本人所產生過的影響遠非儒家倫理所可企及，譬如「(不斷)生產」與「(家國）團結」的兩個傳統觀念便是源自固有神道，根深蒂固，直至今日。在這日益複雜的多元世界，我們豈可自我封閉，忽略他國的宗教文化與人文社會科學性質的宗教研究？

四、一般中國哲學史，所包含的宗教成分遠多於哲學成分

有一點應該注意的是，我們習以「哲學爲重，宗教爲輕」的態度解釋與了解我們的思想文化，說是基本上屬於哲學，而非宗教。其實，我們一直沒有弄清楚過哲學與宗教的分際。「哲學」一辭原係日本近代思想啓蒙家西周（一八二九——八九七）依據蘇格拉底「賢哲的希求」之意所創，至於「宗教」一辭，取自佛教「各宗教義」或「有所宗以爲教」之意，當做西文「religion」的譯名。我們仿效西方與日本，採用這兩個譯名，却未細辨兩者的殊異所在。在西方，哲學與宗教源流不同，前者源乎古希臘哲學，後者則來自猶太教與耶教的一神論傳統。(西方）哲學重理性思辨、概念分析與邏輯推理，而在眞理的探求上，自柏拉圖以來盡予排除未經檢驗或省察的假定或預設，實際上成功與否且不論，

客觀眞理的探求精神確是如此。(西方) 宗敎則重信仰與靈魂的救濟，旨趣不在客觀眞理的探求，而是在乎人的終極關懷與終極存在意義的發現。雖然哲學與宗敎在西方偶爾「會通」，然而兩者一向涇渭分明，不容混淆。

我們借用「哲學」與「宗敎」二辭重劃我國思想文化傳統的大小高低，却從未援用較嚴密的學術尺度衡定中國傳統思想何屬哲學何屬宗敎。一般「中國哲學史」所包括的思想內容，泰半是宗敎思想的成分多於哲學，但我們不太願意加以分淸。擧例來說:「論語」之中不少篇章話語應屬宗敎，董仲舒的思想很難說是一種「哲學」，周敦頤的「太極圖說」如就它本身去看，而不從朱熹較有哲學性的詮釋去看，也很難說是道地的哲學作品。至於法家所論，基本上是政治思想，我們却放在哲學史的範疇，其他老莊以外的諸子思想，眞正具有哲學分量的爲數也不够多。我們如果寧混哲學與宗敎而不分辨，則何必多此一擧，借用別人的兩個名辭？我深信，獨立於哲學系所的宗敎系所的設立，不但有助於我們依照現代化的學術觀點還出傳統思想的本來面目，哲學歸哲學，宗敎歸宗敎，更有助於年輕一代的中國學者與思想家分別批判地繼承與創造地發展傳統以來的哲學思想(如心性論與倫理學)與宗敎思想(如天人合一論與安身立命之說)。總而言之，我們必須分別進行與完成哲學研究與宗敎研究這兩項姊妹學術工作。

五、宗教研究仍是人文社會科學中最新、最年幼的部門

大家也許難以相信，美國各大學紛紛設立宗敎系所，還是近二十年來的事。美國宗敎系所的前身是耶敎(尤其新敎)爲主的神學院(theological seminaries)，敝系便是一個例子，它在一九三〇年代不過是小規模的耶教神學院，到了一九六〇年代初期搖身一變，成爲學術研究性質的新式宗敎系所，所注重的是博士班研究。較有自由研究氣氛的神學院所以一一變成宗敎系所，大體上是基於兩個相關因素。其一，耶敎系統的學者與思想家逐漸了解到，在美國這樣典型的多元社會裡，他們必須面對猶太教、回敎乃至東方傳統進行交流與會通，經由誠意的對談（dialouge）與公平的互相衝擊（challenge），重新澄淸與奠定自己的傳統。

其二，他們又同時了解到，超越任何傳統而具有普遍性學術探討意義的宗教本身（religion as such）實有別於特定宗敎（a particular religion）性質的耶敎，而戰後人文社會科學的綜合發展（如宗敎現象學的硏究趨向與結構主義方法論的形成等等）也無形中激發他們的看法與意願，從舊制神學院開放自己，打出一條現代化的宗敎研究之路。在美國這樣前進的後工業社會，純學術性的宗教研究還不過是人文社會科學之中最新最年幼的一個部門。這也說明了爲甚麼美國各大學的宗敎系所仍在暗中摸索，各自爲政，還未達成有關教學課程與研究題材的共同認識。譬如敝系所强調的是宗敎哲學，各大傳統的交流課題，東方思想，以及比較研究，但好多大學的宗敎系却著重科學記述性質的歷史現象學研究。

六、日日多元化的現代工業社會，無法不尋求宗教的會通

以下我依個人的了解，簡介美國學府現時的宗敎研究之種種。

第一，科學記述性的歷史現象學研究，範圍甚廣，包括神話研

究，宗教起源的科學探討，原始宗教的文化人類學考察，宗教精神發展史，各種宗教儀式的現象學記述，在政治社會與日常習俗等層面所顯現着的宗教文化現象的如實觀察與記述等等。哈佛、支加哥等大學偏重這種科學記述性的宗教研究。

第二，世界宗教與比較宗教方面的客觀研究。一方面儘量客觀如實地了解個別宗教的思想文化與歷史發展，另一方面進一步比觀個別宗教之間的異同，依此探討個別宗教的獨特性格。有了世界宗教與比較宗教學的基本訓練之後，再去探討各大傳統之間的交流會通等課題，當可獲益良多。美國大學學院多半設有「世界宗教」課程，博士班研究生都要接受這種基本訓練，以便畢業之後能够講授此類課程。

第三，宗教與個別科學的綜合研究，譬如宗教與心理學，宗教與社會學，宗教與政治科學，宗教與心理治療等是。以敝系博士班爲例，有些研究生所選擇的論文專題，涉及綜合研究，宗教當然是主修，副修可能是心理學，也可能是任何一門人文社會科學。一些宗教系所的課程，如「死亡問題」，「宗教與（納粹的）種族屠殺」，「宗教與社會的現代問題」，或如我自創的「佛學、心理分析與實存分析」，都算是新式的綜合課程，頗受學生歡迎。

第四，個別宗教的專門研究一項比較保持傳統的研討方式，間加現代方法論或解釋學在內。譬就耶教言，可以分就聖經解釋，耶教神學，耶教教會史，宗教改革，個別耶教思想家等等加以研究，舊制神學院早就具有這種研究規模。這種傳統的研究方式我國與日本也一直保持到今天，毋庸贅言。

第五，世界宗教各大傳統的交流與會通課題，這在日日多元化的許多現代工業社會算是一項極其重要的探求題材。西方人常把我國儒家傳統也當做世界宗教之一，雖不盡屬實，對於儒家本身的現代化與未來發展却有益處，因爲在今天的多元世界，儒家必須從傳統的單元式簡易心態自我解放，經由對談與交流，衝擊與競爭，才能創造地轉化自己，開拓思想文化的新局面出來。

第六，宗教研究的現代方法論。這是一項高層次的學術訓練，與哲學乃至其他人文社會科學的日日發展息息相關。結構主義，知識社會學，新派解釋學，日常語言分析，哲學的現象學等等方法論對於學術性的宗教研究能够供給正面資糧，任何宗教研究工作者皆應接受此種方法論訓練。方法論研究是我國學術工作最脆弱的一項，宗教系所設立之後，應多關注此項訓練才是。

七、越過世界各大傳統，找出各宗教的終極會通點

最後，我多年來一直構想所謂「後設宗教學」(metareligion)，算是我自創的新名辭，旨趣是在越過世界各大傳統的各別規範性（normative）思想文化體系，在高層次設法尋出貫穿個別宗教思想與信仰的根本會通所在（fundamental meeting points）。爲了點出會通所在，後設宗教的語言應具普遍性。譬如現代耶教神學家保羅・田立克所提「終極關懷」（ultimate concern）可以當做一個典型的後設宗教語辭，但需排除有神論的特定內容，否則無法應用到佛教或超有神論的神秘主義。我深信，我所提出的「後設宗教學」終會形成宗教研究的一項題材，與「後設哲學」(metaphilosophy）聯貫起來。

（一九八四年二月七日晨一時半於費城近郊，原載中國時報二月二十五日人間副刊）

•《蛻變中的美國社會》

從工業社會到資訊社會

——最新暢銷書「衆多趨向」評介之一

……在資訊社會裡，權力的來源已不是少數人的金錢財富，而是多數人所分享的資訊與知識。……………培養人的生活理想所憑依的並不是資訊科技，而是文法科教育所一向强調的歷史文化理念、哲學宗教傳統、政治社會知識、藝術道德修養等等。……

一、「衆多趨向」一書，備受各界推許

去年十月在美國出現了一部新書「衆多趨向」(Megatrends)，副題「正在轉變我們生活的十個新方向」(Ten New Directions Transforming Our Lives)，一直名列暢銷書的前茅。作者約翰·奈斯比特(John Naisbitt)是「趨向報導」(Trend Report) 季刊的發行人，又是華府一家私立資訊研究機構的主持人。他是美國目前頭牌社會預測專家之一，也經常擔任一般電機 (GE)、國際商業機器 (IBM) 等巨大企業公司的高級顧問。此書刊行以來，英美各大報章雜誌一致推許，

有人甚至譽為象徵着八十年代美國社會基本動向的首部代表作，可以媲美曾分別在一九五六年與一九七〇年出版的兩本風行傑作「組織人」(The Organization Man) 與「未來震盪」(Future Shock)。科羅拉多州的國會議員哈特 (Hart) 讚道:「『衆多趨向』對於行將改變我們前途的政治、社會與經濟現況所作的分析極富識見。關心今日以及明日社會的人士都會歡迎這本佳作。」「未來震盪」的作者拖富勒 (Toffler) 也說:「奈斯比特是對於今日美國的巨大轉變最具精銳眼光的觀察家之一。」

我在時報(美洲版)準備分成多篇評介「衆多趨向」，旨趣有二。第一: 第二次世界大戰結束以來，美國一直是執掌國際政治、經濟以及思想文化牛耳的世界領袖，美國社會任何顯著的變化總會影響多半的國家，正在急起直追歐美與日本而以臺灣工業經濟為主模的中國社會當然包括在內。中國人不論住在國內或國外，都應該密切注意並深刻了解美國社會這些年來的重大轉變以及未來的發展趨向。我個人曾去費城郊區圖書館試借數次，發現已有多人登記等待，可見一般美國人如何關注他們社會的未來動向，想從此書尋獲有益的資料與靈感了。第二: 美國現前的步步蛻變可以供給中國社會——尤其已有充分自信步入高度發展國家行列的臺灣——許多寶貴的正面資糧與反面教材，足資借鑑參考。關心中國社會未來發展的一般讀者固應了解此書，而我們在政府機關、工商管理、家庭，以及社會計劃、學術文化、大衆傳播等等方面的專家，更可以從細讀此書所獲取的心得擬畫中國社會未來發展的適當方向出來。

二、正在轉變我們生活的十個新方向

「衆多趨向」共分十章，每章討論十大方向中的一個方向。作者在序論首先列擧十大方向的要點：㊀一般美國人仍自以爲生活在工業社會，其實他們早已進入以資訊（information）創獲及其分發分享爲主的新經濟體制；㊁美國正在轉進高度科技與高度感應（卽人對高度科技發展所表現的高度精神觸感與回應）雙層方向相輔相成的一個新階段；㊂美國不再具有孤立自足的國家經濟體系，却已隸屬龐大的環球經濟體系的一環，同時美國人已被迫放棄永居世界工業領袖的老想法；㊃美國正在從過去專以短期企劃與利益爲主的社會模式蛻變成爲處處爲長遠的目標着想的新式社會；㊄在個別的州或市鎭，甚至在小規模的組織或機構，美國人民已再度發現一切從基層（bottom-up）想起、幹起的能力，換言之，分散體制逐漸取代集中體制；㊅在每一生活層面，美國人漸從依賴公私機構輔導與補助的老習慣轉移到儘以自力自助爲主的新辦法；㊆美國人也正發現着，議會代表爲主的民主體制在這一切資訊卽時可以分享的時代已失實效而顯落伍，漸爲人人參與的高度民主方式所取代；㊇美國正在逐步放棄對於上下層級分明的金字塔型管制結構的依賴，而代之以不拘成規，打破層梯的網絡系統，譬如資訊網、電視網等是；㊈就人口比率言，從東北各州的老工業城移居南部與西部的美國人民日益增多；㊉美國已從個人選擇極其有限的傳統生活方式蛻變而爲人人自由自在而有衆多生活選擇餘地的流動性社會。關於以上蛻變中的美國社會十大方向的細節與意義，我將在各篇逐一評介。

作者在「衆多趨向」所歸納出來的十大方向，基本上藉助於他所謂「內容分析」（content analysis）的方法，就十二年來美國各地報章雜誌所刊載過的地方新聞抽出兩百萬以上的重要消息或論點，試予精密的分類與分析，而引導出有關社會預測的結論。據作者說，使用這種內容分析法的靈感源於美國政府（情報局）在第二次大戰期間的情報蒐集經驗。那時美國每年花費好幾百萬元，從世界各地的地方報紙蒐集敵情資料，加以科學的分析，俾便預測敵方（尤其納粹）的軍事行動計劃等等；這種方法常比諜報員賣命取得的第一手情報還要有效。作者自己深信着，在美國這種道道地地的民主自由社會，地方報紙所供給的資訊內容遠較國家政府所發佈的更要精確可靠得多。作者與他的一批助手根據此一新穎的方法歸納出一些多數人民都無法相信的有趣結論，例如新趨向、新想法的產生，多半來自西雅圖、聖地牙哥等地方城市，而非源於紐約華府等是。作者又說，專就社會轉變的醞釀而言，美國五十州中眞正負起帶頭作用的祇有五州，以加州爲首，然後依次是佛羅里達州、華盛頓州、科羅拉多州與肯湼狄科州。

作者在序論結尾說，「衆多趨向」在我們的分析時代算是着重綜合的書，目的是在向讀者提供對於蛻變中的美國社會一種現況了解，以及對於未來發展重大趨向的展望，俾使讀者能够藉此了解與展望獲致各別所需的生活選擇。以下我們首先簡介本書第一章「從工業社會（industrial society）到資訊社會（information society）」，並加一些評語，望有助於中國讀者的細思深省。

三、後工業社會，就是資訊社會

依據作者的觀察，美國開始從工業社會轉變到資訊社會，是在一九五六年一五七年之間。這兩年是美國工商業的大轉捩點，工業社會已將「壽終正寢」，但一般美國人民却仍不太了解工業社會轉爲資訊社會的眞相與意義。那時哈佛大學的社會學家貝爾（Bell）稱此醞釀中的新社會為「後工業社會」(post-industrial society)。今天我們已能充分瞭解到，貝爾所謂後工業社會其實就是作者所說的資訊社會。

一九五六那一年，美國歷史上首次出現了從事於科技、管理、辦公等等有關資訊與知識的所謂白領階級，在人數上超過從事於生產製造的藍領階級這個新的社會現象。翌年，蘇聯首次發射人造衞星，驚動全球，尤其美國；很多人以為這是太空時代來臨的前兆，却不知人造衞星的發射所帶來最重要的衝擊或影響是環球通訊系統的建立與應用。人造衞星的發明、發射把我們的地球轉化成為一種「環球村莊」(global village)。新的資訊社會已在一九五〇年代後期逐漸形成；近年來在資訊科技方面的高度發展，譬如電腦的發明、電纜電視網的廣泛使用等等，祇不過加速推進美國社會的全面資訊化罷了。

資訊社會的形成與發展，可從美國社會職業選擇的比率變化窺見一斑。在一九五〇年，祇有百分之十七的美國工作人員與資訊有關；今天百分之六十以上有職業的男女所做的工作，離不開資訊一項，包括教師、辦事員、秘書、會計員、股票經紀人、經理、保險員、政府機關人員、律師、銀行員、技術人員、電腦工作人員等等，不勝枚舉。與資訊有關的食品商品製造員工人數也日益增加。

從資訊社會形成的角度來看，美國歷史的演進可以說經歷過三大階段：農民階段、工人階段，與辦事人員(clerk)階段。在資訊社會，辦事人員為數最多，次之的是律師、教師、工程師、醫師、建築師、圖書館員、報社通訊員、社會工作者、牧師、護士、電腦工作者等等專業人材(professional)，辦事人員與專業人材必須日日與資訊為伍。在本世紀開頭，美國農民佔有全國人口的三分之一以上，今天却已減到百分之三左右。事實上，今天在大學工作的人數已經超過全部農業人口，充分顯示在資訊社會裡，勞心（資訊的廣泛使用與知識的傳播普及）遠較勞力更形重要。在美國史上從農業社會轉變到工業社會，起碼經過了一百年，從工業社會蛻變而爲資訊社會，前後還不到二十年，這無疑是一件驚人的社會史實。在農業社會，一切往後（過去）看，在工業社會，一切以現時如何爲準；但在資訊社會，一切必須往前（未來）看，以高度的知識力量創造未來，而做長久的打算。這就說明了爲什麼自七十年代以來，關涉未來的各種行業與大學課程日日增加；而討論種種未來課題的專門雜誌也應運而生。在一九六五年全美國祇有十二種這類的雜誌，到了一九七八年已增爲一百二十二種。

四、人人交流的現象，日益頻繁複雜

在工業社會，最基本的「戰略」資源是金融資本；在資訊社會，却是資訊本身。誰有本領搶先掌握資訊、利用資訊，誰就名利雙收，事業成功。資訊社會的工業特色，是在腦力的集中而不在資本控制；資訊社會的一大特徵，是在資訊與知識的大量創獲與系統化的有效應用。在資訊社會裏，權力的來源已不是少數人的金錢財富，而是多數人所分享的資訊與知識。在資訊社會的經濟體制，（經濟）價值是由於知識而增高，並非馬克思所云，僅靠工人勞力而產生與增高。作者認爲，馬克思在十九世紀工業經濟興起不久所建立的勞動（剩餘）價值理論，現已完全落伍無用，應代之以「知識（爲主的）價值理論」(knowledge theory of value)。

作者又說，農業社會的一大特徵，是在人面對着自然（譬如田地、氣候）；在工業社會，人却面對着產品。到了資訊社會，文明史上首次出現人面對着人日夜交流不息的現象。電報、電話、支票、信用卡、各種通訊系統等等，都說明了人人交流的現象日益頻繁複雜，也同時說明了爲甚麼在美國律師行業有增無減。在一九八〇年的美國，主修法律的男女學生已達十二萬五千名以上。

五、資訊精選勝於資訊供給

作者最後擧出有關工業社會轉成資訊社會的五大要點。第一，資訊社會的經濟體制眞正存在，並不是一種理智上的抽象而已。擧例來說，美國勞工人口從一九七〇年到七八年祇增加了百分之十八，而工程師的增加比率還不到百分之三。相比之下，行政、管理、經理方面的勞心人員却增多了百分之五十八；銀行家竟增長百分之八十三。資訊經濟（information economy）的發展優勢，由此可以窺知一二。美國各州各城這些年來紛紛企圖通過有助於資訊經濟迅速發展的種種法案；而以資訊爲主的許多公司也都變成全國最大而又最有影響力的經濟集團。譬如美國電訊公司（AT&T）在一九八一年的全年總收入是五百八十億美元，超過許多國家的年收。其他也以資訊爲主的超級公司，如 IBM、ITT、Xerox、RCA等，以及所有美國銀行、保險公司、廣播公司、出版社、電腦公司等等無一不受資訊經濟發展擴張之利。

第二，通信技術的日日改進促使資訊速度加快，縮短了資訊收發之間的時間距離。電話、電腦與電視的科技滙合，造成了高度綜合而有效的資訊通譯系統，幾無限制地供給一切資訊，而使人人即時分享。無限制的資訊增加與供給很容易導致資訊過度膨脹乃至混亂的局面。因此在新的資訊社會，就有必要特別强調資訊精選勝於資訊供給；同時，專於資訊精選的新興行業與公司也隨着出現了。目前最顯著的一個資訊現象是，電腦計算機的大量製造與銷售。一般美國家庭也開始購備小型電腦，在不久的將來家庭電腦的使用會像彩色電視一樣普及全國。據說在紀元二〇〇〇年，一套完整無缺的家庭電腦價款將不過是現時電話、電視、錄音機所合總價的一倍而已。由於資訊精選的趨勢與電腦使用的普遍，在出版界也勢必引起作者編者與讀者主客顚倒的現象。這就是說，讀者將會採取主動，告訴作者編者應該寫甚麼編甚麼。

第三，新興的資訊科技首先會應用到老式的工業課題，然後逐漸導出新方向、新產品與新的處理方式。大體上，科技發展要經歷三個階段。㈠新的科技發明最初要儘量避免人的抵制，譬如機器人剛發明時，祇限用於過份髒汚或有危險性的工廠操作。㈡今天美國已進入資訊科技應用到老式工業的階段，譬如微型信息處理機（microprocessor）的廣泛使用，俾便改善現時仍在生產與使用的汽車、縫級機等是。但在現階段，電腦科技與生產自動化還未完全取代工業革命以來的老式機器操作與人爲控制。在這過渡階段，有一相當棘手的社會問題尙待解決：慣用老式機器操作的藍領階級如何避免失業的危機，如何逐漸適應資訊社會的新式處理呢？爲了工會會員能有職業的保障，龐大的工會時常强力抵拒微型信息處理機的普遍應用，或徹底反對以機器人爲主的工廠全面自動化。㈢美國的資訊科技有了全面發展與應用，老式操作與管理方式就會遭遇淘汰的命運。資訊科技一旦發揮它的全面功能，在食衣住行各方面當可期待極高度的生活改善。

第四，在資訊科技與資訊經濟日益發達的今日美國，人的知識與教育程度也應隨之提高。但事實上，美國年輕一代的知識與教育反而日日低落。根據聯邦政府教育部與國家科學基金會所公佈的一九八〇年報告，一大半的美國人已經趨近「對科技幾乎一無所知」的地步。這份報告毫不隱瞞美國目前在中小學校的數理教育瞠乎落在蘇聯、日本與德國之後，令人擔憂。其中一個主要問題，便是中學數理教員的極端缺乏，而在大學園地電腦科學與工程方面的師資缺乏情形更是嚴重。師資的缺乏自然也影響到學生的一般程度，他們的考試成績，一年不如一年，而半途輟學的中學生也愈來愈多。吸毒、酗酒等壞習慣也加深了美國教育的重重困難。

六、電腦盛行容易造成科技疏離感

資訊社會必須强調電腦教育。一般學校已逐漸了解到，在未來的美國人人需用兩種語言，卽英語與電腦。然而美國大中學生之中不會使用够格的美語與基本算術的，人數愈來愈多，這對電腦教育的普及自然構成一種阻礙。好在電腦的構製與操作會更簡易化，而下一代的美國學生由於自幼對電腦耳濡目染，當可克服現時電腦教育的種種困難。

第五，新的資訊時代所將全面應用的電腦科技不一定會達到完善完美的效果；應用上的一大成敗關鍵是在高度科技與高度感應是否很能配合，相輔相成。關於這一點，作者另設一章(第二章)細論，我也將在下一篇另外評介。這裏且提值得我們注目的兩點。首先，由於電腦科技的全面應用，在不久的將來辦公室一類的工作多半可以坐在家裏完成。從辦公室移到自家工作，有利有弊：利在能與家人多所相聚，可以選擇晚間工作等等；弊在人人鎖在自己的「電子小屋」(electronic cottage)，容易產生高度科技的疏離感，這對一向愛好社交的一般美國人來說並不太適宜。依作者的猜測，在未來的美國社會，想在自家工作的人不會太多；多半的人還是會選擇辦公室裡的工作，因爲人人生性喜歡交談交遊，在日常生活上需要適當的調節。其次，有關資訊的各種行業將會繼續增多，電腦將會變成人們的「好友」。這種急速的變化也意味着，具有調節彈性的多面手(generalist)要比傳統的專家或一面手(specialist)

更佔職業上的便宜。也就是說，很少人會一輩子固守同一行業而不變。

以上簡介「衆多趨向」首章的主要內容與論點，現在且讓我們細想一下：資訊社會的來臨，資訊經濟的形成，以及資訊科技的應用，對於（以臺灣經濟發展爲主模的）未來中國社會所將帶來的衝擊與利弊是甚麼？資訊科技化既是人類社會所不可避免的時代趨勢，我們的祖國能否順利過關，完成從工業社會轉變到資訊社會的後現代化（post-modernization）任務？我們能否防患於未然，在蛻變過程當中儘予避免類似美國現有的種種困難？這裏至少有兩個彼此關聯的敎育課題，值得我們大家關注與討論。

首先是如何有效地逐步推廣資訊科技敎育——尤其電腦敎育——的課題。中國社會的資訊科技化祇是遲早問題，先進國家美國在蛻變過程中所試行成功的一些措施，可以當做正面資糧，讓我們好好學習與仿效。大學與中學電腦敎育的推行與加强，資訊社會敎育的普及，多所舉辦資訊科技、資訊經濟方面的專家演講與公開討論，資訊社會敎育爲主的電視電影的製作與播放，有關資訊科技與資訊經濟的專門雜誌的出版，與資訊科技息息相關的公私機構彼此密切合作並交換可靠資訊與寶貴意見，多面手職業訓練的實行以便達到人人有用，人人有事可做的社會目標等等，都是百利而無一弊的事；實際的問題祇在政府、敎育機關以及財力雄厚的民營公司如何撥款、用款或投資而已。無論如何，資訊科技敎育的早日推廣，必有助於（以臺灣爲主模的）中國社會從工業社會到資訊社會的順利蛻變。專就資訊科技敎育而言，中國人最幸運的一代算是美國華僑的子弟們了。來自臺灣等地的新一代華僑多數是高等知識份子，他們的子弟們在美國一般學校的表現特優，家庭敎育也屬上等，又有機會學到最前進的資訊科技，可以說是「天之驕子」了。以費城郊區的中國家庭爲例，幾乎每家都有一部小型電腦供子弟們使用。他們成長之後要在資訊社會謀生自立，甚至發明貢獻，是不成問題的。中國人一向有過人的才智，祇要我們的國家能够順利過渡到後現代化的資訊社會，我深信未來祖國的子弟們在能力的表現上，絕對會比美國華僑的子弟們有過之無不及。

七、文科的偏廢是教育的危機

其次是資訊科技教育與文法科技教育如何相輔相成的課題，也是綜合敎育如何推動的課題。由於「衆多趨向」的作者是個社會預測專家，而不是敎育家，他祇强調電腦敎育的推廣，却不及考慮包括文法科敎育在內的綜合敎育在資訊社會的重要性。人是萬物之靈，而不是電腦般的機器。在資訊社會裏，爲了彼我的互相生存與生活改善，他不得不接受電腦敎育，不得不日日與電腦爲伍；但他也極需要自己的理想生活，不爲資訊科技所囿，包括家庭生活的美滿，文學藝術的欣賞，人倫道德的遵守，國家前途的關心，哲學智慧的開發，宗敎信仰的建立等等。培養人的生活理想所憑依的並不是資訊科技，而是文法科敎育所一向强調的歷史文化理念、哲學宗敎傳統、政治社會知識、藝術道德修養等等。「衆多趨向」的作者祇提到了今天大多數的美國人「對於科技幾乎一無所知」，却完全忽略美國目前的另一敎育危機：文科敎育的偏廢。以敝校天普大學爲例，法文、德文、古典文學等系隨時都有關門的危險，其他文科部門也不太景氣，而最悽慘的算是培養師資爲己任的敎育學院了。其他的綜合大學一般情形也是如此；至於美國傳統的文科學院（liberal colleges）更是瀕於破產，眞可謂「文人掃地」了。聯邦政府這兩三年來已注意到這個危機，開始再度强調綜合敎育的重要性。但一般大學學院能否渡過這個危機，實難逆料。

據說臺灣目前的大專學校也有類似美國綜合教育危機的情形。八月中旬，同窗好友劉述先兄（現任香港中大哲學系主任）來訪我處，小住數日，閒談之間忽然問我:「你離開臺灣已十七年，恐怕不太知道臺大文學院的現況罷。你且猜猜該院此刻的男女生比例多少？」當他告訴我實際比例是一比二十，我大吃一驚，又是感慨萬千。大概好男子漢都個個爭先恐後擠進資訊科技與醫學之門，文（法）科部門也祇有冷落下去了。試問：中國轉進資訊社會之後，要不要國文老師，歷史教員、作者、編者、哲學教授之類？人們要不要資訊科技所不關涉的文法科教育？

哲學是我的本行，我對自己的子女自然懂得要求資訊科技與文法知識雙管齊下，相輔相成。我在費城郊區的中國友朋幾乎都是資訊科技方面的人材，但他們都能了解到綜合教育在「樹人」的重要性，也都同意我的教育管見。中國與特重實際功效與利益的美國不同，本身具有悠久的歷史與優美的文化傳統。我深信，我們的國家會早日發覺文科偏廢之失，設法避免重踏美國教育的覆轍。這就要靠我們大家的社會共識與齊心合力了。

（一九八三年八月十八日清晨於費城近郊，原載中國時報美洲版九月十二日與十三日人間副刊）

• 《蛻變中的美國社會》

高度科技與高度感應

——最新暢銷書「衆多趨向」評介之二

……我們能否在中國固有的道德理想與西方個人本位自由發展運動之間，尋求適合我們國情的中庸之道？……這是環繞著傳統與現代化之間的時代課題，有待我們共同探索與解決。

奈斯比特（John Naisbitt）在他的暢銷新書「衆多趨向」（Megatrends）第二章討論三十年來高度科技（high tech）與高度感應（high touch）雙層趨向的平行發展。「高度科技」一辭指謂資訊社會（又稱後工業社會）形成以來在電腦、醫藥等等方面所急速發展而廣泛應用着的最新科學技術；「高度感應」則是作者自創的名辭，藉以了解與說明（美國）人們相對於高度科技的發展與應用所產生出來的精神觸感與回應方式。

一、高度感個人價值，體系的時代來臨

依奈氏的觀察，近年來隨着高度科技的發達，在精神層次人們逐漸

建立一種極高度的個人價值體系，俾便補償偏重物質層面而又特顯價值中立性的科技之不足。這個價值體系所導致的結果是一種自助自主的個體成長運動，終於演變成爲所謂「充分發展個人潛能的運動」(the human potential movement)。奈氏認爲，資訊科技與個人潛能的雙層發展與相輔相成，是今日美國乃至全球人類所面臨着的最大課題。此一課題的圓滿解決，端在如何把高度科技所帶來的物質奇蹟與人性本身所具有着的精神需求適予調節，設法保持一種（古希臘人所善於强調的）「均衡」(balance)。

奈氏隨處擧例說明高度科技的步步發展與應用在美國人精神層面所引起的種種高度感應。譬如電視的普遍使用推動了加州一帶特別盛行的羣體（精神）治療運動，再進一步催促了東方思想與宗教——如禪道、瑜珈術。超越冥想術（TM）等——的生根流傳。醫藥方面的發明發達也導致各種高度感應。譬如避孕藥的發明與使用引起了年輕一代在生活方式的全盤革命；男女大學生們喜好同居多於結婚；婚前性交已是司空見慣，習以爲常；各地逐漸設立一種專爲不治患者居住的特別收容院（hospice），以便從旁協助他們解決臨終以前的精神問題；醫藥科技的高度進步引起了人們對於死亡問題（如安樂死問題）的關注等等，都是其中較爲顯著的佳例。其他如電腦計算機的發明與使用，也引起了員工薪金、退休的合理安排乃至社會福利的科學化處理等等高度感應層面的種種新措施新看法。諸如此類，有關隨順高度科技而形成的高度感應實在不勝枚擧。

奈氏特別提到一件極其耐人尋味的事實：高度科技的發展與應用不但沒有導致人與人間的疏隔，反使人人更想聚在一起。幾十萬人爭先恐後參加搖滾音樂或鄉土音樂的露天大會；新興的商場聚集中心大厦（shopping malls）到處林立，已經變成（僅次於家庭與工作地點的）

第三個人們聚在一起的處所。更有趣的是，當八年前大型電視螢幕開始出現之時，有位名叫李特爾（Little）的曾預言過，不出五年幾乎所有的美國戲院都會關門大吉。李特爾也像其他很多美國人，根本沒有了解到高度科技與高度感應平行發展上的微妙關係。電腦資訊時代的人們已形成了一種高度感應，不再專爲看電影而去戲院，而是想跟戲院裏面的其他兩三百位觀衆齊笑共哭，同感共鳴。正因高度科技具有隔離人與人間的危險性，人們在高度的感應的層面反有聚在一起的精神需求。又如電訊電視的高度發達，可以免去在同一場所直接面談的開會方式，不但省錢又省時間；奇妙的是，人們寧願多坐幾次飛機去開較有「人味」（面對著面）的會議。

除了上述聚在一起的精神需求之外，奈氏還提到了其他一些發人深省的高度感應。譬如在高度科技的時代，人們對於民間藝術、鄉土音樂，具有傳統風味的室內裝飾等等科技圈外的東西更加懷舊，更加表示興趣。在學校裏，電腦的使用解決不少基本教育課題，然而許多學校却有傾向更加强調價值觀念，道德責任感，個性發展甚至宗教祈禱等等電腦科技所應付不了的高度精神教育課題。在工廠裏，我們一方面看到機器人逐漸取代人爲操作，另一方面却又發現，在高度感應層面工人集體討論（如何提高生產品質）的新風氣。在一般家庭裡，我們也一方面看到許多學童耽於電腦學習與電視遊戲，另一方面却又發現，父母們在高度感應層面時有精神需求帶子女去遊山玩水，藉用大自然儘量消滅高度科技的强大壓力。各種食品加工器的出現，反而刺激了家庭主婦們對於傳統烹飪術的興趣。這些都是高度科技與高度感應雙層趣向平行發展的事例。

二、科技愈發達，人的感應需求愈强

奈氏特別提醒我們務要避免所謂「科技固執心態」(technofix mentality) 產生的危險。科技固執心態一旦產生，我們很容易迷信科技萬能或至上，誤以爲高度科技能够解決我們所有的問題或困難，而無意中忽略掉涉及個人責任的高度感應。譬如我們很可能產生一種幻想，期望科技能製造特殊的新汽油，在使用時不致引起空氣汚染。很多人也可能過份相信醫藥科技的功用，認爲有此保障，我們可以任性生活而不致引起心臟病或癌症。好吃的美國人更會幻想一種特製仙丹的出現，以便儘嘗美食而不致發胖。總而言之，科技萬能的幻想容易導致個人試煉與責任感的解消，但科學萬能主義祇會妨害高度科技與高度感應相輔相成此一原理的正確使用。奈氏的結論是：「我們的高度科技愈是發達，我們愈有人的感應需求。這就說明了爲甚麼强調紀律與責任的個人潛能發展運動會構成高度科技、高度感應雙層發展的方程式中一個主要部份。……我們需要發展內在知識或智慧，以便指導科技的探索。……高度科技與高度感應（相輔相成的）原理象徵着我們對於身心均衡的需求。」

奈氏所論，有消極與積極的兩點值得我們注目。消極的一點是科技固執心態的偏差與科技萬能主義的錯誤。改正這種偏差錯誤的一大課題，便是我在前文「從工業社會到資訊社會」（即「評介之一」）所建議過的綜合教育的重新强調與推行。高度科技不但構成改善食衣住行各方面的物質生活最强有力的必要條件，且有助於我們現代人建立較爲合理客觀的知識心態（譬如數理邏輯的運用、實事求是的科學觀察與研究等等）。對於深受傳統儒家泛道德主義影響的中國知識份子來說，西方高度科技的全盤了解與基本訓練可以說是不可或缺的一種知性教育。理工農醫方面的專業學生固然懂得箇中道理，文法科學生也理應培養起碼的現代科技知性出來。我們絕不可以盲從傳統儒家，過份偏重「德性之知」而忽視「聞見之知」（經驗知識或高度科技）的重要性。反過來說，過份偏重「聞見之知」的結果，就有奈氏所云科技固執心態或科技萬能主義產生的危險。

科技的應用適當與否，不在價值中立的科技本身，而是在乎做爲萬物之靈的我們自己所做的價值判斷，指導科技探索的價值判斷乃是一種人的綜合智慧，終必關涉道德規範、社會共識、政治理想、文學藝術、文化傳統、歷史理念等等，也祇有通過配合高度科技的文法科教育才能獲得。在科技萬能主義風行之際，我們千萬不能放棄「十年樹木，百年樹人」的綜合教育理想。包括我個人在內的教育工作者所應培養的下一代人材，必是具有通才理念的專才，而不是跳出本行一無所知的偏才。

奈氏積極的一點，便是高度科技與高度感應雙層趨向相輔相成的（後）現代原理及其適當掌握。關於這些年來一般美國人面對高度科技所產生的高度感應，奈氏舉出了不少實例予以說明。其中最應引起我們中國人關注的是他所特別提到的個人潛能發展運動及其全國性的蔓延。所謂個人潛能發展運動，強調每一個（美國）人充份利用（包括醫藥在內的）高度科技的種種成果，設法儘求各自的身心潛能獲致最大限度的全面發展。個人身心兩面潛能的無限發展，可以說是構成今日一般美國人幸福理念的主要內涵，包括身心健康（如運動遊戲，定期健康檢查，心理治療，充足休息），養生壽老（如補品嗜用，食物調節，退休計劃），知性發展（如對政治方向與社會問題的關心與研究，各種新近知識的吸收，「活到老，學到老」），音樂欣賞、派對上聚飲暢談的生活情趣等是。

三、從均衡原理中尋找出路

我們中國人所以應該特別關注近年來此一運動在美國社會的醞釀與蔓延，乃是由於我們所承繼下來的（以儒家道統爲主流的）傳統思想文化與生活方式一直偏重內聖之道的純精神性樂趣，而對物質生活的享受提高與個人身心潛能的自由發展與發揮在大多數人的人生幸福所佔有着的份量極端忽略的緣故。深受儒家泛道德主義影響的一般中國人，習慣上羞於提論獨立於家庭社會的個體成長或個人本位的自由發展與生活情趣。我們過份偏重人倫道德的結果，動輒無謂批評西方人重物質而輕精神；我們喜於引用斯賓格勒（Spengler）一類「西方之沒落」（The Decline of the West）論調，藉以陶醉於我們自己的精神優位，却從未眞正痛定思痛，徹頭徹尾檢討過自清末以來幾乎一成不變的所謂「中學爲體，西學爲用」這種陳腔濫調。我們已經學到西方的高度科技之一二，而對配合高度科技而形成的個體本位自由發展運動，心實嚮往之，而口却羞言之。我們已經懂得學習高度科技的重要性，却對美國人通過此一運動設法求得高度感應的均衡（相輔相成）所作的努力，無甚了解，遑論取彼之長而補我之短了。

今日以臺灣經濟爲主模的中國社會正在緊隨美國爲首的先進國家之後，步步轉進電腦資訊的後工業化（或後現代化）階段。就這一點說，奈氏所强調的高度科技與高度感應相輔相成的均衡原理實在值得我們大家虛心學習與掌握運用。我們不必全然放棄傳統儒家乃至當代大儒所倡導的「道德的理想主義」，因爲儒家的仁義主張等等，雖不能直接充當（後）現代社會的政治法制所必需的構成原理（the constitutive principle），却仍可當最高倫理規範意義的指導原理（the regulative principle)。然而我們不得不承認，在後現代的實現程序上奈氏所提科技感應均衡原理以及個人潛能發展運動對於儒家道德的理想主義足以構成强有力的挑激。我們能否在中國固有的道德理想與西方個人本位自由發展運動之間，尋求適合我們國情的中庸之道？我們是否應該修正傳統的「中體西用論」爲現代化的「中西互爲體用論」，俾能順利過渡到旣有充分科技發展又有適當精神感應的後現代社會？這是環繞着傳統與現代化之間的時代課題，有待我們共同探索與解決。

（一九八三年九月三日於費城近郊，原載中國時報美洲版十月六日人間副刊）

從單純選擇到衆多選擇

——最新暢銷書「衆多趨向」評介之三

「衆多趨向」(Megatrends) 作者奈斯比特 (John Naisbitt) 在本書最後一章（第十章）論述，在家庭生活、職業工作、音樂藝術、宗教信仰等方面，美國這樣典型的多元社會如何隨着高度科技的急速發展，漸從二者選一式 (either/or) 的單純選擇趨向衆多選擇 (multiple option)。此一趨向充分證示，西方傳統的自由理念在這資訊化的多元社會正獲相當高度的實際兌現。

一、家庭結構多樣化

首就家庭結構言，傳統的美國家庭是保守而較定型：一家四口最爲理想，家長出外工作，主婦管家，養育兩個小孩。今日美國却祇有百分之七左右的家庭如此定型。在這蛻變中的多元社會，家庭構成方式日益複雜，有缺父母之一的家，有夫婦皆有職業而不生養小孩的家，有妻子工作而丈夫看管小孩的家，有男女同居而不要正式結婚的家，更有同性愛的二男或二女同居的家等等，不一而足。單身獨居的情形也愈來愈多，有以單身爲樂的職業男女，有剛離婚的，有不想再婚的，有退休的等是。離婚之多與女權運動算是推動此一社會現象的一個主要因素。據最近的社會預測，在九十年代，正常結婚的家庭之中祇有一位在外工作的將佔百分之十四而已（但在六十年代則是百分之四十七）；家庭主婦的工作收入將佔全家收入的百分之四十（現時則僅佔百分之二十五）；至少將有十三種不同方式的家庭取代傳統的典型家庭，包括「寡婦帶小孩的家」、「離了婚的男人帶小孩的家」等是。七十年代結過婚的男女之中至少有三分之一將會離婚，而在同一年代生下來的小孩之中也有三分之一以上將會缺少父親或母親。

就婦女的生活與職業選擇言，不但出外找事的家庭主婦日益增多，她們多半也不會想在三十甚或四十以前生養小孩。根據最近的統計，從一九七五至七八年之間，三十到三十四歲的婦女首次生產的增加了百分之三十七，而在三十五到三十九歲才首次生產的婦女也增加了百分之二十二。不但職業女性日益增加，上大學的女性也越來越多。現時上大學與研究所的女性在人數上已經超過男性，而許多大學女生的實際年齡已達二十五歲以上。在諸般行業，女性的人數比例也愈來愈高。譬如今天在第一流的法律科，有一半或以上的新生是女性。諸如此類，處處顯示夫唱婦隨的傳統觀念已無時效，而醞釀中的女權運動也將繼續擴大。

就工作方式與時間言，從早上九點到下午五點爲止每日工作八小時的標準時數已漸被淘汰，代之以種種不同的新工作方式，如全部在家工作、在家與在辦公室的工作各佔一半、工作由兩人分半、祇做半天工作等是。不少傳統習慣上由男性擔負的工作（尤其較需勞力的工作），女性加入的比例也日益增加。依照最近的聯邦政府勞工統計，女司機的人數已達十三萬一千，磚瓦女工已有一萬人以上，而從事於汽車修理的女性也有五千七百位，充分顯示不論是勞心或勞力的工作，男女之間已無甚區別。再者，男性薪金應比女性爲高的老觀念也漸被打破；近年來的美國女權運動可以說是打破此類男女不平等的傳統觀念最強有力的因素。

二、音樂藝術宗教打破主流獨霸

又就音樂藝術而言，我們已經很難看到獨霸獨佔的流派，也看不到二者選一式的單純選擇。我們所看到的反而是創造形式的衆多選擇，百花齊放，百家齊鳴。在古典音樂方面，已不再有傳統的浪漫主義或古典主義存在；成百的作曲家自找門路，自創新格，而不爲任何流派或形式所囿。在表演藝術方面，我們也看到堪稱一流的音樂學校或表演劇團到處出現；尤其在跳舞這一行，出現了新穎豐富的多元主義與折衷主義，不時創造出衆多的跳舞形式。祇有文學一項，仍受傳統的單純選擇局限，在創造形式上花樣最少。

再就宗教信仰言，近年來沒有一個傳統宗教團體有顯著的發展。我們所能觀察到的宗教現象大體上也順應着衆多選擇的多元趨向。譬如說，六十年代以來，東方宗教在加州等地逐漸生根流傳；各種奇妙怪異的巫術、狂信與新興宗教團體也應運而生，有增無減。美國在一七七〇年左右，正從農業社會開始進入工業社會，宗教的多元主義盛極一時。今天，美國正從工業社會蛻變而爲高度科技的資訊社會；在這過渡時期，宗教的多元主義也一樣盛行，且有過之無不及。來自世界各地（尤其亞洲國家）的移民逐年增加，他們所自然帶進來的原有宗教文化，也是構成宗教多元主義發展蔓延的一大因素。

美國是最典型的多元社會，也是名副其實的移民國家；兩者息息相關，相輔相成。移民愈多，愈有助於多元主義的發展；隨着多元主義的發展，衆多選擇趨向的高度民主自由化——不分種族，不分階級——也更會顯明强烈。在這衆多選擇的時代，美國人民已經學到如何接受甚至慶幸美國社會的種族分歧。他們終於放棄了熔化不同種族爲一爐的神話，反而願意放大胸襟，肯認每一個人依各別不同的家庭、種族、教育、文化等背景，隨意選擇自己所喜愛的生活方式與身心發展。在今天的美國，種族的日益分歧無形中在促進著文化的分歧；美國人民也開始懂得享受種族與文化的雙層分歧所帶來的種種好處。譬如喜歡中國菜（已不限於廣東菜）的美國人越來越多：西班牙語言與文化逐漸滲透到加州、德州等地；電纜電視網日日推出代表不同國度、種族與文化的精采節目，五花八門，讓美國人民飽享眼福。作者的結語說：「美國（現時）衆多趨向的特性，主要是針對著個性（發展）顯出它的意義。在教育、宗教、藝術、職業乃至商場，我們每一個人的自我表現有了更多更好的機會。」

三、對儒家單元性思想的衝擊

以上簡介「衆多趨向」末章的主要內容。現在且讓我們仔細想想：美國資訊社會的多元主義與衆多選擇趨向對於以臺灣工業經濟爲主模的中國社會有什麼衝擊（impact）或挑激（challenge）？我們如何獲取其中正面資糧？我們又如何避免此一趨向可能產生的弊害？

首先應該指出，兩千多年來中國社會一直是非多元的單純社會，種族上以漢族爲主，邊疆各小種族爲副；思想文化與生活模式上也是以儒家爲主導，間以道佛二家稍充點綴。中國不像美國，並不是流動性的移民社會，因此更難具有多元主義與衆多選擇的有利條件。無論如何，以臺灣工業經濟爲主模的中國社會實有必要經由科技資訊化與民主自由化，逐步蛻變而爲一個後現代的開放社會，而與美國爲首的先進國家並駕齊驅。思想文化的多元發展與生活職業的衆多選擇旣是構成開放社會的一個必需條件，我們應該通過學校教育與大衆傳播訓練大中學生與社會人士日日擴大他們的眼界，多所了解多元發展與衆多選擇在開放社會的意義與價值。

專就思想文化言，雖然儒家獨尊的局面早已過去，我們還未完全擺脫傳統儒家的單元性（甚或自我閉鎖性）簡易思維心態，而從多元主義的開放性觀點鼓勵各種東西思想文化之間的公平競爭與相互挑激。擧例來說，多半的中國思想家們過份執守儒家立場的結果，一味排斥中國佛學，視如乃不過是印度佛敎的同質延伸，却不及細查中國化了的大乘佛學在形上學、心性論、解脫論等等對於傳統儒家可能構成的挑激，遑論吸取大乘佛學與禪道的正面資糧以便開拓更廣更深的現代化儒家理路了。特就心性論一點來說，儒家思想家們如能開放他們的哲學胸襟，當可了解到，孟子一系的儒家性善論一方面深化而爲王陽明致良知敎，由是成立道德的理想主義，另一方面對於現實人生的黑暗面却不及佛敎「無明」說（甚或耶敎「原罪」論）的深透。難道儒家思想家們無力綜合儒家本身的性善論與佛敎無明之說，建立同時兼顧理想與現實雙層生命的現代化心性論嗎？難道他們永遠想在感情上預先肯定儒家道統，然後再去設法解決儒家思想文化的現代化課題嗎？還是應該廣從多元主義的觀點，首先考察儒家的功過得失，然後才去考慮是否批評地繼承並創造地發展儒家理路，或是綜合儒家與其他可取的思想文化呢？我深信，今日中國的知識份子如在思想文化層面能够發展一種多元開放心態，以取代傳統的單元簡易心態，這對於他們虛心學習東西新舊思想文化的功過得失，當有莫大的益處。奈斯比特所提美國近年的多元發展趨向，對於深受傳統儒家單元心態的中國知識份子來說，是很有啓迪意義的。

四、邁向多元發展的未來

今天以臺灣工業經濟爲主模的中國社會，已受西方高度科技的鉅大影響，且面臨着美國的多元社會在思想文化、學術研究、藝術創造，乃至生活模式等層面所具有着的强有力的挑激。我們一方面要推動高度科技的急速發展，另一方面也要謀求高度科技與（精神層次）高度感應之間的均衡，以便完成電腦資訊化與民主自由化的時代課題。我們所要達成的均衡，應是中國本位意義的；但這不等於說，我們祇需重複淸末以來「中學爲體，西學爲用」的老論調。我們所應該强調的是，一種容許中西可以互爲體用的多元發展與衆多選擇意義的新式中國本位論。這是一種艱鉅的精神課題，有待我們大家努力。

美國近年來在各方面的多元發展與衆多選擇趨向，也產生了某些弊害，令人擔憂。奈斯比特沒有提到這一點。其中一個弊害是，極端個人主義或自我中心的任性主義容易滋長蔓延。不少美國人，尤其是年輕一代，過份享受個人自由的結果，往往誤以自由（freedom）爲肆意或任性（caprice）。個人自由的濫用，容易釀成反人倫道德的放肆行爲。存在主義大師沙特（Sartre）雖然高倡個人實存的絕對自由，他却深深了解到，絕對自由與全面責任是一體的兩面；每一個人的自由行爲乃是負有自我全面責任的行爲。就這一點來看，我們不能容許漫無限制的多元發展與衆多選擇；我們中國本位的多元發展與衆多選擇至少應該講求「人倫道德意義的自我責任」這個原則。現代化之後的儒家思想文化仍有助於我們遵守這個原則。不過，我們必須避免傳統儒家泛道德主義的單元式簡易心態。總而言之，我們今天應該建立一種既有多元開放性（中西互爲體用）又有全面性責任（個人與社會的雙層連帶責任）的新時代中庸之道，以便完成中國社會的科技資訊化與民主自由化使命。

（一九八三年九月十二日清晨於費城近郊，原載中國時報十月三十一日人間副刊）

·《蛻變中的美國社會》

人人參與的高度民主
——最新暢銷書「衆多趨向」評介之四

「衆多趨向」(Megatrends) 作者奈斯比特 (John Naisbitt) 在本書第七章論述近年來美國的民主體制如何配合資訊科技的急速發展而百尺竿頭更進一步，從兩百年來幾乎一成不變的「議會代表方式的民主」(Representative Democracy) 傳統步步趨向「人人參與的民主」(Participatory Democracy) 生活。本書第五章「從集中體制到分散體制」也敍及美國政治之種種如何漸從華府中央轉移到各州各地，人人參加政治活動，一切從最基層想起做起。第六章「從公共機構的輔導補助到自力自助」也敍述近年來在各城市各鄉鎮，美國人民如何逐漸擺脫對於公共機構的依賴，而以人人參與、自力自助的高度民主方式共同解決醫療工作、學校教育、社會風化、消費者利益保障等等問題。我在這裏專就第七章所提到的人人參與的民主趨向做一評介。

一、七十年代是人人參與的高度民主的真正起點

美國到了七十年代，人人參與的高度民主趨向開始明朗化，一般市

民、工人與消費者向政府機關、企業公司以及商場日日要求且獲得更多的發言機會。指導人人參與的民主體制的基本原則是：任何政治、經濟、文化、教育上的決議決策，祇要對於有關人民的生活與利益有重大影響的，有關人民就有資格參與議案的公開辯論與最後表決。人人參與的民主方式不但徹底改變了美國地方政治的體制與外貌，也同時逐步引起了中央政治的方向變化。七十年代可以說是人人參與的高度民主運動的眞正起點，美國各地的一般公民紛紛通過創制權與複決權的雙層運用開始影響整個政治趨向。人民自動創制議案，自動複決議案，充分發揮了「直接民主」的威力。新議案的創制，首先總由較有識見而又熱心的當地少數公民帶頭發動，經過一番輿論的醞釀，漸會激起一般選民的關心，而有關新議案表決的投票率也隨著選民的關心與參與日益增高，有時竟達百分之九十。人人參與的高度民主多半始於政治問題的公開辯論，然後逐漸推廣到一般企業公司與商場等等方面。

兩百年前美國經由革命創造了議會代表的民主體制。一般公民因種種實際困難不便直接參與政治，故以間接民主的方式選出人民代表，送到各州議會與聯邦國會，做爲人民的喉舌。能爲選民說話且保護他們利益的代表就有再度獲選的希望，否則祇有退出政壇。議會代表方式的民主體制兩百年來已成傳統，一直實行得極其順利成功。由於近年來通訊系統的全面發展與資訊社會的逐步形成，選民的資訊知識也隨着豐富起來。在人人可以卽時分享資訊知識的今天，美國選民已能體現（近代英國哲學家培根所說的）「知識就是力量」，不必再轉彎抹角經過議會代表表示他們自己的意見，反而自動出面，直接從事於各種議案的創制與複決了。這也就是說，議會代表的民主傳統似已完成了歷史的使命，在資訊社會顯得落伍無用了。此一傳統所以還能存在，多半基於兩個理由：①美國人民兩百年來一直養成這個政治習慣，一時不便更改；②議會代表的間接民主仍有政治上的種種方便，譬如選民毋需花費太多的時間，去討論大大小小的所有政治問題，或爲大大小小的議案一一投票。一方面保持傳統的議會代表民主體制，另一方面推動人人參與的高度民主，這樣一般選民就可以多花時間在對於他們的生活與利益有特別影響的議案議決了。

二、傳統兩大黨制度漸漸變成有名無實

議會代表的民主體制逐年失效，也同時意味着傳統的兩大政黨（民主黨與共和黨）制度也漸漸變成有名無實。以國會現有的五百三十五位議員爲例，他們雖在名義上屬於民主黨或共和黨，實質上他們必須聽從各別所屬地區的多數選民的意見；他們對於國會議案的贊成與否所根據的多半是選民的意願，而不是所屬政黨的指示。對於所屬政黨忠心耿耿的傳統觀念已在消失，而這些年來各層議會代表改變政黨認同的實例也屢見不鮮。再者，許許多多原屬民主黨或共和黨的選民，也有放棄原有黨籍而自任「無黨無派」(Independent) 的新傾向。一般美國人逐漸了解到，議會代表究屬何黨都不是問題所在，最重要的是代表本人有否處處踐行向選民「負責說明的（政治）義務」(accountability)。

美國公民雖對有關地方政治議案複決的投票率極高，但對全國性大選的投票率愈來愈低。此一政治投票的新趨向一方面證實，在一般公民的心目中議會代表的民主體制愈來愈不重要；另一方面也顯示美國公民已不太關心誰在上面領導（從總統到國會議員），因爲他們對於美國法制的鞏固（人人守法，法律之前人人平等）與人人參與的民主新方式極有信心。奈氏批評美國一般政治分析專家說，他們並不太了解全國性大選的投票率每下愈況的眞正意義。依他個人的觀察，選民的資訊知識愈

多，教育程度愈高，政治判斷力愈强，他們就愈有主動決定該不該投票的能力。因此，投票率的逐年降低並不表示美國選民對於國家政治毫不關心，反應看成他們已有決定投票與否的高度政治自覺。

美國公民在各州各地創制議案，而由多數選民投票通過，雖表現了高度的民主作風，但也可能產生兩種弊害。其一是創制權的頻繁運用容易引起更多的賄賂、舞弊、非法捐助競選費用等等問題。其二是多數選民（如白人）所贊成的議案有時難免危害少數民族（如印第安人）的人權。不過，避免這類弊害的措施並不困難，譬如議案創制之後必待法律上的審查等是。關于少數民族的人權保護，其先決條件是在聯邦憲法與各州法律要有清楚的條文規定與解釋。

人人參與的高度民主不但在政治上發揮威力，也開始影響到企業管理。消費者運動、大小股東集體行動等等方面。奈氏進一步說，人人參與的民主方式在村社組織與私人生活方面（如結婚、家庭、友朋等）也在發揮效用。在五十年代，一家組織人（家長）可以對他所有家屬說，他已決定「明天辭職，後天搬家。」但在今天，許多美國家庭已有人人參與的生活習慣，家長的辭職與搬家與否不是他個人所能單獨決定的了。人人參與並不等於一片散沙。在人人參與的民主生活裏，能起作用的領導者是一個在議決過程中深懂如何推動人人參與的聰明人。奈氏的結語是:「新的領導者是個推動者（facilitator），而不是命令者（order giver）。」

二、高度民主制是多元主義開放心態的政治成果

誠如奈氏所說，美國社會從議會代表的民主傳統步步趨向人人參與的高度民主，還是這十幾年來的事，不得不令人感嘆「羅馬不是一天造

成的」。直接民主的理念與體制濫觴於古代希臘，但其實現祇局限於小小的城市國家；法律之前人人平等的法治觀念則源自古羅馬帝國的政治體制，然而奴隸階級的存在却暴露了古羅馬法的褊狹與虛僞。西方人眞正開始了解並倡導普遍意義的民主、自由與人權，還是近代歐洲民族國家逐漸形成以後的事。美國大革命時期的政治領導者創造地轉化了近代歐洲的民主自由與人權理念，藉以建立一種適用於新大陸的議會代表式民主體制，兩百年來一直成爲美國的政治傳統。而在今天從工業社會轉進資訊社會的同時，一方面仍然維持議會代表的老傳統，另一方面又能趨向人人參與的直接民主，這可以說是奈氏所倡「高度科技與高度感應均衡（相輔相成）原理」的一大實用實例，也實在是美國政治的一大突破。此一突破充分表現出開放社會所特有的自我調整與伸縮自如的極大政治潛能。此一突破也同時顯示我們，自古希臘城市國家（如雅典）初創直接民主的理念與體制以來，西方人前後花了兩千五百年，曲曲折折經歷了無數次「試行錯誤」（trial and error）的辯證過程才有了美國今天的政治成就。就深一層說，人人參與的高度民主體制與生活方式乃是近代西方「多元主義的開放心態」（the mentality of pluralistic openness）所必然導致的政治成果。近代歐美各國在政治社會理論與實際政體法制方面的互相挑戰、回應、學習與溝通，便是多元主義開放心態的應用實例。

反觀我國，兩千五百年來儒家內聖外王之道幾乎一成不變，形成所謂「道統」，無形中造成了容易自我滿足與自我閉鎖的單元式簡易心態。這種簡易心態，如表現在禪宗或陸王心學所形成的個人生活智慧與解脫之道，可以有利無弊，但如應用到政治社會的巨模倫理（macro-morality）則問題重重，毛病百出。我們今天如要開拓一條現代化而又適當可行的外王之道（亦即政治社會哲學及其實際應用），首須設法綜合我們傳統單元式簡易心態與西方人原有的多元式開放心態，由是建立中西互爲體用的未來中國民主自由政治體制出來。如何適當地綜合中西兩種思維心態或模式，確是一件艱巨的敎育工作，必須兼顧學校敎育與社會敎育的兩面，其中一個重要課題，是在如何培養更多的現代化敎育工作者，既能了解又能運用中西互爲體用的道理，而爲下一代學子親自示範。譬如一個大學敎授儘可以身作則，在課堂上醞釀一種人人參與的民主討論氣氛，在問題之前不分師生高低，共同探討，彼此批評，而以多元開放的客觀態度集思廣益地一一評衡各種可能處理辦法的優劣得失，從中尋獲適當可行的解決線索。這種多元開放的師生共同辯論方式，乃是推動人人參與的高度民主作風最起碼的基本敎育訓練，不但不違背中國固有的尊師重道，反能彰顯此一美德的現代化意涵，而將誤以尊師重道爲「祇有學生聽老師，沒有老師聽學生」的傳統單元式簡易心態糾正過來。

人人參與的高度民主雖是美國近年來的政治突破，但仍不能說是盡善盡美。奈氏本人過份强調此一趨向的結果，似有忽視議會代表的民主傳統本身所具積極作用之嫌。十年前尼克遜總統因水閘事件被迫下臺，美國法制一時陷於混亂與危機；這十年來又有一些國會議員由於行爲不檢，鬧出被檢擧甚至入獄等等令人搖頭的政治醜聞。這些負面現象當然影響美國人民的政治心理，而誤以爲議會代表制已經落伍無用。其實問題並不在此一體制落伍與否。美國政治的當前最大課題之一，是在議會代表制與人人參與的高度民主雙管齊下與相輔相成的條件下，如何通過學校敎育與社會阻止過度自我中心主義的氾濫。開放性的多元主義與民主自由以及人權的强調擁護，不應意味着對於純粹利己主義或極端放任主義的鼓勵。美國人民今天所需要的政治訓練是，每一議會代表與每一選民，在議案創制與複決的辯論與投票，都應該放棄專從個人利益出發的想法做法，而代之以多元開放而又公平客觀的普遍（超個人與黨派）觀點。這樣才能算是眞正的高度民主。同時，奈氏所提「新的領導者是個推動者，而不是命令者」，也應加上一個道德條件：「新的領導者不但是個推動者，也是一個具有自我責任感與人類道德感的誠實君子」。就這一點來說，現代化之後的儒家內聖之道，仍有它的時代意義與價值。

（一九八三年九月十六日撰於費城近郊，原載中國時報美洲版十一月十八日人間副刊）

關於「安易死」的道德問題

在八十年代，有三項關涉死亡（致死）的法律問題仍爭論不休，迄無可望共識共認的定案。這三項是墮胎（abortion）、死刑（death penalty）與安易死術（euthanasia）。法律所由形成的理據（道理上的根據）既不外是決定是非對錯的人倫道德（human morality），深一層地說，所有法律問題終必歸屬道德上的道理問題。換句話說，祇有道德的理由（moral reason）才能構成創制或廢除任何法律規章的終極理據。我們有時看到某些教徒以宗教（如天主教）的理由反對墮胎或安易死術，但是宗教的理由乃屬個人信仰，並不具有道理強制性。我們討論法律規章存廢與否的問題，不應容許道德理由與宗教理由的混淆；這就說明了爲甚麼在美國的國家憲章特別規定政教必須分離。現在且讓我依「法律基於道德理由（道理）」，談談安易死術的是非對錯。

我們慣用「安樂死」一辭當做英文「euthanasia」的中譯，此英文字源於古希臘語，意謂「安易（而無痛苦）死」（easy death），並無所謂樂不樂，可見「安樂死」不是適當的中譯名詞。近年來由於醫藥倫理學（medical ethics）這一新興熱門的探討結果，美國法律對於死亡的定義逐漸有所改善，譬如基於心肺情狀（cardiopulmonary）的定義與神經學（neurological）的定義之分辨，而有「腦死」（brain death）等新概念或新名詞的產生。英文名詞「euthanasia」除了「安易死」這個本有的意涵之外，也隨着加上「(醫學上爲了結束不治之症患者的痛苦而施行的）無痛致死術」的新意涵了。基於此故，我創譯的「安易死（術)」應該取代大家慣用的「安樂死」。

由於「安易死」概念在醫藥倫理學與法律學上有所擴充，目前已有主動的（或積極的）與被動的（或消極的）安易死術之分。如果醫生直接有意地以針藥等積極方式促使不治患者加速死亡，就是主動的安易死術；如果不取任何積極行動，不過儘量不幫患者繼續維持生命，譬如不再繼續使用人工呼吸器等等，則是被動的安易死術。同時，又有自願的與非自願的安易死術之分，兩者的分辨端在有否不治患者的自我意願或選擇在內；如有，就是自願的，如無，則是非自願的。

不少美國人用「慈悲殺死」(mercy-killing）與「讓其死去」(letting die）的表達方式去了解主動的與被動的安易死術，多半的目的是在贊成（或至少閉眼容忍）被動的安易死術，但要絕對反對主動的安易死術，因爲後者對他們來說，仍是一種「殺人」。事實上，在目前美國所有的州，主動的安易死術是違法行爲，至於被動的安易死術，則因州而異，仍無共識。但是，我們如果挖深道理，從道德觀點去考察，很難了解所謂「慈悲殺死」與「讓其死去」的眞正差別。尤其在不治患者自願接受安易死術的場合，從患者的觀點來看，只要能早點無痛苦地死去，不論是醫生帶著慈悲心腸主動「殺」他，還是只消極地放手不管，坐着「讓」他死去，道理上或實際結果上是完全一樣的。在患者自願接受安易死術的情形下，主動的與被動的安易死術惟一的差別，只在醫生或患者親屬的「不忍之心」而已。可是，我們如果贊成自願的安易死術，我們自已的「不忍之心」在道理上是多餘的，無助於患者的急切需求的。總之，我們如果贊成自願的安易死術，則主動的與被動的安易死術之分，就變成毫無理據可言。我在這裏所作的道理分析，多半的美國人恐怕還未仔細想過。

我們再就自願與非自願的兩種安易死術做一考察，也不難發現另一種道理：我們如果贊成後者，就非同時贊成前者不可。這個道理很簡單，患者本人的意願乃是安易死術問題的解決上最大的關鍵，我們如能贊成患者親屬（由於患者意識全失而無法自我表示）專爲患者着想而做非自願性質的安易死術選擇，又有甚麼特殊理由反對（未失意識或恢復腦袋活動的）患者本人的意願呢？但是，我們如果贊成自願性質的安易死術，道理上並不一定非同時贊成非自願性質的安易死術不可。這就說明了爲甚麼在現階段的美國，最高法院乃至各州法院處理有關由於不治患者已失腦神經作用而引起的非自願性安易死術的法律案件特別感到棘手，裁決上常常紛紜不一；也同時說明了爲甚麼醫藥倫理學家、法理學家甚至一般公民還互相激辯，從中設法摸得可望共識共認的答案出來。當然，我們如果徹底反對或絕對贊成任何安易死術，則自願的與非自願的，以及主動的與被動的兩種安易死術的分類，就變成多餘而無用了。

八十年代的美國已經邁入後現代化的資訊社會階段，上述安易死術的法理（法律所根據的道德理由）問題之澄淸與討論，充分例示美國法治體制與法律規章的日益細密化，足供我國吸取其中正面資糧與反面教材，而有助於我國未來的法治法規更趨完善完美。

（一九八四年六月七日晨二時於費城近郊，原載中國時報六月二十二日人間副刊）

·世界名著的再詮釋·

死亡文學的極致

——托爾斯泰「伊凡·伊里奇之死」的現代意義

整整一百年前（一八八四）的這個時候，停筆多年的天才作家托爾斯泰（Leo Tolstoy）東山再起，着手撰寫中篇小說「伊凡·伊里奇之死」(The Death of Ivan Ilych)。「戰爭與和平」與「安娜·卡列尼娜」的兩大部長篇小說早已奠定他在舊俄文壇的鞏固地位，而他的文學成就與實際名聲也有凌駕屠格涅夫等前輩作家之勢。然而，托爾斯泰完成「安娜·卡列尼娜」之後將近八年未曾動筆寫過較有份量的作品。其中一個主要因素是，將屆天命之年的他對於幼少以來苦心探討的生死問題終獲個人改信（原始耶教）的解決線索，因而對於文學藝術本身的純粹美學價值頗爲懷疑，已無早年那種專意文藝創作的勃勃興致了。事實上，當他還未完成「安娜·卡列尼娜」，就對這部小說深感厭倦，「期望」有人能够爲他代筆趕完。他甚至對他兄弟表示，「我想告別人間的時候差不多到了。」

一向愛惜托爾斯泰文才的屠格涅夫，在一八八三年六月因病彌留之際，寄出一封書函給他，謂:「我寫信給你的主要目的，是想告訴你，我多麼高興能够與你活在同一時代，也同時想對你做最後一次的勸訴。我的朋友，回向文學吧！我如能知道我這封信對你將會產生小小的影響，我會感到多麼愉快啊！我是完了，連醫生們也診察不出我的病患所在。……我的朋友，俄羅斯泥土上的偉大作家，請聽我的祈求……。讓我最後一次緊緊擁抱你，你的愛妻與子女。我已拖不下去了，我疲憊不堪。」

屠格涅夫的祈勸似對托爾斯泰的捲土重來多少有過影響，因爲翌年在春夏之交，他終下決心，重新回到寫字枱邊埋頭勤寫，兩年之後完成了「伊凡・伊里奇之死」這不朽名篇，第三度轟動了整個歐洲文壇，絕讚之辭源源而來。著名作家斯塔索夫（Stasov）函告托爾斯泰說，他從未讀過如此精彩的傑作，「人間還未產生過這樣偉大的創作。與你七十頁左右的這篇相比，其他一切作品就未免顯得無足輕重了」。作曲家柴可夫斯基（Tchaikovsky）也在日記寫道:「我剛讀完『伊凡・伊里奇之死』，因而更加確信，托爾斯泰是地球上最偉大的作家。」

「伊凡・伊里奇之死」的創作靈感來自一八八一年一位法官瀕死之前針對往逝的生命歷程自我總結與評價的眞實故事。托爾斯泰經由夫人的轉述聞知此事，大大激發了他的寫作興趣與靈感。任何讀過他的日記與傳記（不計其數）的讀者都知道，西方文學史上幾乎找不到一個作家像他那樣懼怕死亡，也沒有一個作家像他那樣自幼幻想死亡（情狀），凝視死亡（眞相），並想盡辦法克服死亡。我們可以說，「伊凡・伊里奇之死」雖取材於那位帝俄法官的生死掙扎，實質上却反映着托爾斯泰自己多次有關生死問題的親自體驗，躍然紙上，充分彰顯他日後在「藝術論」（What Is Art?）中所極力標榜的「藝術爲人生」（art for life's sake）立場，算是我所說「體驗文學」（相對於我自創的德文名辭 Erlebnisliteratur）的代表性作品。總之，這中篇小說是托爾斯泰爲了超越生死大關而獲致終身不渝的宗教與道德的根本改信之後，首次發表出來的力作。從此以後，他的一切作品（包括第三部長篇小說「復活」與「藝術論」在內）全然抹去純文藝色彩，祇爲耶教的博愛主義與道德的社會主義服務了。

表面上看來，「伊凡・伊里奇之死」的情節與結構都很簡單，而故事的展開也多半平舖直敍，沒有複雜的曲折。因此，缺乏「創造的閱讀」（creative reading）能力的普通讀者，容易誤認此篇平淡無奇，不過爾爾，而完全忽略篇中種種「實存」（現實存在、眞實存在）的深意。其實，托爾斯泰善用他那平生最擅長的白描手法與寫實筆調所刻畫出來的人際關係與人間形象，以及所透視出來的（主要登場人物的）心理反應、（伊凡在死亡邊緣的）最後掙扎、（生死問題的）終極關懷等等，在一百年後的今天細讀，仍然具有發人深省與令人絕賞的現代意義。依我管見，這篇名作的現代意義與文藝價値，特別表現在我所云「實存文學」（相對於我自創的德文名辭 Existenzliteratur）與「死亡文學」（相對於我自創的德文名辭 Todesliteratur）的兩點。

先就第一點說，「伊凡・伊里奇之死」在文學創作層面十分預期了本世紀兩次世界大戰以來盛極一時的歐洲實存主義（或稱存在主義）的思想胎動與問題探索主要趨向，而與後起之秀陀斯妥也夫斯基的「卡拉馬助夫兄弟們」等名著互相構成實存文學的先驅典範之作，可以說對於整個現代實存文學運動的醞釀與發展，極盡開拓之功。一般中國讀者多少知道沙特、卡繆、卡夫卡等人在實存文學運動史上的地位，却不及理解「伊凡・伊里奇之死」對於此一運動所帶來的衝擊與影響，遑論它在實存文學的鉅大意義與價値了。

再者，我們知道，「實存」（existence）、「實存的抉擇」（existential

choice)、(性命交關的)「極限境況」(the border-situation)、「實存的本然性」(existential authenticity)、「實存的非本然性」(existential inauthenticity)、「(眞實)存在的勇氣」(the courage to be)等等實存主義的慣用概念,都是自一九二〇年代以來經由海德格(Heidegger)、雅斯培(Jaspers)、沙特、田立克(Tillich)等人的哲學探索而逐漸形成的。這些概念今天已是現代西方思潮方面的一般常識或口頭禪。但是一百年前,托爾斯泰居然能以「伊凡・伊里奇之死」的小說體裁步步挖深人在面臨死亡(極限境況)之時顯現出來的實存意識(不論是本然性的抑或非本然性的),實在不能不令人歎服他那生來獨特的生死體驗,犀利無比的心理描寫與實存分析,以及符應二十世紀實存主義思潮的(新)時代預感。

譬如海德格在劃時代的哲學名著「存在與時間」所作關涉生死問題的人存在分析,多半可在半個世紀以前問世的「伊凡・伊里奇之死」中找到實存文學的線索或例證。依據海德格的實存分析,其他物事(如鳥獸草木)祇不過「存在」(is)着,僅有人的存在才眞正「實存」(exist)着;人的存在本質上卽不外是單獨(孤單獨特)的實存,每一單獨的實存不得不在各別的人生旅途做他種種生命的(尤其是道德的或宗敎的)抉擇。這種萬物之靈特有的單獨實存性格,在我們自己面臨死亡而不得不取一種(本然的或非本然的)生命態度之時格外明顯。祇因人一生下來卽是「向死存在」,如何應付或解決生死問題,本來就是單獨實存的己分內事,絕非其他實存所能代爲負荷。實存地說,生命的每一時刻卽是往向死亡的時刻。然而,多半的人總是無謂地懼怕死亡,逃避死亡,儘在日常世俗的時間流逝過程當中埋沒自己本然(本來如此、本應如是)的「向死存在」,暫時忘却死亡的威脅,這就表現了一種實存的非本然性。但如我們時時刻刻面對終不可避免的死亡,以實存的決意預先肯認「向死存在」的生命弔詭，因而踐行單獨實存的自我超越，則自我埋沒的非本然性就當下轉成本然性，充分彰顯實存的自由抉擇與自我責任了。托爾斯泰描敍伊凡罹患絕症之前的非本然性生活方式，以及之後的內心掙扎乃至解脫的轉醒過程，實與海德格環繞着「向死存在」所嚐試的本然性與非本然性之間的實存分辨，前後契合，所不同的只在：一是文學白描，另一則是哲學探討罷了。

托爾斯泰描敍伊凡生涯的開頭一句，今天常被文藝批評家引爲名言：「伊凡·伊里奇的往日生活最是單純，且最爲平凡，故是最可怕的」。我們如何去理會這句頗富弔詭的話語呢？托爾斯泰用他乾淨寫實的拿手描法敍述伊凡患病之前的安定生活：像他父親，伊凡順利升爲高等法官，一切如意，他的社會地位令人羨慕；雖無眞正的夫妻恩愛維繫長久的結婚生活，但有子女與大房子，過的是無憂無慮而頗有規律的日常生活；稍感無聊，則以跳舞、打牌之類消磨時光。總之，「他們就這樣生活，一切安好而無變化，人生愉快地流逝過去」。如此「最是單純且又最爲平凡」的日常生活，豈不就是我們大家所能心滿意足的人間生活？然而，等到他患上不治之症，伊凡開始了解到，所謂「最單純最平凡」爲什麼又是「最可怕」的了。由於不幸罹患絕症，伊凡反而有了機會能在「單純平凡」的日常世俗（非本然性）發現「最可怕」的「向死存在」了。然而，「向死存在」眞的是「最可怕」的嗎？最可怕的難道不是「向死存在」的實存本然性在單純平凡的日常人間隱沒不顯的嗎？

可憐的絕症患者伊凡，在生命盡頭經過多次愛與恨，希望與絕望交織而成的內心掙扎，在瀕死的時刻忽然解悟，死並不是特定物事（如老虎），也不是「一無所有」。他忽然發現，往昔對死的無謂「恐懼」無形中消失不見了。在最後的片刻，伊凡終於醒悟，人的「向死存在」原本如是；這實存的終極覺醒使他看到光明，取代了死亡。他頓時大喊：

「原來就是這麼一回事。……多麼愉悅啊！」在最後一秒鐘，他心中自言：「死是完了，不再有了！」於是做了個長呼吸，軀體往外伸直，就這麼死去。托爾斯泰的描敍，是如此簡潔，毫無說教，却留下無窮的暗示，令人沉思回味！人人的生死命運，豈非本然如是？伊凡的掙扎與解脫，豈非象徵着人人之所同然？然而，當伊凡的同事們聽到他的死耗，各人當時的心理反應是，「還好是他死，而不是我自己」。這種暫時的（非本然性的）自我「安慰」，我們可在海德格的「存在與時間」看到精闢的實存分析，他在書中一個小註特別提及「伊凡·伊里奇之死」，可見托爾斯泰的名作對於他的實存哲學有過相當的影響。

再就第二點說，「伊凡·伊里奇之死」可以看成「死亡文學」的最高成就。正因如此，一九五〇年代晚期以後，在歐美各國逐漸盛行的新興學科「死亡學」(thanatology) 與新興熱門「死亡教育」(death education)，以及有關絕症患者臨終心理的精神醫學與精神治療等等，這些年來經常使用這篇小說，當做不可或缺的參考資料。事實上，大學課程「死亡問題」(Death and Dying) 的標準教科書，也常收錄這一篇，譬如四年前威爾 (Robert Weir) 教授所編的「文學中的死亡」(Death in Literature)，就在結論部份專收這篇，可見它的現代意義。這在精神醫學方面尤其顯著，我們不妨擧個例子加以說明。

這幾個月來，美國非營業性的電視媒體屢次播放以「生活下去，死而後已」("To Live until You Die") 爲題的一小時電視節目，介紹精神醫學專家基布勒羅斯 (Elizabeth Kübler-Ross) 三十年來的業績與貢獻。在電視上出現的她，有如聖人，以和藹慈祥的態度應付男女老少的絕症患者所面臨的種種心理問題。她極有耐心地靜聽瀕死老人的憤怒與恐懼，與他分憂；她與病入膏肓的老婦促膝對談，鼓勵後者在最後關頭不斷探索生命的終極意義。她與絕症男童遊戲，分析他繪出的圖畫所象徵著的蘊含；她安慰男童的父母說，小孩子們面臨死亡，並不像成人那麼害怕。基布勒女士曾把精神醫學的臨床經驗寫成一書，題爲「關於死亡與臨死過程」(On Death and Dying)，多年來洛陽紙貴，已賣出了幾百萬册，被公認爲死亡（精神醫）學的第一書。她的工作旨趣，是在了解絕症患者的心理反應與精神需求，與他們分享（而不是向他們硬塞）有關他們病症的醫學知識，同時儘量幫助他們保持人性的尊嚴，心安理得地走完人生旅程的最後一段——也是最重要的一段。

基布勒女士在她書中分析一般絕症患者所經歷的心理反應，大致分爲五個階段：①否認與孤離（即在開頭否認自己實患絕症，但又心理上自我隔離）；②憤怒（將不平不滿的情緒向醫生、護士或家屬一時發洩）；③討價還價（即向上帝發誓重新做人，祈求上帝讓他多活數年，多做好事）；④消沈沮喪（即對抗絕症的意志漸漸消沈，自知無望，算是臨終以前的準備階段）；⑤接受（即在最後關頭終於認命而接受死亡的來臨）。我們如果細讀「伊凡・伊里奇之死」，則不難發現，托爾斯泰的心理描寫淋漓盡致——如伊凡對醫生的不信任，對上帝的埋怨，對妻女外出的嫉妬與憤恨，絕望無助的孤離感，在生命盡頭對於死亡的接受等等，十分預取了基布勒女士觀察所得的心理反應及其階段之種種，實在令人感嘆不已。

我們深受儒家傳統的影響，一向講求「愼終追遠」，但是我們對於絕症患者死前的心理反應與精神需求，做過甚麼深一層的考察與研究？我們是否眞正了解過，托爾斯泰與海德格在文學與哲學兩大層面分別展示的單獨實存的「向死存在」意義？我們是否應該多從西方對於死亡問題的探討成果吸納一些正面資糧，藉以開創中國本位的一套「死亡之學」？金庸以後的中國武俠小說，能否經過一番實存的昇華作用（existential sublimation），脫胎換骨，轉化而爲有如「伊凡・伊里奇之死」一般的第一流正宗文學作品？我們且拭目以待吧。

（一九八四年七月十九日下午於費城近郊，原載中國時報美洲版八月三十一日與九月一日人間副刊）

巴哈與韓德爾的三百年誕辰

一、兩大作曲家的三百年誕辰

去年聖誕節前後，巴哈（Bach，1685—1750）與韓德爾（Handel，1685—1759）的宗教音樂作品，在歐美各地的電視與電台所播放的次數顯然比往年加多，尤其是巴哈的「聖誕清唱劇」（Christmas Oratorio）與韓德爾的「彌賽亞」（Messiah）爲最。灌製他們（尤其巴哈）作品的唱片也大有增加，使稍具音樂史知識的古典音樂迷都預感到，這兩大作曲家的三百年誕辰行將來臨。整整三百年前，韓德爾在二月二十三日出生，約過四個禮拜，巴哈也在三月二十一日呱呱墜地。在他們的時代，巴哈的創作天才不受重視，他的作品也在死後等了八十年才被孟得爾頌（Mendelssohn）等第一流音樂家重新發現其中不朽的藝術價值。韓德爾則不然，生前已公認爲歐洲當時首屈一指的作曲家。但是兩百年來，韓德爾對於古典音樂的發展所具有的影響力遠不如巴哈。音樂評論見仁見智，貝多芬（Beethoven）對於韓德爾五體投地，曾說:「我對他屈膝跪下，因爲韓德爾是所有出現過的作曲家中最偉大而最有能力的人」。以歌劇創作擧世聞名的華格納（Wagner）則說:「巴哈的作品是一切音樂之中最偉大的奇蹟。」無論如何，有一點所有音樂評論家都不得不承認的事實是，巴哈與韓德爾的音樂作品不但代表了巴羅克（Baroque）時期（一六〇〇——一七五〇）古典音樂的最高成就，也同時象徵着近代古典音樂的眞正起點。

巴哈與韓德爾都生在德意志中部的同一地區，但彼此之間未曾有過見面的機會。兩位都是具有宗教虔誠的作曲家，以宗教音樂爲他們創作的最高表現。韓德爾的學問知識極其廣博，算是國際性的文化人士；巴哈的知識範圍則祇限於音樂以及聖經之類的宗教書籍而已，但以精通取代廣博。韓德爾的人生觀與宗教信仰單純而樂觀，自認是神的良友，也深信自己死後一定會進天國。巴哈則畏懼上帝的懲罰，深怕死後墜入地獄，故在不少宗教音樂作品，自始至終以讚美神的榮光與感謝神的恩寵爲主旨。巴哈自己曾說:「音樂（創作）的目的與終極理由應不外是神的榮耀與心靈的再創生。」

二、韓德爾自認是神的良友，巴哈則畏懼上帝

巴哈與韓德爾的家庭背景與生活方式完全不同。巴哈生在綿延七代的典型音樂家庭，父親是頗受尊敬的小提琴家，他自己更是歐洲當時數一數二的超級風琴聖手，且在小提琴、古鋼琴等樂器的彈奏技巧也極出色。據說在十八世紀之初，包括巴哈本人在內，德意志境內共有三十位與他同姓同族的音樂家佔據風琴師的職位，而在爾扶特這個市鎭，凡是稍有名氣的音樂師一律稱呼「巴哈」，可見巴哈這一家族在德意志音樂史上的顯赫地位了。巴哈死後，他的子女之中也有幾位以作曲家成名，名氣還在乃父之上。韓德爾的家庭背景則不然，毫無音樂的家學淵源可言。他對自己的家世也一向守口如瓶，未曾留下任何私人記錄，因此我

們對他的幼少時期所知不詳。

巴哈不到十歲卽失雙親之怙，而由長兄撫養，少年時期常在教會圖書舘埋頭研究樂譜，幾乎背熟了所有閱過的樂譜。十九歲時獲風琴手職事，開始自立。他的生涯單純而平凡，足跡未曾離開德意志境一步。他在音樂家中算是性慾最强的一位，所生子女也最多，共二十個。前妻爲他生下七個子女（但死了三個），而在一七二〇年去世。一年之後巴哈再娶一位喇叭手的女兒，她也爲他生了十三個子女。巴哈爲了提高她的音樂素養，創作了「法國組曲」、「英國組曲」等等優美的古鋼琴曲集。

三、韓德爾生前盛名卓著，巴哈則藉藉無名

巴哈晚年他們一家搬到萊布錫市居住，前後二十七年，直到他死爲止。他在市內的地方教會就領唱職，地位不高，音樂活動却繁忙雜多，除了彈奏風琴、古鋼琴、小提琴等外，還敎小孩子們的拉丁文與音樂課，也爲所屬教會經常（幾乎每週）創作以合唱爲主的宗敎音樂作品，如「B小調彌撒曲」、「復活節淸唱劇」以及兩百首以上的「康塔塔」（Cantatas）之類。他的家庭經濟毫不寬裕，住的是冷暗而缺少衞生的房子，難怪在萊布錫時期所生下的第一批八個子女，竟死了六個。巴哈後來由於視力衰弱，乃由一位曾經試醫韓德爾目盲而未成功的眼科名醫開過刀，也一樣無法治癒而終於目盲。但在死前一段時間稍又恢復一點視力，他就趁此趕緊修訂最後的傑作「賦格的藝術」（Art of the Fugue）。巴哈死後，墳墓沒有任何識別，到了一八九四年才有人發現到他的棺材，重新埋在同一教堂的公墓裡。他的音樂作品，連名聲超過乃父的幾位兒子都沒有好好重視。到了一八二九年，孟得爾頌在柏林演出巴哈的最佳名作之一「馬太受難曲」（St. Matthew Passion），世人才開

始發現巴哈的天才。四年之後又有另一部清唱劇「約翰受難曲」(St. John Passion) 的演出，而使人們更進一步賞識巴哈的作品，到了一八五〇年，「巴哈研究會」正式成立，由是開始有規模地蒐集、整理並出版他的無數作品。今天我們已能看到幾乎全部的巴哈原作。

韓德爾幼少時雖無巴哈的音樂環境，却極熱衷於古典音樂，且學成了風琴彈奏的高級技巧。一七〇三年他辭去小風琴手職事，改去漢堡擔任歌劇院交響樂團的第二把小提琴手。三年之後又去義大利，開始創作義大利歌劇，而在一七一〇年帶了新的歌劇作品「黎那多」(Rinaldo) 到倫敦演出，一夜成名，不但奠定了自己的作曲家聲望，也為當時英倫的義大利歌劇建立了新的規準。韓德爾因故暫回德意志一趟，但在一七一二年秋天又回到倫敦，從此定居異（義）國，直到他死，共有四十七年之久。

韓德爾不到三十五歲就已擔任新設的倫敦皇家音樂學院總指揮，而以「阿西斯與加拉蒂亞」(Acis and Galatea) 等多齣義大利歌劇以及「水上音樂」(Water Music) 等交響樂曲，躍居歐洲當時最著名的作曲家地位。然而，他也遭遇到兩三次人生挫折。最嚴重的一次是在一七二八年，韓德爾的義大利歌劇作品已被認為過時，由「乞丐的歌劇」(The Beggar's Opera) 等新興的英國民間歌劇取代，而音樂學院又宣告破產，他不但蒙受種種侮辱，也因債臺高築而差點入獄。但是，堅忍不拔的他每有挫折都能保持鎮靜，捲土重來，挽回他的作曲家聲望。當他發現英倫聽衆已對他的義大利歌劇作品生厭，他就懂得另找創作靈感與音樂形式，而在清唱劇發揮他的眞正潛能，寫出了「猶大・馬加比」(Judas Maccabaeus)、「掃羅」(Saul)、「塞墨勒」(Semele)、「參孫」(Samson)、「以色列人在埃及」(Israel in Egypt) 等等名作。

四、「我想上帝訪問了我」

歌劇是一種綜合性的「音樂戲劇」(music drama)，包含音樂（歌唱爲主，而由管弦樂隊伴奏)、戲劇、詩歌、舞蹈、舞臺設計、化裝、燈光等等藝術成素。清唱劇則以宗教事迹或史詩爲題材，不用佈景、服裝、身段表演等等歌劇所必需的成素，多由宣敍調、咏嘆調與合唱構成，而無對白與舞蹈，與鎭魂曲、受難曲的體裁類似。韓德爾與巴哈一樣，是精力充沛而肯下苦功的作曲家，作品產量也一樣驚人，包括四十六齣歌劇，三十二部清唱劇，一百以上的歌唱作品，許多（古）鋼琴曲與交響樂作品等等。在如此之多的作品之中，足以奠定韓德爾永垂不朽的作曲家地位的，當然首推風行兩百多年的「彌賽亞」清唱劇，次推「以色列人在埃及」等極少數的歌劇（他的歌劇多半早已過時)，「水上音樂」與「G小調小型協奏曲」等交響樂曲，以及「E大調第五古鋼琴組曲」中的一首著名曲調，題名「和諧的鐵匠」(The Harmonious Blacksmith)。

音樂史家一致公認，韓德爾祇靠「彌賽亞」這部作品就可以躋身於超級作曲家的行列。一七四三年三月二十三日，「彌賽亞」在英倫首次上演，英國國王也在場聆聽，當時聽到「哈利路亞合唱」(Hallelujah Chorus）這一段，忽地肅然起敬，情不自禁地站起來。全場聽衆看到國王如此，也隨著站起，直到國王坐下爲止。此一「歷史的表態」(a historical gesture）今天已成一種「音樂傳統」(a musical tradition）每當「彌賽亞」演出之時，到了「哈利路亞合唱」的一段，全場聽衆都得站起，直至此段合唱結束爲止。韓德爾的宗教心不及巴哈之深，但他在創作「彌賽亞」時也無形中變成「沉醉於神」(God-intoxicated）的人。據說當他寫完「哈利路亞合唱」這一段時，向他傭人大喊:「(在創作這一段時) 我確想自己看到了天堂與偉大的上帝就在眼前」。又據他的傭人說，每當宗教的莊嚴辭句湧上心頭，他就一邊寫在紙上，一邊流著眼淚。又當「彌賽亞」的最後部分「阿們！」(amen) 寫成，韓德爾對他醫生說:「我想上帝訪問了我」。

五、近代古典音樂之父

韓德爾的創作才華多半顯現在清唱劇，也稍表現在歌劇與交響樂曲。巴哈沒有寫過歌劇，但在他所試過的所有音樂創作形式都顯出了他的潛能。他的風琴作品在音樂史上佔有最高位置，而他的（古）鋼琴作品，如「哥爾德堡變奏曲」(Goldberg Variations) 與「平均律鋼琴曲集」(The Well-tempered Clavier)，一直是學鋼琴者必須學習的標準教材。他的幾部清唱劇足與韓德爾的「彌賽亞」平分秋色，而他的「B小調彌撒曲」已被公認爲所有古典音樂作品之中最偉大的一部。除了合唱音樂之外，他所寫過的交響樂曲，如四首交響組曲，六首「勃蘭登堡協奏曲」(Brandenburg Concerti)，「D小調雙提琴協奏曲」，以及另外兩首（A小調與E大調）小提琴協奏曲，都是令人絕賞的第一流作品。巴哈又是嘗試鋼琴協奏曲創作形式的第一位作曲家，寫過七首，而以D小調的第一首最爲優美。他還寫過小提琴與大提琴的獨奏曲各六首，半夜聽來有如天籟天樂；所曾灌製的唱片之中，以俄國（早入美籍）小提琴家米爾斯坦（Nathan Milstein）與年輕的中國大提琴家馬友友所灌過的最受歡迎。

巴哈與韓德爾是近代古典音樂的兩大開拓者，尤其巴哈對於莫札特(Mozart, 1756—1791) 到以史特拉汶斯基 (Stravinsky, 1882—1971)

爲首的現代古典音樂所具有的影響更爲深遠，實可稱爲「近代古典音樂之父」。讓我們好好紀念這兩大巨人的三百年誕辰。

（一九八五年二月八日撰於費城郊外，原載中國時報三月二十一日人間副刊）

川端康成與傳統美的再發現

一、對傳統美再發現、再創造

一九六八年十二月十日，當瑞典學術院授與川端康成（一八九九—一九七二）諾貝爾文學獎時，該院常任理事埃斯特林在「歡迎演說」中提到川端文學的兩點特質。其一，川端年幼卽失雙親，而與病弱目盲的祖父相依爲命，十六歲時又失祖父（見川端最早期作品「十六歲的日記」），變成孤兒。這對川端的人生觀極有影響，且爲日後鑽研佛敎思想的一大因素。其二，川端早年雖受西方（超）現實主義思潮的影響甚深，却能忠實地回歸日本古典文學之路，發揚日本傳統的表現形式。他的描敍手法有如纖細的散文詩，富於象徵性的情意暗示與繞繚無盡的餘韻餘情，可以溯其源頭到十一世紀平安時代的宮廷才女紫式部所寫的「源氏物語」。川端擅於細察與挖深女性的複雜心理，可在「雪國」與「千羽鶴」這兩部作品窺見一斑。而他那自由聯想式的簡潔散文，也反映着傳統詩調（如俳句或連歌）與日本畫的蘊涵韻味。他在晚年名作「古都」，藉着櫻花盛開的春天到白雪皚皚的寒多這四季變遷的自然美景，襯托出微妙的事故與細膩的人情。他在此作更以微帶感傷哀愁的筆調描繪京都一帶猶存古代文化氣息之種種境象，如神社佛閣，如老街庭院，處處滲透出一種幽玄古雅的詩感畫意。

埃氏特別提到，在戰後日本一切崇尚美國的大趨勢中，川端居然能爲砥柱，通過他的作品以和緩的口氣提醒日人必須維護古代日本的獨特美感。埃氏最後說:「這次（文學獎的頒授）取決於兩點。一是川端先生以卓越的藝術手法表現了（東方）倫理道德的文化意識，另一是他對東西雙方的精神架橋所做出的貢獻。這個獎狀算是對於先生以超人的感受性表現出日本人心的精髓所使用的小說技巧深致敬意的一項標誌。」

兩年之後川端來過臺北，參加了亞洲作家會議，在我國文壇似曾一度捲起了小旋風。又過兩年（一九七二），他繼三島由紀夫之後莫名地自殺，如此了斷生命，一時引起世界文壇的震盪。時過境遷已有十多年，人們似乎逐漸淡忘了川端的人與作品。但是，對於非日本人的我們來說，上述有關川端獲獎的主要理由，仍有發人深省的時代意義。我的意思是說，我們應該檢討一下，我國文人這些年來的努力與成果究有多少成份深刻地反映了環繞着「傳統與現代化」之間的中國文學繼往開來的時代課題。我們對於川端作品所反映出來的日本傳統美感理念，如「源氏物語」以來的「物之哀」（もののあわれ）或中世紀的「幽玄」等等，如能探討其中眞諦，當有助於提供我們有關中國美學研究發展的一些寶貴靈感，亦有助於我們關注如何發揚中國傳統美感理念的文藝創作問題。上述埃氏的讚語十分顯示西方人士已有足够能力了解川端文學的本質，也同時證明他們鑑賞與評價東方文學的基本準則，集中在下面最重要的一點：作品是否創造地發展了傳統以來的美感理念與文化意識；是否已臻世界性的文學水平，而有助於東西精神文化的交流溝通？川端在他的作品所證示着的「傳統美的再發現與再創造」，至少挑激我們重新探索以下兩項互不可分的文藝課題：①中國古典文學作品所表現着的美感理念究竟何在？②我們能否經由中國傳統美感理念的重新發現與挖深，進一步創造出合乎現代人需求而又具有世界性水平的文學作品？

二、鄉愁泛起，古日本的悲哀世界

日本無條件投降的一九四五年多天，川端的友人島木健作（亦是著名作家）去世。他在「追悼」中說:「我把自己當做已死的人，從此除了哀怨哀愁的日本以外，再也不想寫一行字了。」兩年之後，川端又在「哀愁」這一篇裡抒發自己沈重的心情說：「戰敗後的我祇有回歸日本古來的悲哀（世界）去了。我不信戰後的世態與風俗那一套，也不信甚麼現實的東西。看來我是要離脫近代小說根柢的寫實（主義潮流）吧。也許我原本就是如此。」翌年，「川端康成全集」（共十六卷）由新潮社刊行。他在第一卷「後記」提出著名的日本傳統復歸宣言，說:「我以戰敗爲界，自此足離現實，遊行天空。本來就與現實接觸不深的我，想要脫離現實，看來相當容易。這也不過是捨離世俗，隱居山間的念頭罷了。但是，隨着現世的生涯幾近匿跡而對世態的興味也同時淡薄殆盡，我似乎反而鞏固了自覺與願望。做爲純日本風作家的自覺，承繼日本審美傳統的願望，這雖對我說來不算新奇，但是爲了除此之外一無所有的（內心體會），我難道非得親自見證國破後的山河嗎？……大概是因爲戰敗而來的悲哀深徹骨髓的緣故吧，靈魂的自由與安命反而堅定起來，以戰後的自我生命爲餘生，而此餘生並非自己所有，却是日本審美傳統的表現——我如此想着，絲毫沒有不自然的感覺」。

事實證明，川端在戰後發表的一系列作品，諸如「舞姬」、「山之音」、「日日月月」等等，尤其是獲獎有關的三部代表作「雪國」（戰後完結版）、「千羽鶴」與「古都」，確以處處富於情意暗示與虛幻哀愁的一種「簡省的象徵描法」，現代化地再現了自古代王朝至中世戰亂時代的種種傳統美感。川端有如完成「源氏物語」現代語譯的前輩名作家谷崎潤一郎，畢生以「源氏物語」爲日本文學的極致，不但在大戰期間日日耽讀此書，直到一九七二年自殺爲止從未放棄試譯此書的志願。他比谷崎更進一步，乃以此書爲自己文藝創作的靈感源泉與最高準繩。他在「哀愁」說道:「……我的作品據說令人回想（傳統的）日本。我在『源氏物語』似乎也感到那樣的鄉愁」。

三、美麗的日本，永遠的旅人

川端的領獎演說，起初擬題「日本之美與我」（日本の美と私），但在撰稿期間靈機一動，改成「美麗的日本之我」（美しい日本の私）。以「源氏物語」英譯聞名的密芝根大學教授賽登斯蒂克（Edward Seidensticker），英譯此題爲「日本—美的—與我」（Japan, the Beautiful, and Myself），而喬炳南的中譯本（商務印書館）與唐月梅（中國大陸）的譯文（收在大陸印行的「古都・雪國」中譯本附錄）也把題名分別譯爲「日本的美與我」與「我在美麗的日本」。以上三種不同的譯法足證原題之難譯，也不難窺知川端如何講究一字一辭的推敲斟酌，充分顯示他對修辭技巧的自我苛求之奇高。其實，原題從「與」到「之」的改變，在蘊含（implication）與語韻（nuance）上大有差別。我們如果借用王國維「人間詞話」開頭所云「有我之境」與「無我之境」的分辨，則可以說，川端的一字之改，乃有轉化「有我」爲「無我」（傳統美）的意趣在內；更可以說，實有融化「有我」（作家）與「無我」（國度）爲原本一如的深意在內。上述英譯與兩種中譯似乎都沒有把握到這一點。但對川端本人來說，這是正確了解他的人品與作品的最大關鍵。換句話說，「美麗的日本之我」這微妙講題乃象徵地暗示着，「源氏物語」以來的傳統美，尤其是「物之哀」感，是融貫作家與古國爲一的根本接點。川端文學的理念理想卽在於此。

川端領獎演說的體裁與結構，有如他的典型作品，表面上看來平淡鬆散而不緊湊，完全是隨著縹緲靈感之所至而自由聯想所形成的一種象徵性點描，能在讀者心中產生模稜兩可的虛幻印象，却又留下娜娜依依的餘韻餘情。三島由紀夫曾喩川端爲「永遠的旅人」，並謂他是「不具文體的小說家」，因爲幾乎沒有一部作品是事先安排擬定的，而是隨順報章雜誌需求的發表形式運筆所成，實與三島自已善於擬好大綱的西方式知性恰成對比。川端的領獎演說也不例外，一直拖到坐上飛往瑞典的班機之後，這才憑著心靈瞬時瞬刻的自由流動點點滴滴筆敍下來，而到瑞典京城之後，在繁忙應酬之間終告完成。整個演說，聽來有如傳統以來和漢聯句組合而成的連歌，隨意開端，無心結束。

四、有情眼光，凝視「諸行無常」

栗山理一教授主編的「日本文學中的美的構造」（一九七六年雄山閣印行）列擧自古迄今日本文藝之美的理念，包括「眞誠」，（古代京城一帶頗具優美意味的）「風流」，「物之哀」（兼具憐愍、感動、共感、隨着季節移行的哀愁感傷、咏嘆、男女心心相印的脈脈情意、虛幻無常的情調等等），「滑稽」（兼具快適、風趣、奇異、幽默等等），「餘情」，「幽玄」，「妖艷」，「無常」，「風狂」，「和敬淸寂」（在詩歌與茶道格外顯著，兼帶淸淨無垢，孤高枯冷，簡樸安貧，失意感傷，友愛懷友等意），「不易流行」（源於周易與朱熹的思想），「虛實」，「婀娜」，「義理人情」（之間的葛藤衝突），「粹（或帥）」（兼有精粹、洗練、浮世遊興、精通人情世故尤其男女情事等意),「有心」(對無心) 之類。這些傳統美感理念,多半可在川端的作品之中領略出來。而他的領獎演說,也處處擧例顯揚「物之哀」、「幽玄」、「和敬清寂」、「妖艶」、「餘情」等等美感理念的深意所在。譬如他擧道元禪師與明惠上人的和歌爲例,挖深自然美(風花雪月)與人情美(溫暖體貼、親切慈祥的古人之心)融合一致的美感情調;且進一步說,「日本的茶道也是以『雪月花時最懷友』爲其根本之心,而茶會也就是『感會』,卽在美好的時辰,邀集好友的一個良好聚會。」

川端生後不到七個月卽失父親,一年之後母親亦死;再過四年,祖母去世,又經三年,惟一的姐姐(四歲之後祇見過一次)也隨之告別人間;而在十六歲時,祖父亦逝去。川端自幼一連串的死亡見證與孑然一身的孤兒意識,自然使他傾向佛敎的「諸行無常」思想,也無形中變成了「永遠的旅人」,以那幾近鬼魅古怪的過大眼光凝視人間世的變幻虛無與哀怨哀愁,而在毫不苟且的文藝創作之中尋得永恆的藝術美,卽不外是傳統美的再發現與再創造。在川端的內在世界,不但物我一如,哲學宗敎與文學藝術也化爲一體;「美」的一字代表他的一切。這就是川端所云「美麗的日本之我。」

五、以文學幻想,唱東方的白鳥之歌

在演說之中,川端特別強調禪家無念無想、無心無爲之境,化「我」爲「無」。但他澄淸「無」的哲理說:「這種『無』不是西方式的虛無(卽一切空虛無有),却是相反,乃是萬有融通自在的空,是無涯無邊無盡藏的心靈宇宙。……有些評論家說我的作品是虛無的,其實西方之流的虛無主義一辭並不與我(我的作品)相應相干。我覺得,殊異之處卽不外是心之根本這一點。」由此可見，川端所受佛敎影響之深。事實上，他在「文學的自敍傳」（一九三四）中早已自言：「我相信東方古典，尤其佛敎經典，是世界最偉大的文學。我並不把經典僅僅看成宗敎的敎訓，而是崇尙之爲文學的幻想。早在十五年前（二十歲時），我就抱有以『東方之歌』爲題的作品構想，很想當做白鳥之歌。就是說，依自己的方式歌唱東方古典的虛幻（之美）。也許還寫不出之前我就死去，但我深盼大家知道我有這樣去寫作的願望。我雖受過西方近代文學的洗禮，還嘗試過一番模仿，但骨子裡我畢竟是東方人，早在十五年前就已確定自己不致迷失方向了。」

我想，三十四年之後當他在瑞典學術院演講「美麗的日本之我」時，內心必定感到，他終於實現了歌唱東方白鳥之歌的長久願望。日語「東方」或「東洋」，指謂中日兩國，尤其中國（譬如「東洋史」意謂「中國歷史」），習慣上意味着，日本精神文化（除固有神道之外）的本根是在中國。因此，川端上面的自言充分證實，日本的傳統美，如「幽玄」、「眞誠」或「風流」，已蘊藏着相當豐富的中國傳統美感理念在內。就這一點說，川端的話語實有助於我們回到我國古典文學的寶藏，在莊子，在唐詩宋詞，在文心雕龍，在紅樓夢等等重新發現我們固有的美感理念，也有助於我們通過合乎現代人需求的文藝創作重新發展這些理念出來。以中國人生來的資稟聰慧，難道不能說「超越川端，指日可期」嗎？

六、生死美如櫻花，終歸瞬開瞬落

川端爲何自殺，衆說紛紜，直到今日仍是個謎。我剛讀過精神醫學家栗原雅眞在一九八二年出版的「川端康成」。他加上一個極有趣的猜測說，心理分析家容格（C. G. Jung）所云「太母」（the great mother），在川端自殺之前突以川端慈母的化身向他啓示，終於導致自殺，以求回歸「太母」身邊意義的永生。但是，川端自己在領獎演說中說：「我在隨筆『末期（臨死）之眼』寫道：『無論怎樣厭離現世，自殺並不是（轉迷開）悟的辦法。不管德行多高，自殺者還是離開聖境太遠』。我既不讚美也不同情芥川（龍之介），還有戰後太宰治（一九〇九——一九四八）等（名作家）的自殺。」既然如此，他爲何要繼三島之後莫名地自殺呢？難道他在最後關頭也與三島等典型日人一樣，認爲人之生死美如櫻花，瞬開瞬落，而自殺（譬如武士道的切腹行爲）更是一種日本特有的「傳統美」嗎？如果是這樣，中日兩國的傳統美就有大異其趣之處了。

（一九八五年元月三十日晨三時於費城郊外，原載中國時報二月十四日人間副刊）

日本人的生死觀

——從三島由紀夫的自殺談起

一九七〇年十一月二十五日早晨，三島由紀夫依照早已擬好的行動計劃，草完遺作「天人五衰」(四大部長篇小說「豐饒之海」最後一部)，將稿交與他的出版商新潮社，然後率領他的四位手下親信（他有仿效日本自衛隊體制自編自養的「楯之會」，共約百名），奔赴「東京市陸上自衛隊東部方面總監部」，而從二樓樓臺呼籲羣集廣場的該部隊員，煽動他們「覺醒自決」，共同復興萬世一系的「皇國之道」，重新改造傳統「大和魂」幾近喪廢的戰後日本。這些聽衆反以嘲笑與辱罵回應，三島自知無望，乃依第二套原定計劃，三唱「天皇陛下萬歲」，就地切腹自絕，而由親信之一森田必勝（亦係三島同性愛對象）依循武士道古禮拔刀砍頸。森田隨後也以同一方式殉死了事，再由另一同伴自首，報告事件的前因後果。三島自殉之時，不過四十五歲，留下兩首辭世和歌，其中一首的中譯大意是:「雖處衆嫌花散之世，亦得早先一步，捲起小夜旋風，吹散成花」。「小夜旋風」當然比謂切腹自殉，速斷速決;「吹散成花」則喻指人之生死美如櫻花，瞬開瞬落。三島生前屢道，「豐饒之海」一旦完成，他就準備赴死; 即使是他的生平知交，都半信半疑，事後這才不得不信他確是個言行一致的「好傢伙」。他又常說，「人要美地生活，美地死去」; 而在一次對談曾言，「自殺是一種藝術」。

那天下午，三島的愛妻在汽車裡聽到廣播，就當場昏倒不醒；佐藤首相驚悉之餘，罵了一句「馬鹿野郎！」依循武士道的古來儀式切腹自殉之事，在戰敗以來的日本早已絕跡，難怪三島破天荒的公開切腹立卽引起全國上下的一場休克與感慨。三島又是諾貝爾文學獎三度提名的一代奇才，文壇盛名已有淩駕該獎得主川端康成（亦係三島婚姻的正式媒人）之勢；就在自殺那年的八月二日（星期日），紐約時報還特別設一專欄「日本的文藝復興人物——三島由紀夫」，大事推崇，而他的主著英譯，如「金閣寺」、「假面具的告白」、「宴後」等等，早已風行歐美多年。因此他的切腹奇聞，也自然引起了各國文藝界人士的震驚與歎息，大感無可理喩。那時我在俄亥俄大學哲學系敎書，同校一位專攻日本政治的白人敎授問我：「一般中國人對於三島的自殺會有甚麼反應與看法？」我回答說：「中國人與美國人一樣，多半會說這種死法太愚蠢，毫無理性，實在不値得。中國古諺有云：『死有重於泰山，輕於鴻毛』。三島的死，等於鴻毛。」我却不得不承認，站在非日本人的立場去做觀察與評論，固然可以貶低如此，但在日本本土，三島的那陣旋風過後不久，大多數的日本人又從「馬鹿野郎」式的口氣改爲敬慕崇仰的心情，視三島如古來日本精神的典型象徵。

我多年來兼操哲學（道理分析）與宗敎（生死智慧）的「二刀流」，故常覺得，了解一個國家民族的特性，莫過於就其特有的生死觀去着手，這在日本民族的場合格外適應，三島的生死卽是佳例。我們就以三島的切腹爲楔子，逐步透視日本人的生死觀之種種（尤其他們對於死的看法與態度），以便深一層地了解東亞另一民族的特殊性格究竟是甚麼。

三島的切腹自殺確實反映了傳統日本人獨特的生死觀之種種。第一，由於麥克阿瑟元帥的明智決策，戰後日本雖在政治法制徹底民主化，却得保存所謂「萬世一系的天皇制」。天皇制是傳統日本精神（特稱「大和魂」）的集中表現，又是日本民族的集體倫理的終極根據；旣是國家體制的一元化象徵，又是固有神道的意識形態所由成立的宗敎本源。在日本史上每有嚴重的政治社會危機，就會出現忠君愛國的志士，依據「大義名分」的行動倫理，不惜犧牲個人的生命捍衞「皇國之道」，保護天皇。在戰後日本，三島屬於少數的「有心人」，極端憤慨傳統以來的大和魂與武士道蕩然無存，痛斥新一代的日本知識份子軟弱無能，拋棄了優良的傳統歷史文化理念而陷於生命存在的空虛狀態。三島破天荒的切腹自殉，可以說是有意突破戰後日本精神危機的象徵性行動，也可以說是對於迷失歷史文化方向的戰敗日本驟然投下的一顆精神炸彈。

三島自殉的次日，他的美國至友，現任哥倫比亞大學日本文學敎授的齊因（Donald Keene），在「產經新聞」上發表談話說：「我對三島的切腹毫不驚訝。如果讀過他的小說『憂國』，就不難理解他的心情；切腹自殺便是憂國憂道的心情的象徵。」在「新潮」雜誌的一九七一年一月臨時增刊「三島由紀夫讀本」中，著名作家武田泰淳也大大感歎說，「三島的自殺，是諫死、殉死與憤死三者的合一。」尤發戰後日本人深省的是，三島爲了切腹自殉而預先選定的十一月二十五日，也正是高唱大義名分，七生報國的一代幕末志士吉田松陰，被德川幕府宣判死刑而以切腹的武士儀法慷慨就義的一天（一八五九年）。赴死前夕，吉田寫下了「留魂錄」，卷頭一首和歌有云：「(吾）身雖將(腐)朽武藏野邊，亦須留置（吾之）大和魂（於人間)。」「武藏野」乃指東京附近的關東平野之一部而言。吉田是三島生前最爲服膺的理想人物，而明治維新以來一般日本人也崇拜之爲大和魂的化身。三島與吉田兩者切腹日期的符合，不但深刻地反映了三島的憂國心情，也同時暗示了幕末日本與戰後日本的精神差距。我覺得，日人對於三島的懷念帶有兩種複雜心理：①

現實地說，彼（維新前夕）一時也，此（戰敗戰後）一時也，三島的切腹祇如大海洋中投下一顆小石，既挽回不了古老的「皇國之道」，也影響不了半點現代日本的精神取向；②但在另一方面，他的切腹確也逗起了廣大知識份子（相應於德川時代的武士階級）對於大和魂與武士道已逝而不再返的一種無可奈何的精神鄉愁（spiritual nostalgia）。總之，天皇理念可以說是構成指導傳統日本人生死取捨的最高原理，吉田的就義，三島的自殉，明治天皇殯葬之日自動切腹殉死的乃木大將夫婦，神風特攻隊的自殺飛行等等顯例不勝枚擧，這是日本獨一無二的奇特現象。

第二，我已提過，傳統的切腹行為隨着第二次大戰的結束，已在戰後日本絕跡；因此三島的突然切腹，格外令人回想到一千年來武士道精神曾對日本人的生死觀與自殺方式產生過的極大影響。武士道的形成源於中世紀的主從契約關係，到了德川幕府時代，經由一番日本朱子學的理論化，終於發展而為武士階級特有的忠義、勇武等等道德規範，尤其管制武士及其家族的生死態度。包括切腹在內的武士道儀禮都有一套定格可循。武士階級既是明治維新以後掌握政教之權的知識份子的主要前身，到第二次大戰結束為止，傳統的武士道精神也就一直支配了近代日本道德教育（如修身之類）的基本方針，到了戰後才逐漸消失，顯有變成歷史陳品的傾向。切腹是讓武士得以保持名譽與尊嚴的一種特定刑罰方式，同時也是武士本人自殺所用的正規禮法；而武士道的精髓也特別表現在切腹行為，因為切腹象徵着武士特有的生死態度。

有趣的是，三島在自殺不久以前，曾在新潮週刊登過廣告，多方徵求有關切腹定規的書籍。「中央公論」主編笹原金次郎做過三島的劍道老師，三島死後頗有感慨地說，三島在生命盡頭確實遵守了切腹的古來定規云云。德川時代有位名叫山本常朝的武士，寫過一本武士道的古典名著「葉隱」。三島死後，有人傳言，「葉隱」是三島的精神基磐，於是全國到處產生搶購「葉隱」及其相關文獻的奇妙現象。「葉隱」有句名言:「武士道的本領是在死的態度與方式」; 作者强調殉死與切腹爲武士道精神的必要條件。三島以後的日本已無切腹事件，但是今天還有不少日本人喜歡在時代小說、時代劇與歷史書裡尋找武士切腹的精神刺激，可見武士道精神在日本人的生死觀所佔有的份量。

第三，三島的切腹事件，以及吉田松陰的從容就義，也反映了日本陽明學的知行合一說對於日本人（尤其武士階級）環繞着生死取捨的行動倫理所產生過的影響。陽明的致良知教與先秦儒家（尤其孟子）的天命、仁義、誠意等說，在德川時代漸與日本固有神道的「赤子淸明的至誠心」以及大義名分的忠君愛國思想融爲一爐的結果，產生了幕末志士的行動倫理; 而爲促進明治維新的精神動力。吉田松陰寫過的「講孟餘話」、「留魂錄」、「武敎全書講錄」等等就是這種行動倫理的範本，而在第二次大戰期間構成日本國民敎育的修身敎材之一。吉田在「留魂錄」說:「我這次的行動，從開始就沒有過求生之策，也沒有過必死之念。在在祇以自己的誠心能否感通（這個生死的道理），委身於天命的自然流行而已。」我們不難看出，融通陽明學、固有神道、忠君愛國思想等等的生死一如的至誠觀念，今天還管制着不少日本人的生死看法與態度，祇是應用方式稍有「現代化」的修正而已。

第四，佛敎在日本的宗敎文化所佔有的份量其實遠較神道或儒家重要，上述環繞著生死取捨的行動倫理，也脫離不了傳統佛敎輪迴轉生的宗敎思想。吉田撰過「七生說」披露七生報國的忠誠信念，而在「留魂錄」最後吟道:「七生（報國、尊皇）攘夷之心，吾豈可忘耶？」這裡「夷」字，乃指洋鬼子而言。三島嘔心瀝血寫成的最後名作「豐饒之海」四部，也處處充滿著源於印度的業力轉生思想，而在切腹自殉的那一時刻，他還帶上寫有「七生報國」四字的日式額巾；他的「七生報國」似乎暗示著憂國之士誓死捍衞天皇制「萬世一系」的象徵性保證。無論如何，從吉田與三島的「七生報國」信念，我們可以看出傳統佛敎對於一般日本人的生死觀有過的深遠影響。

第五，三島生前不時慨嘆，現代（尤其戰後日本）知識份子缺乏古希臘人那種肉體與精神的均衡統一，不但肉體衰退無力，精神也多半變成積累知識的腦袋而已。其實，傳統日本也有類似古希臘人身心均衡的所謂「文武兩道」理想，第一流武士劍客，如宮本武藏，不但能武，又擅長文學、書法之類；祇是隨着日本工業化、都市化的結果，戰後日人已無雅興發展甚麼「文武兩道」了。三島基本上是文人代表，著作等身，但他又是日本文壇罕見的「健身之士」(body-builder)，每週猛練柔道、劍道等等至少兩次，他的劍道伎倆已臻五段。他不但親自演過根據他作品的戲與電影，指揮過國家交響樂團，也考取過噴射飛機的駕駛執照，是名副其實的「文武兩道」全才。

三島寫過一本「太陽與鋼鐵」(一九六八年)，算是他對藝術、行動與祭禮式死法（ritual death）的個人見證。三島說道：「結合行動與藝術，就是結合將會枯萎的花與永遠盛開的花，就是要把人性之中兩種最矛盾的欲望以及實現這些欲望的個別夢想，混合在一個個體裡面。……(行動與藝術的理想化融合是否可能)，不到死的那一片刻無法訴諸實驗。……死是惟一的神秘。……想像力的深邃極致處就在死（的那一片刻)。」三島把他那無限豐富的想像力用到極端的結果，兩年後終以祭禮式的切腹自殺實驗了一次——也祇有這麼一次——行動(枯去的花)與藝術（永開的花）的徹底融合。他的「雙花融合」着想可以說是對於傳統以來「文武兩道」所嘗試的個人詮釋，而他的自殺「實驗」，也可以說是陽明知行合一說的個人應用。無論如何，「文武兩道」的理想確實構成了傳統日本人的生死觀的一大要素。

最後而且最重要的一點是，對三島與尊重傳統文化精神的日本人來說，上述大和魂的行動倫理，武士道的切腹行爲，生死一如的至誠原則，七生報國與文武兩道的理念等等，歸根到底，是一種「日本美」的表現。譬如生死一如的至誠心是一種日本美，武士道的切腹自殺也是一種日本美。一般地說，日本人常把生與死都看成美，尤其自殺常被看成美的極致。日諺有云，「花是櫻花，人是武士」，意謂花以櫻花爲最，人以武士爲上。人的死亡，有如櫻花，一下散落，乾淨俐落，故美；武士的切腹，表現至誠、尊嚴，與崇高，故美。我敢說，世界上找不到另一民族如此美化生死，美化道德。我常覺得，三個詞彙可以分別代表印度、中國與日本的文化精神：印度是禁欲主義（asceticism），中國是道德主義（moralism），日本則是耽美主義（aestheticism）。

三島生前常說，「死是惟一的色情概念」，又說「自殺是美的極致」，是人的生命存在惟有一次的美的激情之燃燒。他在一九六七年對好友中村光夫說過，「自殺的着想能激發一個作家的全部創作」。他還自編了一套「死的形式美學」。不但三島喜歡陶醉於死與自殺的美夢，典型的日本人都有這種「嗜好」，因爲死與自殺具有櫻花一般的美。日本作家自殺率之高，擧世聞名。三島死後不久，有位文人在「羣像」雜誌寫了一篇「文學家的自殺與三島的死」，列出明治以來三十件較爲醒目的作家自殺，實際上當然更多。我個人就可以立刻想到有島武郎、芥川龍之介、太宰治與川端康成等現代日本文學史上頂端人物的自殺實例。其中，有島與太宰二位是以「心中」方式自殺而死，太宰還有自殺四次未成的紀錄。所謂「心中」，是指一對情人或以粗繩捆成一起，或以服毒、入水等等方式，同時雙雙自殺而言。記得日治時代，不少年輕的臺灣男女由於日本生死觀的影響，時以「心中」方式解決愛情問題；獅頭山有一絕壁，據說在日治時代專以男女「心中」而著名。三島死後翌年，又有一位作家，在「國文學：解釋與鑑賞」特輯中寫了一篇「作家與自殺」，指出日本文人的自殺率是一般日本人的三百倍，可見日本文人如何耽迷於自殺之「美」了。

我在上面藉用了三島切腹的實例，說明日本人的生死觀之種種。我還有兩點無法專就三島之死藉題發揮：一是日本人對於佛教所云「生死即無常」的强烈感受引發出來的正負兩面的生死態度；另一是由於所謂「義理與人情」的衝突而引起的典型日式自殺行爲。先就第一點說，生死卽不外是無常的看法源於根本佛教的「諸行無常之說」；日本佛教的一大特色是，「無常感」特別强烈，也形成了一般日本人的生死觀的要素之一。有趣的是，日本自古以來有一首和歌，叫「伊呂波歌」（iroha wuta），是由四十七個日本假名（假名係古代日人簡省某些漢字而發明出來的拼音文字）構成，當做童孩背誦全部假名之用。「涅槃經」第十三「聖行品」偈云：「諸行無常，是生滅法，生滅滅已，寂滅爲樂」。「伊呂波歌」算是此偈的日式意譯，其大意是：「色（喻花）雖發香而必散落，我世（娑婆世界）孰能常存？今日越過有爲之奧山（卽深山），淺夢不見又不醉」（意謂超克有爲而臻無爲涅槃，不再夢醉）」。包羅全部假名於一首和歌，當做原偈的大意和譯，實需文學才華，據說原作者是平安時代眞言宗的開創者空海。我特別提及「伊呂波歌」，目的是要强調「無常感」在日本人的生死觀中所扮演的要角。

大體上說，日本人的無常感一方面（負面）轉變而爲消沈頹廢的虛無感或無可奈何的「物之哀」感；另一方面（正面）又發展成爲具有高度生死智慧的「無常觀」。虛無感的極端化，容易導致厭世甚至自殺。明治年間東京大學哲學系的學生藤村操，在華嚴瀑布留下「人生不可解」之語而跳水自殺，便是虛無感極端化了的結果。「物之哀」感的深化，却形成了日本文藝特有的美感意識，我們可在紫式部的「源氏物語」，清少納言的「枕草子」，或川端康成的文學作品，發現最顯明的佳例。一般公認，川端的創作藝術可歸結到一點：他對人與事物的無常感受深化而成的「物之哀」，是稍帶虛無感的一種無可奈何的哀怨哀愁。「物之哀」感與虛無感的交織融合造成了川端文學，也逼死了川端本人，獲得諾貝爾獎後第三年，無可理喻地自殺而逝。他領獎時的演說題目是「美麗的日本的我」，特別談到日本人的死與自殺，還引述了一位前衞畫家之語，謂「沒有比死更優越的藝術，死去就是生活下去」。

關於義理與人情的葛藤衝突所引起的自殺行爲，最典型的描敍是在德川時代的戲劇作家近松的名作「心中天之網島」。義理指謂人間世俗的倫理規範，人情則特指男女之間的眞愛深情。義理與人情不可得兼，終於導致男女主角的自殺。日本人的「義理」觀念深受儒家倫理的影響，但他們喜歡美化義理、人情以及「消解」兩者衝突的自殺或「心中」，充分表現日本人特有的生死美感。所以我說，道德主義與耽美主義分別代表中、日兩國的民族性格。

（一九八五年元旦於費城近郊，原載中國時報九月一日人間副刊）

義理、人情與心中
——近松戲曲的審美意識

九月二日，我在耕莘文教院為了時報文化周公開演講「中日兩國對於西學西潮的回應方式」。不少聽衆以紙條紛紛發問，十分踴躍。其中一個問題專涉義理與人情在日本社會產生過的葛藤衝突，但因時間所限，我的回答太過簡略而未能暢所欲言。我在「日本人的生死觀」（人間版九月一日）提到，「了解一個國家民族的特性，莫過於就其特有的生死觀去着手，這在日本民族的場合格外適應」。我在這裡想補充説，如要進一步了解日本人的生活心理與價值觀念，義理與人情之間的葛藤衝突，也是極其重要的探討線索，如聯貫到消解其中衝突的日語所謂「心中」（卽男女同時雙雙情死），則更耐人尋味，可供我們深一層地比觀中日兩國的心性異同。

用木偶演出有血有肉的男女悲歡

「義理」一辭源於中國早期儒家思想，意謂有關倫理規範的人間道理。「禮記・禮器」篇云:「義理，禮之文也」；據孔穎達疏，「得理合宜，是其文也」。後來的宋明理學亦稱義理之學，簡稱義理，尤指朱子之學而言，蓋因朱子哲學主張人心本具仁義禮智等等德性的天理，構成高層次的人性（「天地之性」或「義理之性」）之故。德川幕府爲了政治統治的方便，格外鼓勵宋明理學的研究與顯揚，並以朱子之學爲官學，逐漸教條化了儒家原有倫理規範的結果，朱子所倡「義理」到了德川中期終於僵化而成足以束縛人心的封建道德，大大壓制了「人情」（卽男女之間的眞愛深情）的自然抒發。當時，屈居士農工商末座的町人階級逐漸抬頭，以貨幣經濟抓住日趨貧困的武士階級的生活弱點，但在政治上仍是德川幕府可以任意宰割的「小人」，有名無姓（祇有武士帶姓）。至於下層「小人」如伙計、遊女之類，更被封建道德的「義理」團團捆住，故在男女「人情」自然流露之時，由於無力衝破「義理」之網，適予解決道德的兩難(moral dilemma)，時有訴諸「心中」以求解脫的悲劇發生。在近代日本文學史上享有「日本的莎士比亞」稱譽的一代戲曲作家近松門左衞門（1653—1725），對於此類「心中」悲劇的感受體驗既獨特又深刻，而在「曾根崎心中」到「心中天之網島」等一連串的不朽名作之中表現了優異的文學才華。我們可以說，自平安時代紫式部的「源氏物語」以來，「物之哀」感形成了代表日人審美意識的悲劇理念之一；而自德川中期近松的「心中天之網島」以來，「義理人情」也同樣構成了表現日人審美意識的另一悲劇理念。祇是，兩者的時代背景大有不同：「源氏物語」是描繪宮廷生活的貴族文學，而「心中天之網島」則是刻劃下層「小人」的民衆文學。通過近松入情入理的神妙手筆，民衆文學的地位大大提升，有如「源氏物語」，儼然成爲第一流的正宗文學。

有趣的是，近松戲曲的表現形式，基本上屬於所謂「人形淨瑠璃」，卽是一種日本式的木偶戲。就其表現形式言，日本戲曲自古代的神樂開始，經過田樂、猿樂、能樂、狂言等等轉變之後，到了近松活躍的德川中期，又有「淨瑠璃」與「歌舞伎」等兩種形式並駕齊驅。近松對此兩種形式都很熟練，但在「淨瑠璃」的形式表現出來的才華，成就尤高。淨瑠璃物語（「物語」意謂故事）源於中世紀源義經與淨瑠璃姬之間的情愛傳說，乃屬一種音曲物語，即主用琵琶或扇拍子的音曲相配的故事體戲曲。後來，從冲繩島一帶輸入日本本土的新樂器「三味線」取代了原有的琵琶而配合木偶戲的結果，形成淨瑠璃，開始在京都、大阪等地流行。到了元祿時代，竹本義太夫集諸般音曲之大成，發展「義太夫（音）節」，又與近松合作，乃有人形淨瑠璃的民衆戲曲，一時壓倒歌舞伎的形式。歌舞伎由實際演員扮成史實或傳說的人物，且有音樂、舞蹈與舞台裝置的配合。近松所創作的淨瑠璃因屬木偶戲，本不可能在表情動作與戲劇氣氛勝過歌舞伎，但他借助於戲中講述者的旁白，音曲的效果以及劇情的緊凑，居然能使木偶演出活生生有血有肉的男女悲歡，實有巧奪天工之妙，令人嘆爲觀止。近松死前曾說：「淨瑠璃與其他物語的體裁不同，由於它基本上以木偶爲主，戲中對白與旁白更需生動有力。正因淨瑠璃在戲院常與使用實際俳優的歌舞伎爭長競短，作者必須設法灌輸種種情緒到毫無生命的木偶之中，藉以引發觀衆的興致情趣。」我們且就他的兩部代表作「曾根崎心中」與「心中天之網島」，賞析義理與人情如何構成日人特有的悲劇理念，如何反映道德意識與審美意識的交融，昇華而爲日人獨特的耽美主義（aestheticism）。

乞丐在睡覺，大家也說是「心中」（情死）

近松生在武士家庭，十歲左右父親變成浪人，近松就在京都開始做人僮僕，亦學做商，但無所成。他對社會動向却很敏感，又能透視小市民（町人階級）的意識型態，從中發現義理與人情的葛藤衝突，乃是了解下層百姓的重要線索，可以當做戲曲創作的主導理念。他也寫過歌舞伎、狂言等方面的作品，但在一七〇三年專爲竹本義太夫寫成的淨瑠璃作品「曾根崎心中」甚獲好評，這才奠定了他的文壇地位。從此他的創作與趣貫注在此類悲劇作品，十七年後終於完成了他的所有世話淨瑠璃之中最爲圓熟且最有成就的「心中天之網島」。所謂「世話淨瑠璃」乃屬一種「世話物（語）」，以當代現實的庶民世態、風俗、人情爲背景，取材於新興町人社會的事件故事，而有別於專以傳說或過去歷史中的武士階級爲取材背景的「時代淨瑠璃」。近松世話戲曲的男女主角大都是來自凋敝農村的掌櫃或伙計，或是出賣肉體但不失貞情的遊女娼妓。他以藝術家的極大同情描寫這些金錢統治下的犧牲者如何「消解」義理與人情的葛藤衝突，也通過此一主題的描寫揭穿了德川中期町人社會與農村的對立矛盾以及其他相關的社會問題。在當時的封建社會裡，近松居然能藉木偶戲來達到藝術昇華（aesthetic sublimation）與社會諷刺（social criticism）的雙層目的，足見他的超等才華。

「曾根崎心中」是淨瑠璃史上第一部世話劇，很尖銳地反映了當時的町人生活。它的故事情節相當簡單，男女主角是大阪醬油店平野屋（商人不准帶姓，故以店名代姓）的伙計德兵衞與妓女阿初，訂有白首之盟。平野屋夫婦硬要德兵衞娶其姪女而不得，就以金錢誘他鄉間的繼母答應下來。平野屋知悉阿初事後，很不高興，限期償還「訂金」，且說要把德兵衞從大阪的町人社會踢出去。德兵衞好不容易從他視財如命的繼母討回「訂金」，但已無法居留大阪，被迫與阿初隔開。阿初鼓勵他說：「就算回不了大阪，也不等於是竊盜行爲或房子被燒。我總會想個辦法。」不幸的是，心軟的德兵衞一時不愼，把那筆「訂金」借給嫖客九平次，却中了他的奸計，到時不但不還，反說借據是僞造，還痛打了德兵衞一頓。那時在場的阿初喊人來幫，却被別的嫖客强拉過去。德兵衞還老板錢的時刻已屆，旣還不了錢，又在衆人之前蒙上僞造借據的恥名，終下決意，當晚與阿初雙雙「心中」情死，如此解脫，了結一生。

這部日本演劇史上首次出現的町人戲曲，轟動了良久，據說影響所及，從一七〇四到一七一五年，心中事件到處發生，有如傳染病的蔓延一般。當時還盛行著人人傳誦的一首小調，唱道：「眞流行啊眞流行，乞丐在睡覺，大家也說是心中」。德兵衞與阿初的心中事件，在竹本義太夫的戲院首次上演的一個月前確曾發生過。這對普通作家來說，原不過是伙計與妓女相戀而情死的偶發事件而已，旣不値得大驚小怪，也用不着從中窮索創作靈感。但一代巨匠近松畢竟不同凡響，能在此類平常事件之中掘發男女「人情」與「義理」束縛（以及金錢力量）彼此衝突而構成的文藝主題，假借木偶塑造男女主角而爲極具一種悲劇美感（a sense of tragic beauty）的典型人物。同時，除了對白之外，近松更以大手筆通過講述者的旁白描敍德兵衞與阿初「心中」直前的「道行」（即在戲曲末段，相戀男女路上同行而赴情死的場面），悲劇性的情景交融，如泣如訴，成爲當時人們唱不離口的曲詞。其中一段（中譯大意）是：「依依難捨今生，此夜惜別情長。爲情『心中』之身，直如原野路邊霜。一刻刻步近滅亡，夢中之夢嘆無常。數啊數，數完六響剩一響，接著聽罷第七響。天將曉，够斷腸，就隨鐘聲雙雙葬，寂滅爲樂喪鐘唱。草木天空，臨終一望。雲水悠悠，無心流蕩。蜆川水面，北斗星影飄漾漾。天河映光，穿梭牽牛織女間。……可憐他倆，如此緊緊相偎傍。潸潸淚流，多過河水量」。

近松門左衛門的戀愛觀

從外表上看，封建的道德秩序與金錢的力量構成束縛德兵衞與阿初眞情相愛的兩層牆壁。依據當時的「義理」，妓院祇是解決性欲的場所，德兵衞與阿初之間的「人情」無形中破壞了家庭與妓院的正規秩序，已暗示著行將面臨的「心中」悲劇。同時，德兵衞幼年失父母之怙，平野屋對他有養育之恩，拒絕平野屋的婚姻安排，在當時也算是違反「義理」（報恩義務）的作爲。但在近松筆下，人性的眞實（true humanity）反而顯現在「人情」這一面，而不在「義理」那一面，這就說明了爲何德兵衞與阿初的雙雙情死不但能够引起觀衆的同感共鳴，同時能够達到亞理斯多德在「詩學」所說的(悲劇的)「昇華」或「淨化」作用，兼攝倫理敎化與鬱結洗滌的雙重意涵。

我們如果透過上述外層觀點，深一層地分析與了解義理與人情的葛藤衝突，則又可以說，在近松的戲曲之中，義理已不僅僅是一種代表封建道德的義務與秩序的人性枷鎖，更是一種在男女主角心中內在化、情緒化了的道德感或義務感。譬如德兵衞在自殺之前念及平野屋養育之恩，而合掌祈求平野屋寬恕他的罪過。雖然如此，他還是寧願以「心中」解決他的問題；他的問題可以說是一種內在道德的兩難，對他來說，「心中」是解決此一兩難的唯一途徑。我們不應該忽略的是，他所蒙受的恥名，也是「義理」的一部分。直到今天，「羞恥文化」(shame culture)仍然構成日本文化的一大特色，有別於西方社會的「罪疚文化」(guilt culture)。而所謂「羞恥」，本來就是一種內在的（負面性）道德感覺。從這內在的一面去看近松戲曲的悲劇理念，則眞正的衝突是產生在主角內心之中義理之情與男女之情的葛藤，而衝突的消解也應看成主角內心之中的自我抉擇，不能把問題與責任全部推到社會本身。哲學家阿部次郎在他短論「近松的戀愛觀」，就提出過與我的觀點極其類似的看法，認爲近松並不把義（理）祇當做制裁戲中人物的一種外在正義，而是當做活動在人物內心之中的一種情（感），既表現著內心的分裂，也表現著古來日人特有的「物之哀」感。也就是說，義理與人情的衝突，乃是情與情的對立;「心中」悲劇的主要動機,應該是以情與情的相剋方式在戲中主角的內在世界造成的,不啻是封建秩序與男女眞情之間二者擇一的外在道德問題而已。「義理內在化爲情感」的這個看法,更可以在近松的最佳傑作「心中天之網島」獲得明顯的證實。

「有緣無緣乃至法界平等利益」

從「曾根崎心中」到「心中天之網島」的完成,前後隔了十七年,後者的劇情較前者複雜得多,對於男女主角內心掙扎的刻劃也更細更深,充分顯出近松的劇作天才到了晚年終臻圓熟。男主角治兵衞(紙店小老板)與妓女小春相戀已有兩年,因他沒有足够的錢贖小春的身,又怕富商太兵衞會搶走,乃與小春齊誓,要雙雙「心中」以求解脫。但小春最近收到治兵衞的髮妻阿桑的懇求信,已經準備爲阿桑及其兩個可憐的小孩放棄自己的愛情。當治兵衞的親兄孫右衞門僞裝武士嫖客模樣來妓院找她時,小春表示爲了深怕自己死後家母可能淪爲乞丐,不願信守誓言與治兵衞殉情。治兵衞剛偸聽到小春心不由己的話,當場露身,痛斥小春祇如狐狸,毫無眞誠,並對孫右衞門發誓,與小春的情愛就此了斷。

當阿桑聞悉富商太兵衞行將贖小春的身,就立刻直感到小春必定自殺,反向丈夫懇求,用她偸偸典當衣物之類而來的一筆錢款早先一步贖出小春,且透露了她曾寫信苦求小春放開自己丈夫的事。她說:「小春如死,我就欠她女人之間的義理。請你趕快過去,別讓她死。」又說:「卽使小孩與我無衣可穿也不要緊。我丈夫的名譽更是重要。你去贖她,救她出來吧。你得在太兵衞之前維持你的名譽才是。」剛剛阿桑的父親趕來,硬把阿桑拉回娘家,且要治兵衞離婚。治兵衞又得贖出小春,又想保住髮妻，魚與熊掌不可得兼；而小春亦夾在（對阿桑的）義理與（對治兵衞的）人情之間掙扎痛苦。最後，治兵衞與小春還是一起「道行」，赴網島「心中」，期於西天世界再見。小春還爲了女性之間的義理，提議兩人分在兩處死去，這樣才能保住阿桑做妻子的名譽。治兵衞表示同意，讓她先死，然後另擇他處自殺而逝。講述者唱道：「那時剛好附近大長寺的念佛聲起，聽到『有緣無緣乃至法界平等利益』（意謂不論信與不信，一律普受阿彌陀佛慈悲之恩，往生西方淨土）」。

就表面上看，此劇所表現的義理除了封建秩序與金錢力量的兩層束縛之外，又有阿桑與小春之間極其微妙的女性情義，治兵衞對太兵衞的個人名譽，做爲妻子的阿桑犧牲自己與小孩而死心維護丈夫的男性名譽以免蒙受恥名等等，相當複雜，充分暴露了當時種種不合理的封建道德觀念。而有關「名譽」、「恥辱」、「報恩」、「情義」以及男性中心的雙重標準（譬如丈夫有權外遇，妻子不得紅杏出牆）等等當時種種不太合理的封建道德觀念，直到今天還多少管制著一般日本人的生活心理與價值判斷。義理與人情的葛藤衝突如何適予消解，在今日的日本社會仍然構成環繞著傳統與現代化之間的一大棘手難題。我們對於義理與人情的問題意識與處理方式雖與鄰邦日本不盡相同，但「義理」觀念源於我國古代道德思想，近松戲曲所暴露的封建道德遺毒問題，對於我們似乎仍具間接的啓迪意義，實有發人深省之處。

傳統美的再發現與再創造

再就深一層去透視，上述義理之種種與人情的葛藤衝突，也可以說是在治兵衞與兩位女主角的各別內心之中道德感與愛情感有所對立分裂而造成的心理悲劇（a psychological tragedy）。近松戲曲確實有此心理悲劇的蘊含，祇是木偶戲雖易於表現人物的典型（type），却難於表達帶有具體心理的個性（individual character）。這就說明了為甚麼後來近松戲曲的表現形式漸從人形淨瑠璃轉變而為有實際俳優演出的歌舞伎或現代戲劇，也同時說明了近松戲曲的文藝價值絲毫不受表演形式變化的影響。

據東京小學館所出版的「圖說日本文化史大系」（第九卷）所說，「傀儡子」（卽木偶戲）原從中亞細亞，經由中國、朝鮮輸入到日本，至少有一千兩百年的歷史。經過平安時代、鎌倉時代，而到室町時代末期，木偶操作的技術有了顯著的進步。傀儡子、淨瑠璃與三味線三者合成的結果，就變成了人形淨瑠璃，可以說是一種以木偶為媒體的歌劇。最近臺北報載，我國珍貴民俗的傀儡戲與皮影戲，三年前在施合鄭文化基金會贊助下，幸有傳人，授給中小學美勞老師與藝術科系學生，帶入中小學美勞課程，成為兒童教育的一項利器。拙文所論近松戲曲的審美意識，盼有拋磚引玉之效，提醒國人保存與發揚傀儡戲等各種民間藝術的重要性，這也算是「傳統美的再發現與再創造」課題之一。

（一九八五年十月二日深夜於費城郊外，原載中國時報十一月七日人間副刊）

儒家倫理的轉折與充實

——參加韓國「現代社會與傳統倫理」學術會議

五月六日我乘韓航班機飛抵漢城，參加高麗大學（韓國最大的私立大學）民族文化研究所與韓國國際文化協會爲了該校八十周年校慶特別擧辦的紀念學術會議。二十二位主講之中，代表韓國各大學的敎授共有十八位，被邀請的外國學者原有五位，但代表中國大陸的廣州中山大學副校長因故缺席，實際上祇有四位參加，分別代表日本（九州大學哲學系稻垣敎授）、印度（德里大學哲學系般得亞敎授）、中國（政大文理學院羅宗濤院長）與美國（本人）。開會前晚，高麗大學校長設宴款待所有與會學者，致歡迎辭時特別提到，這次大會邀請的外國學者並沒有白人在內，言下之意似乎暗示，就歷史文化與地域的親近性言，亞洲人乃是一家，令人感到意味深長。

我仍記得，第二次大戰期間上小學時，日本軍閥政府以「大東亞共榮圈」號召亞洲各國「團結一致」，共同實現「八紘一宇」的政治文化理想。但是，那時的日本强佔朝鮮半島，與臺灣一樣，當作殖民地看待；且以侵略者姿態進軍中國大陸與東南亞各國，因此徒增亞洲各國的激憤而已，怎能達成它的政治野心？相比之下，今天由從未侵占他國，而在遠東地帶的文化溝通長期擔當過重要角色的韓國人士重新提議亞洲人的同心協力，實有一股無比的說服力量，怎不令人首肯？

會議進行得很順利，共有兩天（八日與九日），主題是「現代社會與傳統倫理」，分成「人與倫理」、「社會與倫理」以及「宗教與倫理」等三組同時進行，每組各有七至八名主講。宗濤兄與我恰好同屬「人與倫理」（此題專涉儒家中心的人倫道德問題）這一組，而有曾在政大研究所攻修大陸問題的金大洸君（現任高大民族文化研究所中韓大辭典編纂）擔任通譯，語言交通上方便了不少。宗濤兄的講題是「中國人之倫理意識——以中國詩歌所表現之倫理觀爲中心」，除了五倫之外特別强調師生之倫理。由於主講時間有限制，他表示無法一一擧出詩歌實例仔細說明我國傳統的倫理意識而感到遺憾。我因原則上代表美國學府，故以英語宣讀論文摘要「關於儒家傳統倫理現代化的哲學省察」；但開場白與討論問答則用國語，聲明自己比較喜好中文，而由金君通譯。

一、不能只就表面去看儒家倫理與經濟發展之間可能的關聯

我在開頭提及德國社會學家韋柏（Max Weber）的理論最近在臺灣所引起的研究熱潮。依據他的理論，以卡爾文派爲代表的新敎倫理與近代歐洲資本主義的順利發展有過正面密切的因果關聯，足以補正馬克思的唯物史觀，提醒我們上層建築的意識形態如宗敎或倫理道德，對於經濟發展所可具有的積極作用。大家知道，近二十年來包括臺灣與韓國在內的「亞洲四條龍」，緊隨日本之後有了驚人的經濟成就，而這五個地區又同時具有一個共同點，就是傳統儒家的世俗倫理深入民間，構成思想文化的一大成素。這就引起了許多社會科學家的問題探討：儒家倫

理對於亞洲這五個地區的經濟奇蹟是否形成意識形態層面的有利因素？爲何在印度、錫蘭、菲律賓等未受儒家倫理影響的其他亞洲地區，就沒有產生過同樣的奇蹟？我個人覺得，我們不能祇就表面去看儒家倫理與經濟發展之間可能有的因果關聯，還應進一步探討五個地區除了儒家倫理之外，分別具有着的本身獨特的意識形態結構，否則容易以偏概全，過分誇張儒家倫理的正面作用。不過，我不是社會科學家，較無資格去做深一層的科學研究。我祇覺得有個更重要的時代課題，就是：傳統的儒家倫理如何自我轉折與自我充實，經由一番現代化之後配合經濟社會政治等等其他層面的現代化，眞正發揮正面積極的極大作用，而不變成意識形態上的絆脚石？我的論文主題就是環繞着此一問題而構思形成的。

二、「最高限度的倫理道德」與「最低限度的倫理道德」

依據我的哲學省察，儒家倫理的現代化轉折與充實，必須顧及下面幾個重大課題。第一，從孟子性善論到王陽明致良知教的孟子一系心性論（簡稱良知論），是儒家倫理的人性論基礎，偏重正面人性（高層次的道德性）而較忽略負面人性（低層次的自然本能乃至做惡傾向），得失參半。偏重正面人性的好處，是在能够鼓舞人人道德主體的挺立與步步實踐家庭、學校與社會三層的道德敎育，培養正常有益的人格。忽略負面人性的結果是，沒有針對一大半人旣不願亦不會成德成聖的經驗事實，片面地標高「最高限度的倫理道德」，而無視於現代社會格外需求的「最低限度的倫理道德」。如何謀求「最高限度的倫理道德」與「最低限度的倫理道德」之間的中庸之道（亦卽辯證的綜合，而非皮面的折衷），應是儒家倫理的現代化課題之一。依此看法，我們不能過分倡導成德成聖，而應强調道德理想卽不外是在日日奮勉的現實過程。換句話說，我們現代人所應强調的是君子的人格（理想卽在現實），而不是聖人的完美完善（現實皆爲理想）。這樣，我們比較可以避免僞善，也不致責人太甚。這是我們對於指摘儒家「以理殺人」的戴震與五四前後攻訐「禮敎吃人」的反傳統主義者所做現代式的回答。

三、動機與結果乃是「善」的一體兩面

第二，基於性善論或良知論所形成的儒家倫理大體上可規定爲偏動機論，有別於偏結果論。傳統儒家偏重行爲動機的純善之餘，容易忽略行爲結果的功利效益問題。西方功利主義者强調行爲結果上的所謂「最大多數的最大福利」，幾乎對於動機純善與否視如無關輕重，正與儒家良知論形成對比。我們應該了解，在倫理學上動機與結果乃是「善」的一體兩面，而在現代社會裡結果上的功利效益日形重要，所謂純善動機常被看成「不著實際」。現代儒家學者不得不面對倫理的現實性適予自我調節，設法謀求偏良知論與偏效果論之間的現代化中庸之道，否則難於配合經濟社會政治等等層面的變化發展。現代西方倫理由於强調人人職責範圍之內的與規律遵守意義上的功利效益，故能合乎（後）現代化的企業管理與社會工作的需要。儒家倫理的現代化必須考慮到這一點，但不必放棄原有强調純善動機的倫理優點。

第三，依我對於現代西方倫理學的了解，可以分辨約定俗成而人人必守的「規律中心」（rule-centered）倫理與不同處境上道德主體自我決定取捨的「行動中心」（act-centered）倫理，西方存在主義（如沙特「實存的處境倫理」）與儒家倫理學說屬於後者。由於現代社會日益偏

重「劃定職責，公事公辦」的「規律中心」倫理，一向倡導各別仁人君子的處境行動合乎「時中」(周易) 或「時措之宜」(中庸) 的儒家倫理，又在這裡不得不設法自我調整，謀求本身偏「行動中心」的倫理與西方偏「規律中心」的倫理之間的一種中國本位的現代化綜合，否則我們的傳統倫理無法適應現代社會的需要。

四、「巨模倫理」與「微模倫理」

最後，傳統儒家依據「內聖外王之道」立場提倡德治與禮治，在政治上祇合乎人治理想，而與源自西方的法治觀念格格不入，容易構成順利實現民主政體與公正法治的一種意識形態的阻礙。儒家必須放棄「內聖 (個人道德的圓善) 即是實現外王 (仁政或政治社會道德的圓善) 的必需條件與預決保證」這老論調，分辨我所說「巨模 (巨大規模) 倫理」與「微模 (微小規模) 倫理」的殊異所在，而謀求兩者之間的現代化綜合。譬如說，在微模意義的家庭道德或日常倫理 (如師弟之禮或交友之道)，儒家倫理當會繼續發揮正面作用，但在關涉整個政治社會的 (即跳過個人與個人之間的具體直接關係的) 巨模倫理，現代儒家不得不針對負面人性的現實，吸納「規律中心」倫理、「功利效益」結果論、「最低限度的倫理道德」等等西方人士所注重的倫理觀點，而依我所强調的「中國本位的中西互爲體用論」這新時代立場，打開一條現代化綜合的中庸之道。我在結尾又說，傳統儒家雖有上述倫理難題有待早日解決，它所標出的「仁義」觀念仍可充當人倫道德的最高指導原理，有其永恆不變的價值意義，這是儒家倫理的最殊勝處。

「人與倫理」這一組還有「韓國人的倫理問題與韓國人的倫理意識」(金泰吉教授)、「儒敎的人間觀」(安炳周教授)、「儒家倫理的再檢討」

(尹絲淳教授)、「韓國的傳統倫理」(裵宗鎬教授)、「(韓國) 實學派所展開的人間觀」(李佑成教授) 等五篇論文以及公開討論，都環繞着中韓兩國傳統儒家的倫理課題，使初訪韓國的我眞正體會到儒家思想與文化在韓國植根之深，發展之久。

我又同時體會到，除了儒家的世俗倫理之外，長期的韓國思想文化發展還有極其强烈的宗教層面，包括韓國化了的道教，民間信仰，天道教，韓國佛教 (譬如「圓佛教」)，基督教，以及各種「新興宗教」，宗教勢力之盛與日本相彷彿，而與我國動輒鄙視宗教的情形大異其趣。日韓兩國都有的集體精神是否深受本國宗教的鉅大影響？容易停滯在孫中山先生所歎「一盤散沙」的個人主義或家族中心主義而難於形成集體精神的我國，是否可以說是宗教信仰的薄弱所致？這是值得令人深思的一個問題。學術會議結束之前，民族文化研究所洪一植所長的主要助手做了總報告，提到「宗教與倫理」這一組的討論結果時開了有趣的玩笑說，每每國家民族遇到刼運或危機，就會產生偉大的宗教，帶頭渡過難關。今天韓國的苦難也當催生另一偉大的宗教，它的教會在「民族文化研究所」，而洪所長就是新的教主云云，引得哄堂大笑。我們在中國，就不會搬用「宗教」字眼來解決我們的民族艱危了，因爲我們多半認爲代表中國傳統的儒家並非一種「宗教」。日韓兩國却習用「儒教」這個名辭代表儒家，可見在我們的鄰邦，就精神文化言，宗教始終强過哲學的力量。

五、我們的佛教研究仍停在中世紀階段

我也有機會在位處西南部的圓光大學作關於近代西方哲學與佛教緣起論的兩場演講，又訪問過漢城的東國大學。這兩家佛教大學都是具有

相當規模的現代化綜合大學。它們的佛教研究所設備齊全，敎授們多半具有國內外博士或碩士學位，也能操流利的日語（或英語）與我對談。他們贈送我的幾十册（大學本身出版的）佛教書刊，都充分表現出他們對於佛敎研究的現代化學術態度。臺灣近年來似乎在醞釀着佛敎大學的創辦計劃，但是據我所知，我們的佛敎研究仍停留在中世紀的老傳統階段，尙無現代化的突破跡象，難與日韓兩國比擬。我們如不徹底改變對於佛敎研究的傳統成見，如不同時了解並提倡學術性宗敎研究的重要性，則如何能够隨後跟上我們的鄰邦，遑論超越它們？

我又注意到，韓國一般大學的語文研究，科系分得很細，除韓國語文學系之外，設有中文、日文、英文、法文、德文等系，可見韓國人士對於外國語文研究的重視。我的母校臺灣大學，四十年來除了中文系外，祇設一個外文系，英文敎學一枝獨秀，其他語文有如窗邊裝飾，難怪日本文學、法國文學等等學術研究傳統始終建立不起來，怎不令人慨嘆？我現有的十幾位博士班學生之中，有六位來自韓國，都能閱讀中文，也在學習日文。由於日韓兩國語文文法相近，又因日本過去的政治統制，許多韓國人士兼諳中、日兩國語文。我的學生崔俊植君在漢城的父親與五弟陪我五天，由於崔先生在滿州國期間住過長春十年，與我交談毫不成問題，而崔弟也在臺北唸過中國文學，也能使用通順的中國話。崔家的大姐大哥則用英語與我對談。從崔家的實例不難想見，由於歷史文化等等複雜因素，一般韓國人很重視外國語文的硏究，並具多元開放的文化胸襟，情形類似日本。這是我初訪韓國的一大印象。

另一印象是，韓人待外國訪客的殷勤比我們有過之無不及，而傳統以來的種種美德，如純眞篤實，仍然存在，足見儒家倫理思想與文化在韓國根深柢固。崔先生就對我說過，儒家倫理對他影響很深。我在他家也確實領略到傳統儒家所留下的優良禮節。我又細心觀察公共汽車、百貨店等處的服務人員（尤其女性）所表現出來的美好態度，比日人更顯得自然而無造作，使我深深感動，也證明了傳統儒家在微模倫理方面的影響與貢獻，有其深遠的現代意義，不容我們忽視。

崔君的岳父是現任大韓消化器病學會長的姜亨龍醫師，他在雅致的韓式餐館請我吃飯時，提到韓國人彼此交換酒杯並相互倒酒的親熱習俗。他說，有鑒於近年來肝病肝炎的急速增加，他已發起禁止這種習俗的運動，以免肝病繼續蔓延下去。我仍記得，去年三月回國期間從親友所聽到的肝病流行一事，但不知國人是否已經提高警覺，設法解決此一衞生問題？至於中共去年所發起的「廢用中國筷子，改用西方叉子」的運動，則未免矯枉過正了，連最講究衞生的日本人都沒有過廢除筷子的念頭，難道中共當局不能了解，日常衞生的保持與否與筷子問題毫不相干嗎？

談到衞生問題，使我想到臺北空氣汚染與下水道壅塞的嚴重性。去春我回國不到三天，金恆煒兄就給我看了當天時報人間版上刊載的第一篇討論臺灣生態問題的文章，過了幾天聯合報副刊也開始登出同一問題的文章。但是，大臺北的生態問題已有辦法解決嗎？我在人口超過三百萬的漢城，不但看到相當乾淨的地下鐵道，也覺得整個城市的一般生態相當不錯，非臺北可比。在大臺北從事於都市計劃與生態改善的主管人員應該痛下決心，早日謀求治本大計，否則十年以後的大臺北市容將變成如何？

（一九八五年六月十三日於費城近郊，原載中國時報七月二日與三日人間副刊）

從「大辭典」談到外語定譯問題

大概命裡注定此生祇能當個「淸高」學者的緣故吧，我自幼少便喜於涉獵各種工具書或參考書。記得日治時期上小學三年級時，在哥哥書房偶然看到一本通俗的日文「百科事典」，約有一千兩百頁，就拿到自己房間，每晚耽讀，三個多月之後居然讀完，不但知識有所積累，也大大助我養成日後慣於翻查工具參考用書的讀書習慣。

隨着敎育程度的步步升高與百般知識的年年增加，我對工具參考用書的需求也愈深愈廣。譬如在大學時期，爲了加强自己的日文知識，身邊隨時帶有「漢和大辭典」(依漢字部首編排) 與「廣辭林」(依日語假名發音編排)；又因同時開始苦修德文，當然也少不了德文辭典之類。我那時 (直至留美完成學業爲止) 所專攻的是西方哲學，時常遇到希臘文、拉丁文乃至法文術語，範圍遠遠超過英文辭典之外，也就不得不逐年添購涉及古今各國語文有關的一大堆辭書了。

由於專業知識的擴充與深化，也自然逼得自己更進一步購備語文辭書之外的各科工具參考用書。光就佛敎研究這一項言，不但曾以高價買過梵文、巴利文等字典，還購買了臺北書商翻印的「望月佛敎大辭典」(十卷)、「佛敎大辭彙」(七卷)、「禪學大辭典」(三卷)、「佛書解說大辭典」(十四卷)，以及中村元敎授所著極有現代化特色的「佛敎語大辭典」(三卷) 等書。記得數年前我請正在訪美的中村先生來校演講，之後，大家聚餐時我對他說，家藏他的名著不少，包括「佛教語大辭典」在內。這位向以急智與風趣著名的日本「文化國寶」馬上回答說：「哦，那實在很對不起你，我應該付你房租（“I should pay you a house rent.”)」。記得又有一次我在自家以日式火鍋（sukiyaki）與日本米酒（sake）宴請另一國際聞名的佛教學者阿部正雄與敝系幾位同事。阿部教授在我書房看到臺北翻印的日本佛教研究工具書，不禁感嘆說：「日本出版的書太貴了，所以像你一樣，我也時常從臺北購買很便宜的翻印書籍，包括你這書房裡的一百五十大本『續藏經』在內」。

說起「續藏經」，胡適在一九五九年十二月曾致入矢義高教授書函，附加下面一語：「我很想買一部『大日本續藏經』(京都藏經書院原版，或上海涵芬樓影印本，皆可)，願意出美金一千元左右的價錢，不知京都有無此書？……我的北平藏書，——其中有『縮刷藏經』兩部之多，也有涵芬樓影印本『續藏經』，——在一九四八年底完全丢在北方了，所以很想買一部」(「胡適禪學案」第五八四頁)。胡適當時想以一千美元的「廉價」購置整套原版「續藏經」，我想根本是不可能的事。但十年前我却以同一價款（包括海外平郵郵費在內）直接購得新文豐出版公司所翻印的整套，不僅感到臺北文化出版事業的欣欣向榮，更深深體會到老一代中國學者治學的艱苦。

對於大中學生以及社會各層的一般讀者來說，偏專業化的工具參考用書算是一種「奢侈」，也無特別購置的必要。他們最需要的基本工具書，應是一部兼具詞條充全、字辭詳解、出處註明、百科齊備、版面清晰等等條件而又十分合乎現代人需求的中文標準辭書。我在三年前由於金恒煒兄（與「中國論壇」召集人韋政通兄的分別）敦促與鼓勵，振作起來重新開始停頓了十年以上的中文寫作，爲時報人間版「西東博議」專欄（以及其他期刊雜誌）一直撰寫了爲數不少的長篇短論，故得時時翻查中文辭典，但直到最近三民書局的「大辭典」(三大册，共六千一百九十頁）問世以前，始終找不到一勞永逸而令人滿意的標準辭書。三民書局董事長劉振强兄出過拙著「西洋哲學史」(七版)。去年三月我自香港順路回國，十八年後重蹈故土之時，他對我提及「大辭典」的出版工作，並說一旦出版卽贈一部。今年九月初我應恒煒兄之邀，在日本開完會後回國爲時報文化週公開演講，恰巧「大辭典」剛剛出版。振强兄很重然諾，讓我趁坐班機回美之便，帶回費城這套二十磅重的「大辭典」。

我對裝訂精緻（日人所謂「豪華版」）的書籍向來就有賞玩良久的審美癖好，將「大辭典」帶回家後不久，有個晚上寫完一篇文章，三更半夜頓覺舒暢，閒來無事便取出一瓶洋酒，往後院去坐，面對又長又瘦的一百多棵樹林獨酌自樂，一邊靜聽卡帶中馬友友（Yo-Yo Ma）所演奏的巴哈「大提琴獨奏組曲」(Cello Suites)，一邊摸弄「大辭典」的紅色版面，嗅聞書頁到處發散着的妙不可言的紙香之氣，如痴如醉，如入太虛幻境，而至不知東方之旣白。這種書獃子玩書的體驗與樂趣，不知那位讀者也曾有過？我仍記得，已故方東美師當年上「人生哲學」課時，喜提哲學家桑他耶拿（George Santayana）摸書聞頁而自得自樂的趣事。據說桑他耶拿不時自誇讀書能力已臻「一目了然」的神功，祇須一嗅書頁香氣，立卽洞悉書中一切云云，眞可謂「哲學家難免知的虛榮（intellectual vanity)，吹牛到家」了。按「大辭典」解「一目了然」云：「一看之下，卽可全部瞭解。也作一目瞭然」，並引「文獻通考」，擧其出處；又解「吹牛」云：「誇大其事，俗稱吹牛皮。參見吹嘘條」。

「大辭典」精印本特價三千兩百元，以它版面的淸晰，裝訂的精美，及其他種種內容的優點來說，實在是出版界的一大創擧，亦是辭書編寫的一大突破，不能算貴。幾個月來各大報紙從不同角度分別提到它的種種好處；做爲留美華籍學者，我特別注意到的是「大辭典」所包含的現代用語（尤其西方新興學科辭彙的漢譯與解釋），顯較已出版過的所有通行中文辭書豐富得多，新穎可取，自覺獲益匪淺。我上課時，常對美國大學生們自吹自擂說：「我這電腦般的腦袋裝滿着百科全書的知識」（"My computer-like brain is filled with encyclopedic knowledge."）。仔細翻查「大辭典」多次之後，發誓再也不如此自我吹噓了，因爲我在「大辭典」裡發現了不少自己並不熟悉的新興文科名詞，譬如「文化客位觀」（第一九六六頁），「認知人類學」（第四四四九頁），「民族精神病學」（第二四八五頁）等等辭彙，我連英文原詞都沒聽過，至於理工科方面的新造名詞，更不必說了。翻到這些新詞之後，忽覺自我的渺小，汗顏之至，也同時憶起了莊子「養生主」開頭的那一句「吾生也有涯，而知也無涯；以有涯逐無涯，殆矣」。大家不妨也像我小學時讀「百科事典」的那樣，試試翻閱一次「大辭典」，說不定會腦門頓開，嚮往人類知識的不斷探索，恐怕要比花費寶貴的時光在「楚留香」等不用腦筋的純娛樂電視節目更有意義與裨益。

說起「大辭典」所包含的外文辭彙，使我想到外語定譯（the definitive Chinese translation of foreign terms, to be commonly accepted）的基本問題。依我的了解，外語定譯可有⑴純粹音譯，⑵純粹義譯，⑶音義雙譯，⑷約定俗成，以及⑸日譯採用等五種辦法，後面二者與前面三者之一常有相連的情形。尤其「約定俗成」的一點是外語定譯之後大家必須共識共認的基本道理。「大辭典」解「約定俗成」云：「事物的名稱或法則，經人相約遵用，久而久之，爲社會所公認或習用。〈荀子・正名〉『名無固宜，約之以命。約定俗成謂之宜，異於約則謂之不宜』」。荀子在兩千三百年前已有如此精當的了解，實在令人歎服。

外來名詞的純粹音譯，在我國源於佛教梵典的翻譯工作，譬如「涅槃」(nirvāṇa) 一詞是梵語的音譯，一千多年來已成定譯。除此音譯之外，早期譯經者也試過義譯，如「大辭典」中所提到的「無爲」、「滅度」、「圓寂」等等（見第二六四〇頁），但皆不及音譯之優，可能是由於原詞義涵豐富，與其落於義譯之偏，不如藉諸音譯保存原詞的多義性。又如「邏輯」(logic)、「沙龍」(salon) 都是音譯，已通行很久，亦算是定譯。記得民國初期，有「德謨克拉西」(democracy)、「煙士披里純」(inspiration) 等音譯名詞，可能是因爲音譯太長難唸，現已無人使用，改爲「民主」、「靈感」等義譯，簡單明瞭。相比之下，日本人的外語音譯，幾至氾濫，蓋因假名等於音標，又與漢字混合而成日文之故，採用假名的音譯，等於直接搬進西方名詞而不必費神義譯，但也容易產生日文「洋涇浜」(pidgin) 化的危險。「大辭典」解「洋涇浜」云:「……洋涇浜一詞可能是『必斯諾斯』(business 生意) 訛誤發音而形成。舊時上海租界以及其他港口，因華、洋人雜處，語言相混，所以稱不純正或雜有中國語文的英語爲洋涇浜英文 (pidgin English)，……」(第二六〇六頁)。

義譯當然要比音譯困難多多，需要相當的技巧。「大辭典」中柏拉圖的“idea”譯爲「理型」，似乎比我在「西洋哲學史」中所採用的「形相」一辭要好得多，可當定譯。我一向以「解釋學」當做英文“hermeneutics”一詞的中譯，但項退結教授讀拙文「中國文化重建課題的哲學省察——從生命的十大層面與價值取向談起」(「哲學與文化」月刊第十二卷第十期)之後曾來函表示他的感想，在信末說:「我有一個建議:“Hermeneutics”可譯爲『詮釋學』，這樣『詮釋』可與『解釋』分淸楚。後者可指 Explanation，比較指科學的因果關係之闡述。中文名詞我認爲需要日漸專技化, 意下如何?」我讀項先生信後, 深覺有理, 故在「老莊、郭象與禪宗——禪道哲理聯貫性的詮釋學試探」(同刊第十二卷第十二期)聲明:「項先生的建議我誠意接受, 故自本文起開始採用『詮釋學』的譯名, 特此對於他的建議表示謝意」。但是,「大辭典」却採用「解經學」、「解釋學」兩個義譯, 前譯指出 "hermeneutics" 的原義, 乃係「闡釋宗敎經典(尤其聖經)涵義的學科」(第四三九八頁), 後譯却是我剛接受「詮釋學」此譯之前自己所一直慣用的中譯。由此可見定譯實非易事, 有待集思廣益, 愼重推敲, 然後經由大家約定俗成, 公認之爲定譯。就這一點說, 報紙的效果最大最快, 也最需要愼重負責。

有些外文名詞幾不可能義譯, 義譯不善, 反易滋生誤解。擧例來說,「大辭典」對於英文 "the right to privacy" 一詞採用這些年來在臺灣流行的中譯「隱私權」, 解云:「……隱私權乃個人權利中的一項。意指個人的私事、秘密、私生活, 以及隱居處所等方面的自由, 享有不受政府侵犯或他人干擾的權利」(第五一三二頁)。但「隱私」之「隱」原非中立, 多半具有「隱瞞」等壞義, 因此「隱私權」實不能算是適當的中譯。不過, 我們如推敲不出更好的中譯, 此譯經由約定俗成之後, 遲早恐會變成人人共認共用的定譯了。

音義雙譯法最成功的一例是「共識」(consensus), 音義雙配英文原字, 不知那位譯成, 很有才氣, 似已通用而爲定譯。「大辭典」解云:「指一個社會不同階層、不同利益層面的人, 所尋求相互間的共同見識、價值、理想。在變革中的社會, 必須有遠大民主願望的前提, 才容易達成共識」(第四〇五頁)。第二句已超過字辭解釋的範圍, 似乎特別反映着正在醞釀「多元民主化」共識的臺灣社會現實情況。另一佳例是已故殷海光教授在一九五〇年代所試譯的「套套絡基」(tautology), 也是音義雙譯, 但此邏輯名詞並未收在「大辭典」中, 日人則意譯之爲

「同語反復」。又，「意識形態」是“ideology”的義譯，此英文名詞亦有音義的雙譯，即「意底牢結」，似乎也是殷先生所試。但「意底牢結」的譯法帶有負面的價值判斷，不及「意識形態」的精當，因後者既可具有負面的意義，亦可具有中立性的描敍意義之故。

我們創製不出適當的外語中譯時，不妨參照日人譯法，如有需要，則予以採用。「大辭典」中所收入的不少西方辭彙，如「哲學」、「形上學」、「精神醫學」等等學科名詞，都是襲用日人所嘗試的漢譯而有，經由約定俗成，早已公認之爲定譯。「大辭典」載有「本體論」(ontology) 一詞，依我所知，由於牟宗三先生的思維影響，目前的臺灣哲學界似乎慣用「存有論」的譯名。「存有論」不及「本體論」好，比日本譯名「存在論」更差，因已帶有儒家偏「有」斥「無」的有色眼鏡之故。道家與大乘佛敎豈不予反對，而分別採用「存無論」與「存空論」嗎？我衷心盼望，大家捨離「存有論」之類既有偏差又講不通的中譯，好好集思廣益，尋得名正言順的定譯出來。又如「存在主義」(existentialism) 一詞亦非精當，祇有已故徐復觀教授與我一直堅持採用日人所譯「實存主義」一詞。但「存在主義」似已成爲定譯，「大勢已去」，我也無法呼籲大家重新改正了。「大辭典」採用「存在主義」的譯名（第一一四三頁），但同頁又載有「存在命題」(existential proposition)，解云：「邏輯學名詞。一、用以表達事物存在的命題。二、冠有存在量化詞在句首的命題，包括傳統邏輯中的特稱命題」。可見「存在」可以是「人的存在」，也可以是「事物存在」或「上帝存在」；則「人的存在」最好依實存主義哲學家特別規定之爲「實存」，不但兼攝現實存在與眞實存在二義，亦同時蘊含（眞）實存（在）的自由抉擇之義。但是，有多少文史哲學界的朋友願意聽取我的管見呢？（一九八五年十二月十二日深夜於費城郊外，原載中國時報十二月二十六日人間副刊）

從貧窮到開發、從閉鎖到開放

去年十一月二十一日，我應威斯康辛大學（Oshkosh 校區）哲學系教授吳光明兄（英文「莊子」一書作者）之邀，飛往該校演講「環繞着貧窮與開發的中日兩國意識形態問題」。演講完後接着又飛往加州大學（柏克萊校區），在熊玠教授主持的「毛後中國大陸意識形態與價值觀念的轉變問題」這學術討論會（係第二十七屆全美中國研究協會年會節目之一），主講自選的題目：「以十年來的哲學研究爲例，分析中國大陸當前的馬列主義兩難（dilemmas）」。恰巧前後兩次的演講內容密切關聯，且互相補充，一方面分別涉及「從貧窮到開發」（from poverty to development）的經濟基礎（the economic base）發展問題與「從閉鎖到開放」（from self-closedness to openness）的上層建築（the superstructure）轉變問題；另一方面又暗示着這兩個問題原是同一問題的兩面，不容分離，而其徹底的解決，亦非採取「雙管齊下」的辦法不可。就這一點說，光明兄爲我擬定的講題實有發人深省之處，給我一個哲學思索的良機。

中國大陸當前的馬列主義兩難

貫通我這兩次演講的基本論點是，從貧窮到開發的進步過程也必定是從（意識形態上的自我）閉鎖到（多元）開放的轉化過程，這在歐美各國從近代到現代的社會實踐與歷史發展格外顯著。再就遠東地區言，我們如能平心靜氣，針對一兩百年來中日兩國從經濟生存到思想文化各大層面的成敗得失予以全盤性的比觀評價，也同樣可以證實我的「雙管齊下論」基本論點。

但依馬列主義的歷史唯物論教條，經濟基礎與上層建築必須截然分辨，因爲經濟基礎決定上層建築的基本性質，而它的變化也決定後者的變革；這就是說，經濟基礎構成歷史發展的根本動因。所謂「經濟基礎」，即是一定社會的生產關係各方面的總和，包括生產資料的所有制形式（私有制或公有制），種種涉及生產的社會關係，以及生產分配形式等等（最廣義地說，不妨包括生產力）；所謂「上層建築」則是建立在經濟基礎之上的政治法律制度，以及與之相適應的社會意識形態，包括哲學、宗教、文學、藝術、道德等等觀念。歷史唯物論更進一步主張一切社會發展和變革的最後最根本的決定因素是在生產力（卽勞動者和生產工具爲主的勞動資料），生產力發展到一定階段，遲早必然引起生產關係的變革，此一變革亦必然引起上層建築的轉變。馬列主義認爲，這是「不以人的主觀意志爲轉移的科學規律」。依此規律，資本主義社會本身由於生產力的過度膨脹（以及國內外市場的你爭我奪等等因素），必然引起整個經濟基礎的變革，而此變革亦必然導致資產階級所控制的整個上層建築的大變動，經過國際性的無產階級（暴力）革命，資本主義社會必然轉進（過渡意義的）社會主義時期，最後變成共產主義社會。

然而，以美國爲首的歐美開發國家不但未曾依照馬列「規律」進行過工人革命，今天反向我所云「後現代的高度科技化資訊社會」(the post-modern high-tech, information society) 日日邁進，同時也在上層建築領域步步實現着人人參與的高度民主，而展顯出意識形態各方面的多元開放性，依據「(大家) 同意並不 (一定要) 同意」(agree to disagree) 的基本共識，在不隨便苟同的自由討論氣氛下設法求得公平可靠 (fair and reliable) 而又可望大家權且同意 (provisionally agreeable) 的辦法或結論出來。這種雙管齊下的解決辦法，對於歷史唯物論的敎條公式豈非構成一種歷史的嘲弄 (an historical irony)？這對一九五七年以來空喊「百花齊放，百家齊鳴」但又朝令夕改的中共保守派，豈不是社會實踐上的一大諷刺？

介乎馬克思與韋伯之間的雙管齊下論

我的雙管齊下論介乎馬克思的唯物史觀與韋伯 (Max Weber) 的社會學理論之間，採取「中道」立場。唯物史觀所云經濟基礎對於上層建築有所決定或作用，有其蓋然性 (但非合乎所有時代的必然性) 的經驗根據，乃是一種常識。問題是在：前者是後者變動的根本動因呢？還是依我雙管齊下的看法，在多半時期兩者的相互作用幾乎同等，難於分辨，而在某些時期後者 (尤其思想文化的意識形態) 的歷史作用或決定性甚至可以遠遠超過前者呢？十年前我發現到下面極其有趣而重要的一點，恐怕還沒有人提過。

馬克思在他著名的「政治經濟學批判」序言說過：「隨着經濟基礎的變更，全部龐大的上層建築也或快或慢地發生變革」。莫斯科出版的「馬克思・恩格斯選集」英文版却將原有德文「或快或慢地」(langsam oder racher）有意無意譯成「相當迅速地」（more or less rapidly），而中共出版的同一選集中文本則忠實於原文，如上所引，譯爲「或快或慢地」（sooner or later）。斯大林在一九〇六年所發表的「無政府主義還是社會主義？」早就誤譯誤引原文，又在一九五〇年所出版的主著「馬克思主義和語言學問題」强調：「上層建築是某個經濟基礎存在和活動的那一個時代的產物。因此上層建築的生命是不長久的，它是隨著這個基礎的消滅而消滅，隨着這個基礎的消失而消失的」。但是，如說斯大林所云（「不長久的」或「相當迅速地」）很對，則爲甚麼蘇共或波共的長期思想統制仍無法免除傳統宗教（東方正教或天主教）或潛或顯的精神力量呢？爲甚麼中共屢次的思想改造運動，尤其是史前無例而造成十年浩刧的文化大革命，不但消滅不了上層建築的「四舊」（舊思想、舊文化、舊風俗、舊習慣），反而助長「四舊」（如孔子的重新評價，教師節的恢復，宗教信仰的興起）的死灰復燃呢？

革命浪漫主義者毛完全不顧任何代價發動文革，正說明了毛在心中早已不信傳統馬列主義（不論是「相當迅速地」或「或快或慢地」）的說法，反要堅持「上層建築的不斷革命」，難怪文革期間莫斯科的馬列專家們紛紛撰文痛斥毛爲違背歷史唯物論「規律」的「唯心論者」。已故徐復觀教授在他仙逝之前半年，與我通信數次，討論中國大陸所面臨的困局窮境。當我提到，自我閉鎖的馬列主義意識形態如果祛除不了，中國大陸的前途實堪憂慮，徐先生回信說：「中共現在該做的就是經濟改善，提高人民的生活水準，還管它甚麼意識形態？」（因徐均琴女士收集其父生前書信，以便數年之後出版，此信已交給她保管。）爲了支持我的看法，我從「毛澤東思想萬歲」（文革時期的紅衞兵「聖經」，但未曾公開，已成禁書）抄下毛的一段話給徐先生看：「一切革命的歷史都證明並不是先有充分發展的新生產力，然後才能改造舊的生產關係。……從世界的歷史看來，資產階級革命，資產階級建立自己的國家也不是在工業革命之後而是在工業革命以前，也是先把上層建築改變了，有了國家機器，然後進行宣傳取得實力，才大大推動生產關係的改變，生產關係搞好了，走上軌道了，也就為生產力的發展開闢了道路。……首先造成輿論奪取政權，然後才解決所有制問題，再大大發展生產力，這是一般規律」。徐先生看完之後，完全改變了口氣，同意我强調「從（意識形態的自我）閉鎖到（多元）開放」必須配合「從貧窮到開發」而同時進行的看法。我相信雙管齊下論較有解釋歷史的伸縮性，也較合乎多半的史實。但是，有多少中共學者能够理解我的看法，遑論點頭表示同意呢？有多少中共領導者，也像我一樣，發現到從馬恩列斯到毛的歷史唯物論教條本身的種種內在矛盾或牢結呢？

意識形態的推動力量，並不亞於經濟基礎

我們知道，韋伯在「新教倫理與資本主義的精神」主張，以卡爾文派為主的新教倫理（如禁欲勤勞以便顯揚上帝榮光）與近代歐洲（尤指英、德）資本主義的順利發展有過正面密切的因果關聯。西方社會學家與歷史家們對於韋伯此說贊否參半，迄無定論。無論如何，韋伯至少提醒我們，上層建築的意識形態，如宗教信念或倫理道德，對於社會經濟的發展具有積極的作用，足以補正馬克思以來的唯物史觀動輒强調「唯生產力論」的理論偏差。站在馬克思與韋伯之間，我一方面不得不承認經濟基礎本身所具有的推動社會歷史發展的强大作用，另一方面又得肯認，以意識形態為主的上層建築的推動力量，並不亞於經濟基礎，甚至有過之而無不及。我們可借鄰邦日本兩百年來的發展路數為例，證實雙管齊下的論點。

連一般日本史專家都常看不出，日本「從貧窮到開發」的資本主義發展，並不是明治維新完成前後才開始的，而是始於德川幕府時代中期。那時德川將軍爲了控制全國「大名」（卽各地諸侯），設置所謂「參覲交代」的政策。各地大名必須每隔一年住在幕府所在地「江戶」（卽東京），家屬必須留在江戶（等於人質）。爲了參覲交代，各地大名不得不花龐大的往返費用，加上其他因素，財政日趨窮迫，不得不向新興的商人階級高利借款，如此一方面助成了商業資本的累積與貨幣經濟的發達，另一方面（由於來往交通的頻繁）大大促進江戶到各地「城下町」（卽大名所在的城郭都市）的消費經濟。包括其他因素在內，我們在德川中期已能發現近代日本資本主義（商業都市的形成、豪商財閥的興起、企業組織與管理的逐步系統化等等）的胎動與初步發展，難怪到了明治時代已有三井、三菱等等大規模的財閥集團出現。譬如三井財閥的前身，就是德川時代有名的豪商三井這一家。

專就「從貧窮到開發」這一點來說，我國確實沒有日本那麼幸運，眞正領略過大規模的資本主義企業組織與生產力發展的滋味。而我國從鴉片戰爭到八年抗戰乃至戰後一分爲二的政治局面所遭受到的一連串我所云「歷史的不公平待遇」（history's unfair treatment），格外令人感到，台灣今天的經濟成就委實得來不易，可以說是不幸中的大幸。但是，我們應該祇以亞洲四條龍之一自滿自足，而不「百尺竿頭、更進一步」嗎？難道我們不必重視「從閉鎖到開放」的意識形態問題嗎？就這一點，我們的鄰邦是否也有足以構成强烈衝擊的正面資糧，值得我們好好學習與吸納，藉以開拓未來中國的新道路呢？

現代新儒家所面對的時代課題

由於日本與亞洲四條龍都是儒家思想與文化所影響過的地區，近來就有一位朋友開始高唱「第三期儒學運動」。但是，我們如果未經一番嚴格的自我檢討，重新評價傳統儒家思想文化的優劣得失，則如何去繼往開來？依我管見，現代新儒家所面臨的時代課題是：如何謀求儒家思想與文化（尤其倫理道德）的自我轉折與充實，俾使脫胎換骨（意即適當的現代化）之後的儒家傳統能够形成有助於「從貧窮到開發」與「從閉鎖到開放」雙管齊下的一種上層建築正面因素，而不致變成反面的絆脚石？換句話說，我們如何避免動輒惡化而爲自我滿足與自我閉鎖心態的傳統以來的儒家「單元簡易心態」？爲甚麼祇有我們在高唱「第三期儒學運動」，而在明治維新前後已經有過轟轟烈烈的儒學運動的日本，今天却無動於衷，不必去花腦筋，唱此高調呢？難道是我們過度的華夏優越感在作祟，構成我們今天的心理糾結，而無法克服的嗎？

儒學在德川幕府前期開始發展，後來朱子學還變成了官學，在這一點類似我國明淸時代的意識形態。但在明治維新以前的日本儒學，我們可以發現三點特色，不同於我國儒學。第一，儒學思想與文化經過了一番徹底的日本化改造。當代日本儒學耆宿岡田武彥教授剛自九州大學寄贈給我「山崎闇齋」與「貝原益軒」兩本新著（收在他自己主編的「日本思想家叢書・儒學篇」，不久將以中文重寫，收在韋政通兄與我合編的「世界哲學家叢書」之中）。在這兩本書裡，岡田先生特別提到，山崎與貝原這兩位德川儒學思想家，都倡導「神儒一體」，以神道思想湊合朱子學的「大義名分」論，如此發揚萬世一系的皇國精神。依「先哲叢談」（卷三）所載，山崎「嘗問羣弟子曰：『方今彼邦以孔子爲大將，孟子爲副將，率騎數萬攻我邦，則吾黨學孔孟之道者，爲之如何？』弟子咸不能答，曰：『小子不知所爲，願聞其說』。（山崎代答）曰：『不幸若逢此厄，則吾黨身被堅手執銳，與之一戰，擒孔孟以報國恩，此卽孔孟之道也』。」貝原在他的「神儒並行而不相悖論」亦云：「夫我神道是清淨誠明平易正直之理，乃人倫之常道，順方俗合土宜。……夫以本邦與中國同道而異俗。故雖聖人所作之禮法，不宜于我邦者亦多矣。學儒者順其道而不泥其法。擇其禮之宜于本邦者行之，不宜者皆置之不行，何不可之有？然則神儒並行而不相悖，不亦善乎！」可見日本儒學帶有强烈的民族主義精神，實與原有中國儒家大異其趣。

日本德川儒學早已醞釀多元開放趨向

第二，表面上看來，朱子學升爲官學，似乎一枝獨秀，壟斷他學，其實不然，在德川儒學思想運動內部早已醞釀着多元開放的創造趨向。源了圓教授在他的成名作「德川合理思想的系譜」序中就曾說過：「（伊藤仁齋、山鹿素行、荻生徂徠等人的）古學否定朱子學的思辨性合理主義之爲空談空論，而建立一種實證的立場，乃是學問探討的一大進步，早於中國（清朝）的考據之學五十年，不得不令人驚嘆。……我們也在貝原益軒身上看到朱子學轉化而爲經驗的合理主義傾向。這些（德川儒學）思想家們都能依照他們各自的主體性要求，探討自然與社會之理。對他們來說，儒教並不充當教義，毋寧說是爲了（人文科學與自然科學的）眞理探索所使用的思想工具。……又有荻生徂徠所倡『道（並不僅限於儒家，却廣）及於諸子百家，九流之言，佛老之類』的一種精神解放宣言。……經由（西方）自然科學的合理精神所觸發與挑激，儒敎也隨着改變了自體」。我在這裡選譯源教授自序的一段，旨在說明日本儒學未曾構成大一統的思想體系，却具有着五花八門的多元開放性，足以例證日本思想與文化避免了單元簡易的意識形態，故在兩百年來吸納西學的過程當中伸縮自如，而從德川時期的鎖國政策徹底解放出來。戰後日本又在麥克阿瑟將軍的明智政策指導下終於完全翻了身，隨着歐美各國之後變成名副其實的多元開放性民主國家。

第三，從德川末期到明治維新，有數不清的各地儒者（亦即武士階級）以救國救民的幕末志士身份踐行了王陽明致良知教，捨生取義，在所不惜。相比之下，今天在我國高唱儒家內聖外王之道甚至所謂「第三期儒學運動」的新儒家代表，幾乎都是舒舒服服坐在沙發椅自我享受的大學教授，在這裡我們很難看出儒家所倡「知行合一」的眞正精神。中國儒家不像日本儒學，從未激起强烈的民族主義或愛國主義精神，也還未完全克服大一統的單元簡易意識形態，則又如何「爲往聖繼絕學，爲萬世開太平」呢？所以我不得不說，現代新儒家在高談「創造的發展」之前，應該自顯一番嚴格「批判的繼承」工夫。

雙管齊下才能批判地繼承傳統

大陸學者這些年來對於所謂國際共產主義感到幻滅之餘，意識形態上漸漸產生傾向愛國主義或民族主義的思考方式，似乎也在認眞地重新探索「如何批判地繼承傳統思想文化遺產」的迫切課題，但因馬列框架難於袪除，還不敢大膽提出「創造的發展」課題。關於這一點，我在「大陸學者的哲學研究評論」（見「中國論壇」創刊十週年專輯）仔細分析過，又在加大演講時進一步說，科學的馬克思主義（祇具現實經驗的蓋然性）經過列寧到斯大林的一關，首先教條化爲哲學的馬克思主義（辯證法唯物論的「絕對眞理」），到了毛的最後一關徹底惡化而爲意識形態的馬克思主義（ideological Marxism），訴諸社會實踐的結果，終於導致文革的十年浩刼。文革結束以後，大陸的學術研究確有某些進步，但是我所說雙管齊下的基本道理未曾理會，故其進步極有限制。去年十月二十二日，「人民日報」（海外版）與「中報」（紐約）却同時引用拙文中的一句：「大陸學者在文革結束以後從事於哲學研究所獲得的成績，遠遠超過文革以前和文革期間這兩個時期」。我在加大演講時特別提到，「人民日報」祇引拙文此句，目的當然是在否定文革，肯認目前的成績，但拙文最吃緊的一段是在末尾：「我的結論很簡單：三種馬克思主義（科學的、哲學的與意識形態的）的混淆不淸，以及誤認意識形態的馬克思主義（即幾近宗敎狂信的馬列毛理論敎條）爲兼具科學與哲學雙層眞理性的萬靈丹，這是大陸學者的哲學研究始終停滯不前的主要原因。但是，牽一髮則動全身，那位大陸學者敢有膽識試『牽一髮』呢？」我的具體意思是說，沒有「從閉鎖到開放」的同時配合，祇想早日解決「從貧窮到開發」的當前難題，充其量祇能治標，絕治不了本。徐先生在五年前與我通信之後所終於同意的，也正是這一點，祇是那時我還未使用「雙管齊下」等名辭而已。

（一九八六年元月十七日深夜於費城郊外，原載中國時報二月十七日人間副刊）

滄海叢刊已刊行書目(八)

書名	作者	類別
文學欣賞的靈魂	劉述先	西洋文學
西洋兒童文學史	葉詠琍	西洋文學
現代藝術哲學	孫旗譯	藝術
音樂人生	黃友棣	音樂
音樂與我	趙琴	音樂
音樂伴我遊	趙琴	音樂
爐邊閒話	李抱忱	音樂
琴臺碎語	黃友棣	音樂
音樂隨筆	趙琴	音樂
樂林蓽露	黃友棣	音樂
樂谷鳴泉	黃友棣	音樂
樂韻飄香	黃友棣	音樂
樂圃長春	黃友棣	音樂
色彩基礎	何耀宗	美術
水彩技巧與創作	劉其偉	美術
繪畫隨筆	陳景容	美術
素描的技法	陳景容	美術
人體工學與安全	劉其偉	美術
立體造形基本設計	張長傑	美術
工藝材料	李鈞棫	美術
石膏工藝	李鈞棫	美術
裝飾工藝	張長傑	美術
都市計劃概論	王紀鯤	建築
建築設計方法	陳政雄	建築
建築基本畫	陳榮美 楊麗黛	建築
建築鋼屋架結構設計	王萬雄	建築
中國的建築藝術	張紹載	建築
室內環境設計	李琬琬	建築
現代工藝概論	張長傑	雕刻
藤竹工	張長傑	雕刻
戲劇藝術之發展及其原理	趙如琳譯	戲劇
戲劇編寫法	方寸	戲劇
時代的經驗	汪琪 彭家發	新聞
大眾傳播的挑戰	石永貴	新聞
書法與心理	高尚仁	心理

滄海叢刊已刊行書目㈦

書名	作者	類別
印度文學歷代名著選(上)(下)	糜文開編譯	文學
寒山子研究	陳慧劍	文學
魯迅這個人	劉心皇	文學
孟學的現代意義	王支洪	文學
比較詩學	葉維廉	比較文學
結構主義與中國文學	周英雄	比較文學
主題學研究論文集	陳鵬翔主編	比較文學
中國小説比較研究	侯健	比較文學
現象學與文學批評	鄭樹森編	比較文學
記號詩學	古添洪	比較文學
中美文學因緣	鄭樹森編	比較文學
文學因緣	鄭樹森	比較文學
比較文學理論與實踐	張漢良	比較文學
韓非子析論	謝雲飛	中國文學
陶淵明評論	李辰冬	中國文學
中國文學論叢	錢穆	中國文學
文學新論	李辰冬	中國文學
離騷九歌九章淺釋	繆天華	中國文學
苕華詞與人間詞話述評	王宗樂	中國文學
杜甫作品繫年	李辰冬	中國文學
元曲六大家	應裕康 王忠林	中國文學
詩經研讀指導	裴普賢	中國文學
迦陵談詩二集	葉嘉瑩	中國文學
莊子及其文學	黃錦鋐	中國文學
歐陽修詩本義研究	裴普賢	中國文學
清真詞研究	王支洪	中國文學
宋儒風範	董金裕	中國文學
紅樓夢的文學價值	羅盤	中國文學
四説論叢	羅盤	中國文學
中國文學鑑賞舉隅	黃慶萱 許家鸞	中國文學
牛李黨爭與唐代文學	傅錫壬	中國文學
增訂江皋集	吳俊升	中國文學
浮士德研究	李辰冬譯	西洋文學
蘇忍尼辛選集	劉安雲譯	西洋文學

滄海叢刊已刊行書目(六)

書名	作者	類別
卡薩爾斯之琴	葉石濤	文學
青囊夜燈	許振江	文學
我永遠年輕	唐文標	文學
分析文學	陳啓佑	文學
思想起	陌上塵	文學
心酸記	李喬	文學
離訣	林蒼鬱	文學
孤獨園	林蒼鬱	文學
托塔少年	林文欽編	文學
北美情逅	卜貴美	文學
女兵自傳	謝冰瑩	文學
抗戰日記	謝冰瑩	文學
我在日本	謝冰瑩	文學
給青年朋友的信(上)(下)	謝冰瑩	文學
冰瑩書柬	謝冰瑩	文學
孤寂中的廻響	洛夫	文學
火天使	趙衞民	文學
無塵的鏡子	張默	文學
大漢心聲	張起鈞	文學
囘首叫雲飛起	羊令野	文學
康莊有待	向陽	文學
情愛與文學	周伯乃	文學
湍流偶拾	繆天華	文學
文學之旅	蕭傳文	文學
鼓瑟集	幼柏	文學
種子落地	葉海煙	文學
文學邊緣	周玉山	文學
大陸文藝新探	周玉山	文學
累盧聲氣集	姜超嶽	文學
實用文纂	姜超嶽	文學
林下生涯	姜超嶽	文學
材與不材之間	王邦雄	文學
人生小語(一)(二)	何秀煌	文學
兒童文學	葉詠琍	文學

滄海叢刊已刊行書目（五）

書名	作者	類別
中西文學關係研究	王潤華	文學
文開隨筆	糜文開	文學
知識之劍	陳鼎環	文學
野草詞	韋瀚章	文學
李韶歌詞集	李韶	文學
石頭的研究	戴天	文學
留不住的航渡	葉維廉	文學
三十年詩	葉維廉	文學
現代散文欣賞	鄭明娳	文學
現代文學評論	亞菁	文學
三十年代作家論	姜穆	文學
當代臺灣作家論	何欣	文學
藍天白雲集	梁容若	文學
見賢集	鄭彥棻	文學
思齊集	鄭彥棻	文學
寫作是藝術	張秀亞	文學
孟武自選文集	薩孟武	文學
小說創作論	羅盤	文學
細讀現代小說	張素貞	文學
往日旋律	幼柏	文學
城市筆記	巴斯	文學
歐羅巴的蘆笛	葉維廉	文學
一個中國的海	葉維廉	文學
山外有山	李英豪	文學
現實的探索	陳銘磻編	文學
金排附	鍾延豪	文學
放鷹	吳錦發	文學
黃巢殺人八百萬	宋澤萊	文學
燈下燈	蕭蕭	文學
陽關千唱	陳煌	文學
種籽	向陽	文學
泥土的香味	彭瑞金	文學
無緣廟	陳艷秋	文學
鄉事	林清玄	文學
余忠雄的春天	鍾鐵民	文學
吳煦斌小說集	吳煦斌	文學

滄海叢刋已刋行書目㈣

書名	作者	類別
歷史圈外	朱桂	歷史
中國人的故事	夏雨人	歷史
老臺灣	陳冠學	歷史
古史地理論叢	錢穆	歷史
秦漢史	錢穆	歷史
秦漢史論稿	刑義田	歷史
我這半生	毛振翔	歷史
三生有幸	吳相湘	傳記
弘一大師傳	陳慧劍	傳記
蘇曼殊大師新傳	劉心皇	傳記
當代佛門人物	陳慧劍	傳記
孤兒心影錄	張國柱	傳記
精忠岳飛傳	李安	傳記
八十憶雙親 師友雜憶 合刋	錢穆	傳記
困勉强狷八十年	陶百川	傳記
中國歷史精神	錢穆	史學
國史新論	錢穆	史學
與西方史家論中國史學	杜維運	史學
清代史學與史家	杜維運	史學
中國文字學	潘重規	語言
中國聲韻學	潘重規 陳紹棠	語言
文學與音律	謝雲飛	語言
還鄉夢的幻滅	賴景瑚	文學
葫蘆・再見	鄭明娳	文學
大地之歌	大地詩社	文學
青春	葉蟬貞	文學
比較文學的墾拓在臺灣	古添洪 陳慧樺 主編	文學
從比較神話到文學	古添洪 陳慧樺	文學
解構批評論集	廖炳惠	文學
牧場的情思	張媛媛	文學
萍踪憶語	賴景瑚	文學
讀書與生活	琦君	文學

滄海叢刊已刊行書目(三)

書名	作者	類別
不疑不懼	王洪鈞	教育
文化與教育	錢穆	教育
教育叢談	上官業佑	教育
印度文化十八篇	糜文開	社會
中華文化十二講	錢穆	社會
清代科舉	劉兆璸	社會
世界局勢與中國文化	錢穆	社會
國家論	薩孟武譯	社會
紅樓夢與中國舊家庭	薩孟武	社會
社會學與中國研究	蔡文輝	社會
我國社會的變遷與發展	朱岑樓主編	社會
開放的多元社會	楊國樞	社會
社會、文化和知識份子	葉啓政	社會
臺灣與美國社會問題	蔡文輝 蕭新煌 主編	社會
日本社會的結構	福武直 著 王世雄 譯	社會
三十年來我國人文及社會科學之回顧與展望		社會
財經文存	王作榮	經濟
財經時論	楊道淮	經濟
中國歷代政治得失	錢穆	政治
周禮的政治思想	周世輔 周文湘	政治
儒家政論衍義	薩孟武	政治
先秦政治思想史	梁啓超原著 賈馥茗標點	政治
當代中國與民主	周陽山	政治
中國現代軍事史	劉馥 著 梅寅生 譯	軍事
憲法論集	林紀東	法律
憲法論叢	鄭彥棻	法律
師友風義	鄭彥棻	歷史
黃帝	錢穆	歷史
歷史與人物	吳相湘	歷史
歷史與文化論叢	錢穆	歷史

滄海叢刊已刊行書目(二)

書名	作者	類別
語言哲學	劉福增	哲學
邏輯與設基法	劉福增	哲學
知識·邏輯·科學哲學	林正弘	哲學
中國管理哲學	曾仕强	哲學
老子的哲學	王邦雄	中國哲學
孔學漫談	余家菊	中國哲學
中庸誠的哲學	吳怡	中國哲學
哲學演講錄	吳怡	中國哲學
墨家的哲學方法	鍾友聯	中國哲學
韓非子的哲學	王邦雄	中國哲學
墨家哲學	蔡仁厚	中國哲學
知識、理性與生命	孫寶琛	中國哲學
逍遙的莊子	吳怡	中國哲學
中國哲學的生命和方法	吳怡	中國哲學
儒家與現代中國	韋政通	中國哲學
希臘哲學趣談	鄔昆如	西洋哲學
中世哲學趣談	鄔昆如	西洋哲學
近代哲學趣談	鄔昆如	西洋哲學
現代哲學趣談	鄔昆如	西洋哲學
現代哲學述評(一)	傅佩榮譯	西洋哲學
懷海德哲學	楊士毅	西洋哲學
思想的貧困	韋政通	思想
不以規矩不能成方圓	劉君燦	思想
佛學研究	周中一	佛學
佛學論著	周中一	佛學
現代佛學原理	鄭金德	佛學
禪話	周中一	佛學
天人之際	李杏邨	佛學
公案禪語	吳怡	佛學
佛教思想新論	楊惠南	佛學
禪學講話	芝峯法師譯	佛學
圓滿生命的實現 (布施波羅蜜)	陳柏達	佛學
絕對與圓融	霍韜晦	佛學
佛學研究指南	關世謙譯	佛學
當代學人談佛教	楊惠南編	佛學

滄海叢刊已刊行書目(一)

書名	作者	類別
國父道德言論類輯	陳立夫	國父遺教
中國學術思想史論叢(一)(二)(三)(四)(五)(六)(七)(八)	錢穆	國學
現代中國學術論衡	錢穆	國學
兩漢經學今古文平議	錢穆	國學
朱子學提綱	錢穆	國學
先秦諸子繫年	錢穆	國學
先秦諸子論叢	唐端正	國學
先秦諸子論叢(續篇)	唐端正	國學
儒學傳統與文化創新	黃俊傑	國學
宋代理學三書隨劄	錢穆	國學
莊子纂箋	錢穆	國學
湖上閒思錄	錢穆	哲學
人生十論	錢穆	哲學
晚學盲言	錢穆	哲學
中國百位哲學家	黎建球	哲學
西洋百位哲學家	鄔昆如	哲學
現代存在思想家	項退結	哲學
比較哲學與文化(一)(二)	吳森	哲學
文化哲學講錄(一)(二)(三)(四)	鄔昆如	哲學
哲學淺論	張康譯	哲學
哲學十大問題	鄔昆如	哲學
哲學智慧的尋求	何秀煌	哲學
哲學的智慧與歷史的聰明	何秀煌	哲學
內心悅樂之源泉	吳經熊	哲學
從西方哲學到禪佛教—「哲學與宗教」一集—	傅偉勳	哲學
批判的繼承與創造的發展—「哲學與宗教」二集—	傅偉勳	哲學
愛的哲學	蘇昌美	哲學
是與非	張身華譯	哲學